Dr. Charles L. Whitfield

A VERDADE SOBRE A DEPRESSÃO

ALTERNATIVAS PARA A CURA

Tradução
NEWTON ROBERVAL EICHEMBERG

EDITORA CULTRIX
São Paulo

Título original: *The Truth About Depression.*

Publicado mediante acordo com a Health Communications Inc., Deerfield Beach, Fl., USA.

Dados Internacionais de Catalogação na Publicação (CIP)
(Câmara Brasileira do Livro, SP, Brasil)

Whitfield, Charles L.
A verdade sobre a depressão : alternativas para a cura / Charles L. Whitfield ; tradução Newton Roberval Eichemberg. — São Paulo : Cultrix, 2005.

Título original: The truth about depression.
Bibliografia.
ISBN 85-316-0909-7

1. Depressão mental 2. Depressão mental - Tratamento I. Título.

CDD-616.8527
05-6875 NLM-WM 460

Índices para catálogo sistemático:

1. Depressão : Diagnóstico e tratamento : Medicina 616.8527
2. Depressões mentais : Medicina 616.8527

O primeiro número à esquerda indica a edição, ou reedição, desta obra. A primeira dezena à direita indica o ano em que esta edição, ou reedição, foi publicada.

Edição	Ano
1-2-3-4-5-6-7-8-9-10-11	05-06-07-08-09-10-11

Direitos de tradução para o Brasil
adquiridos com exclusividade pela
EDITORA PENSAMENTO-CULTRIX LTDA.
Rua Dr. Mário Vicente, 368 — 04270-000 — São Paulo, SP
Fone: 6166-9000 — Fax: 6166-9008
E-mail: pensamento@cultrix.com.br
http://www.pensamento-cultrix.com.br
que se reserva a propriedade literária desta tradução.

Impresso em nossas oficinas gráficas.

"Tenho grande prazer em recomendar o importante e útil livro de Charles Whitfield, *A Verdade Sobre a Depressão: Alternativas para a Cura.* Entre suas muitas e importantes introvisões, o Dr. Whitfield estabelece uma importante ligação entre o trauma de infância e a depressão. Escrito tanto para um público de leigos como de clínicos profissionais, este livro será de grande valor para os leitores porque ele, de maneira clara, expõe os parâmetros dos vários tipos de depressão – bem como seus tratamentos. Também documenta a relação entre todos os tipos de abuso de criança e a possibilidade de depressão por toda a vida e outras doenças psicológicas sérias. Embora a psicologia e a psiquiatria estejam abordando a realidade do trauma na infância como uma das principais causas das doenças mentais, antes do livro de Whitfield esta forte evidência estava espalhada por toda a literatura clínica e científica. Até agora, ela não havia sido condensada num único volume. *A Verdade Sobre a Depressão* é uma explicação essencial, escrita com clareza, a respeito de uma das doenças mais comuns que afligem a humanidade."

— Dr. Paul Jay Fink
Ex-presidente de psiquiatria na Temple University
School of Medicine

"Importante e útil. Com base na sua grande experiência com adultos sobreviventes de traumas de infância, o dr. Charles Whitfield desafia visões convencionais a respeito da causa e do tratamento da depressão. Claro e bem documentado, este livro nos mostra que a depressão é mais bem-entendida não como uma doença mental, mas como uma resposta normal a experiências anormais de vida (traumas). A maior parte dessas experiências não é reconhecida devido ao seu encobrimento por motivos de vergonha, refinamento social e tabu. Integrando os desenvolvimentos atuais à neurobiologia, o Dr. Whitfield nos ajuda a apreciar a importante distinção entre a causa vivencial e o mecanismo neuroquímico na depressão. Médicos, outros clínicos, pacientes e famílias reconhecerão este livro como útil no que diz respeito à causa e ao tratamento da depressão. Altamente recomendado."

— Dr. Vicent J. Felitti
California Institutes of Preventive Medicine

Sumário

Tabelas

Figuras

Para minha mulher, Barbara

Agradecimentos

Agradeço em especial a Barbara Whitfield pelo seu incansável apoio e assistência na finalização deste livro. Também agradeço àqueles que contribuíram de diversas e importantes maneiras. Entre eles, incluem-se Rob Anda, M.D.; Vincent Felitti, M.D.; Josh Kendall; J. Douglas Bremner, M.D.; Doreen DuPont, M.D.; Steve Gold, Ph.D.; Paul J. Fink, M.D.; Michael De Bellis, M.D.; C. Bruce Greyson, M.D.; John Kab e Robynne Moran; David Healy, M.D.; e Charles Medawar. Agradeço igualmente a todos os da Health Communications que deram a sua contribuição; entre eles estão Christine Belleris, Allison Janse, Kathy Grant, Lawna Oldfield, Mary Ellen Hettinger, Erica Orloff, Bob Land e Peter Vegso.

Agradeço a todos os meus pacientes que, ao longo de décadas, me inspiraram e me informaram com sua verdade e coragem.

Sou grato por todos os recentes estudos de pesquisas realizados por centenas de dedicados cientistas clínicos e também os que trabalham em pesquisa básica e que continuam a validar a verdade a respeito da ligação entre trauma e doença.

E, por último, mas certamente não menos importante, eu agradeço à minha filha e aos meus netos, que continuamente me dão a esperança de que a nossa espécie finalmente evolua para uma sociedade segura e saudável.

Declaração de Intenção

Este livro não pretende substituir o conselho de um terapeuta licenciado em separar da depressão os cuidados e a cura individuais. Cada caso pessoal é único e merece atenção especial. As referências no final deste livro podem ajudar o leitor com a exploração e a explicação ulteriores dessa importante informação. Essa informação não é a palavra final sobre o assunto e pode representar apenas a ponta do *iceberg* das muitas dimensões da depressão e do trauma. Para um relato mais completo de outros distúrbios mentais, o leitor poderá consultar o meu livro *The Truth About Mental Illness* (A Verdade Sobre a Doença Mental), que servirá de contrapartida a este livro e que está disponível desde setembro de 2003.

Introdução

Ao longo da história, nós temos procurado a causa da depressão e de outras doenças mentais, e ainda não as conhecemos. As duas principais teorias, embora antigas, permanecem: natureza (genes, biologia) *versus* educação (ambiente, família).

Nosso erro tem sido focalizarmos apenas numa delas ou na outra. De fato, com base no nosso conhecimento atual, parece que tanto a natureza como a educação são fatores ativos na maior parte das pessoas com distúrbios mentais. Essas aflições incluem:

Depressão e suicidalidade
Distúrbios de ansiedade
Alcoolismo e problemas com outras drogas
Distúrbios da personalidade
Distúrbio de deficiência da atenção (DDA) e violência
Distúrbios da alimentação
Esquizofrenia
Doenças dissociativas

Em 1999, comecei a fazer anotações para uso próprio que resumiam o que eu entendia a respeito da depressão e dos assim chamados distúrbios mentais baseando-me no que eu havia observado na minha prática pessoal e no que eu estava lendo na literatura científica clínica. Depois que eu escrevi metade dessas "notas para mim mesmo", percebi que essas informações eram tão importantes que eu deveria compartilhá-las. Há dezesseis anos, escrevi *Healing the Child Within* (Curando a Criança Interior) num estilo semelhante. Eu o escrevi como material educacional para meus pacientes particulares, e não para distribuição pública. Mas ele acabou sendo publicado pela Health Communications e vendeu cerca de 1,5 milhão de cópias. A utilidade desse material se difundiu, em sua maior parte, graças a informações transmitidas de boca em boca pelos leitores.

Desde essa ocasião, os princípios que eu descrevi nesse livro não mudaram. Eles ainda são válidos. Mas a literatura que os apóia expandiu-se a tal ponto que eu acredito que agora vale a pena compartilhá-la com vocês. Seu principal problema é que essa literatura valiosa e confirmatória está dispersa em numerosos periódicos e livros, muitos deles desconhecidos da maioria das pessoas, e publicados tanto neste país como em todo o mundo — a maior parte deles ao longo dos últimos vinte anos.

Neste livro, eu dirijo um novo olhar para o problema comum da depressão. No segundo volume, que faz companhia a este, *The Truth About Mental Illness* (A Verdade Sobre a Doença Mental), eu examino outras doenças mentais com um olhar igualmente renovado. Embora muitos profissionais da ajuda e consumidores tenham feito a ligação entre traumas de infância e traumas posteriores e o início de distúrbios mentais, muitos não o fizeram. Alguns podem estar parcialmente cientes, mas não sabem quão forte é a ligação entre o trauma e os distúrbios mentais. Este livro:

1. Mostrará a forte ligação, talvez até mesmo causal, entre trauma e depressão;
2. Mostrará os riscos, os efeitos colaterais, a eficácia marginal e o alto custo de antidepressivos e de outras drogas comumente usadas na atualidade;
3. Fornecerá um tratamento alternativo e um programa de recuperação para pessoas que têm depressão e um histórico de traumas de infância e de outros traumas.

A doença mental é comum. Ela pode afetar até 40 por cento da população dos Estados Unidos durante o tempo de vida dos seus habitantes. Desde cerca de 1960, a psiquiatria tem construído gradualmente uma base biológica para as doenças mentais que ela trata. Embora alguns a tenham criticado, seu manual em constante desenvolvimento, *American Psychiatric Association Diagnostic and Statistical Manual* (Manual de Diagnóstico e Estatística da Associação Psiquiátrica Norte-Americana)(*DSM*), nos ajuda a esclarecer várias das maneiras pelas quais psiquiatras e outros clínicos têm abordado alguns dos aspectos mais dolorosos da condição humana. Durante esse tempo, incontáveis artigos e livros foram publicados para dar apoio à sua idéia crescente de que a maior parte das doenças mentais se deve a um problema cerebral transmitido geneticamente. Com a ajuda da indústria das drogas, essa teoria difundiu-se por toda a medicina e pelas profissões que fornecem ajuda, e finalmente para o sistema de crença do público.

Em 1974, o Congresso dos Estados Unidos aprovou a *Child Abuse Prevention and Treatment Act* (Lei de Prevenção e Tratamento do Abuso de Crianças), que deu apoio ao movimento pela prevenção e tratamento do abuso de crianças. Embora tenham aparecido, desde 1896, artigos e relatórios esporádicos descrevendo os efeitos do trauma na infância (por exemplo, textos escritos por Freud, Janet, Brauer, Ferenczi e Horney), pesquisadores clínicos e outros que trabalhavam em pesquisa básica começaram a relatar suas descobertas a respeito desses efeitos, especialmente a partir de meados da década de 1980.

Agora pode ser oportuno promover o papel das profissões que fornecem ajuda no tratamento de crianças e adultos traumatizados, bem como o do poder pessoal de sobreviventes de traumas para ajudá-los a curar a si mesmos. Isso se deve ao fato de que, desde 1980, tem aumentado o número de evidências documentadas na literatura científica clínica mostrando uma forte ligação entre trauma e depressão e outros distúrbios mentais. Neste livro e no próximo, eu descrevo essas evidências para cada uma das doenças mais comuns. O distúrbio mais estudado e mais comumente relatado em ligação com um histórico de trauma de infância é a *depressão*, que eu abordo neste livro. Eu também apresento os princípios do trauma, seus efeitos e seu tratamento e recuperação. No segundo volume, eu faço uma revisão dos distúrbios mais relatados (depois da depressão) e que também estão associados a traumas. São eles: *vícios*, incluindo problemas com álcool e outras drogas, *distúrbios da alimentação, dependência da nicotina, o distúrbio de stress pós-traumático, distúrbios de ansiedade, distúrbios dissociativos, distúrbios da personalidade, psicoses, problemas de comportamento* e *violência*. Esses dois volumes interagirão e apoiarão um ao outro periodicamente em seus textos.

Os dados encontrados nos cerca de 300 relatórios científicos que eu resumo e cito levantam questões e preocupações potencialmente importantes para todas as crianças, adolescentes e adultos vítimas de traumas e para os clínicos que os ajudam. Como podemos melhorar a nossa percepção e a nossa abordagem das pessoas que tiveram experiências traumáticas na infância e em épocas posteriores da vida? Com base nesse novo conhecimento, como os serviços de assistência à saúde mental podem ser melhorados? E como os sobreviventes de traumas podem reconhecer os efeitos que os traumas exercem sobre eles e em seguida procurar meios de ajuda para uma recuperação efetiva, incluindo profissionais de saúde capacitados e experientes? Embora a assistência de clínicos possa fornecer um importante meio de ajudar os sobreviventes de traumas a identificar os fatores causais de sua dor e também de ajudá-los a descobrir a melhor maneira de lidar com ela, cabe, em última análise, às pessoas afetadas se tornarem cientes da ligação entre a sua dor e entorpecimento e os seus traumas do passado.

Na minha pesquisa ao longo dos anos, eu tenho certeza de que acabei deixando escapar alguns artigos, capítulos e livros importantes que dão apoio às numerosas descobertas que cito neste livro. Eu espero que os autores de estudos que posso ter deixado de mencionar me informem sobre os seus trabalhos para que eu possa acrescentá-los a esta coleção já maciça de dados importantes, mas negligenciados, que dão prova às minhas observações.

Eu também peço ao leitor para que seja indulgente comigo quando a leitura possa se mostrar árida. Ao traduzir essa riqueza de informações (que, de outra maneira, seriam densas e complexas) para um formato mais favorável e mais útil ao leitor, pode ser que esta seja a primeira vez que alguém reuniu e explicou a verdade sobre a depressão e outras doenças mentais e nossas alternativas para a cura com base nelas.

Podemos sair do cubículo das nossas crenças conservadoras às vezes limitadas, a respeito da natureza e da causa das doenças mentais. Peço ao leitor que considere o fato de que ele pode abrir a sua mente à possibilidade de que os traumas da infância poderiam estar contribuindo para algumas doenças mentais, ou até mesmo causando-as. E talvez com essa nova informação você entenderá uma importante alternativa para curá-las. Equipadas com esse entendimento, pessoas com depressão e outras assim-chamadas doenças mentais podem agora levar em consideração um maior número de possibilidades e alternativas para se curarem. Ao mesmo tempo, agora algumas de suas famílias podem ser capazes de dar apoio a essas formas alternativas de cura. Este livro oferece informações atualíssimas que, como eu espero, permitirão às pessoas afetadas e às suas famílias, aos terapeutas e a outras pessoas importantes em suas vidas, expandir o seu entendimento a respeito do mistério da depressão e de outras doenças mentais.

Charles L. Whitfield, M.D.
Atlanta, Georgia
janeiro de 2003

1. A Verdade Sobre a Depressão

A verdade sobre a depressão é que ela não é da maneira como dela se faz publicidade. Ela não é o que alguns grupos com interesses especiais nos contam. Ela não é o distúrbio único e simples que as empresas farmacêuticas e alguns grupos de saúde mental costumam alegar. Ela não é simplesmente um distúrbio da química do cérebro transmitido geneticamente. Ela não é um problema de serotonina no cérebro,[339, 759] nem responde de maneira confiável a drogas antidepressivas. E essas drogas não constituem a única ajuda disponível para a recuperação.[339]

Esses grupos com interesses especiais podem ter nos enganado.

Seu interesse especial é, em grande parte, relacionado com dinheiro, poder e influência no diagnóstico e no tratamento de problemas comuns de saúde mental. Grande parte do que eles nos contam sobre a depressão e outras doenças mentais é, efetivamente, do seu próprio, e maior, interesse. Nem sempre é do interesse da pessoa que sente a dor.

No topo da lista desses grupos está a indústria farmacêutica. Embora as empresas farmacêuticas tenham produzido alguns medicamentos eficientes, tais como antibióticos, insulina e outros, eles não cumprem suas promessas quando se trata de doenças mentais. Porém, para ajudar a comercializar e a vender seus medicamentos, eles com freqüência têm recorrido à invenção de uma teoria limitada sobre a causa das doenças mentais. Essa teoria é a de que a depressão e outros distúrbios mentais comuns são causados por defeitos genéticos e por outros defeitos biológicos, que são, de algum modo, inerentes à nossa constituição. Em outras palavras, eles alegam que nascemos com genes e cérebros defeituosos — defeitos que os produtos químicos que eles oferecem corrigirão. O problema é que, depois de passar um século procurando por uma causa, e desde 1960 procurando por uma droga que fosse uma "pílula mágica", nós ainda não sabemos o que causa a depressão e outras doenças mentais, e os nossos tratamentos dessas doenças com drogas não funcionam muito bem.

Influenciadas e, com freqüência, apoiadas financeiramente pela indústria farmacêutica, e provavelmente por outras razões, as companhias de seguro-saúde, inclusive aquelas que se autodenominam "gerenciamento de serviços médicos", alguns acadêmicos, organizações profissionais, alguns grupos de advocacia especializados em causas que envolvem a saúde mental e agências governamentais têm aceitado essa teoria não comprovada. Esses grupos, que alguns chamam de setor majoritário da "indústria da saúde mental", têm usado essa teoria limitada como um princípio básico no diagnóstico e no tratamento de pessoas afligidas com o que eles chamam de "doença mental". Na superfície, eles adotam a teoria *biopsicossocial* das doenças mentais, mais precisa e equilibrada. Mas eles enfocam basicamente os aspectos biológicos desses distúrbios e habitualmente ignoram, ou até mesmo negligenciam, os traumas físicos, psicológicos e sociais no passado da pessoa e também na sua história atual.

Embora esteja em seus nomes, as empresas de assistência médica realmente não parecem oferecer cuidados. Elas são puro comércio. Elas são *dinheiro gerenciado*. Alguns as têm chamado de "ganância gerenciada". Parece que a meta delas é conseguir o máximo de dinheiro que puderem obter sem agir ilegalmente. Para começar, vejam os salários dos seus diretores executivos. Esqueçam a meta de ajudar pessoas doentes passando dificuldade. A maior parte dessas companhias faz tudo o que pode para adiar ou desaprovar a cobertura e não pagar apropriadamente os médicos pelos seus serviços. Algumas, tal como a instituição sem fins lucrativos HMO Kaiser-Permanente, são exceções à regra.

Ao longo dos meus trinta e sete anos de atividade como clínico, e nos últimos vinte e cinco anos de trabalho como psicoterapeuta, eu vi e prestei assistência a inúmeros pacientes com uma ampla variedade de doenças físicas e mentais. Quer o seu problema fosse a depressão, um vício ou outras doenças, na maior parte deles eu não constatei evidências convincentes de que a causa de seus distúrbios estivesse apenas num defeito genético ou em outro tipo de defeito biológico. Na verdade, eu constatei regularmente evidências de um outro fator, igualmente importante, e talvez até mais importante: um histórico de traumas de infância repetidos. Entre todas essas pessoas, raramente vi alguém que tivesse uma doença psicológica ou psiquiátrica importante e que tivesse crescido numa família saudável.

Ao longo do século passado, numerosos observadores voltaram a sua atenção para o trauma e para o modo como ele nos afeta. Porém, desde 1980, houve uma efusão de cerca de 300 estudos clínicos científicos que têm mostrado uma forte ligação entre traumas de infância repetidos e o desenvolvimento de doenças mentais subseqüentes — que, com freqüência, se manifestam décadas depois. Na maior parte dessas investigações, os autores controlaram outras associações potenciais com sintomas e distúrbios mentais (chamados de variáveis "moduladoras" ou "confusivas" no intercâmbio de pesquisas), e eles usualmente constatam que essas variáveis desempenham um papel menos importante do que o próprio trauma. Essas descobertas têm importantes implicações para a prevenção e o tratamento de doenças mentais, que eu abordarei ao longo deste e do próximo livro.

O Estudo ACE

Um exemplo desses estudos, realizado sobre aquela que talvez seja a maior amostra de pessoas já examinada até agora, foi o estudo "ACE" (Adverse Childhood Experiences, experiências adversas na infância).[254] As informações que esse estudo nos forneceu não são apenas úteis — são espantosas. O pesquisador e médico especialista em doenças internas Vincent Felitti e o epidemiologista Rob Anda, juntamente com seus colaboradores, examinaram 9.508 pessoas de classe média e de meia-idade do sul da Califórnia. Todas eram membros de uma organização de assistência à saúde (OAS) e passaram por uma avaliação médica. Em seguida, cada uma delas respondeu a um levantamento de sessenta e oito perguntas a respeito de sete categorias de traumas de infância e doenças subseqüentes. Os autores também tinham os registros médicos de cada paciente, com os quais podiam verificar e correlacionar qualquer uma dessas descobertas. Eles constataram que uma grande porcentagem dessa população clínica médica geral relatou as seguintes experiências traumáticas vividas na infância.

1. Viveu com usuário-problema de bebidas, alcoólatra ou usuário de drogas vendidas nas ruas 25,6%
2. Sofreram abuso sexual (só abuso evidente) 22,0%
3. Viveram com pessoa mentalmente doente 18,8%
4. Viram a mãe sendo tratada violentamente 12,5%
5. Sofreram abuso emocional 11,1%
6. Sofreram abuso físico 0,8%
7. Um membro da família foi para a prisão 3,4%

Uma ou mais dessas experiências adversas examinadas no estudo ACE ocorreram em 59 por cento dessas 9.508 pessoas. Portanto, o trauma de infância pode ser mais comum do que nós pensávamos.

Para as pessoas que tiveram *quatro ou mais* experiências adversas na infância, constatou-se que as seguintes condições de doença e os fatores de risco para cada uma delas eram substancialmente mais comuns quando comparadas com pessoas que não tiveram experiências adversas na infância (ver tabela na página seguinte).

Essas condições médicas e distúrbios sérios e capazes de ameaçar a vida se mostraram claramente mais comuns (pelos números afixados) do que se sabe que elas são entre a população em geral.

Distúrbios Associados com um Histórico de Traumas de Infância Não-Resolvidos e Seus Fatores de Risco

(dados extraídos do estudo ACE, referência 254)

Distúrbio	Fator de Risco	Distúrbio	Fator de Risco
Fumantes	Até **2 vezes** maior do que entre aqueles que não tiveram ACEs	Tiveram uma doença sexualmente transmitida	**2,5**
Obesidade séria	**1,6**	Doença do coração	**2,2**
Nenhum tempo livre para praticar atividade física	**1,3**	Câncer	**1,9**
Deprimidos durante 2 semanas ou mais no ano passado	**4,6**	Derrame cerebral	**2,4**
Tentativas de suicídio	**12,2**	Doenças pulmonares obstrutivas crônicas	**3,9**
Alcoólatras	**7,4**	Diabetes	**1,6**
Uso de drogas ilegais	**4,7**	Ossos fraturados	**1,6**
Drogas injetáveis	**10,3**	Hepatite/icterícia	**2,4**
Mais de 50 parceiros sexuais	**3,2**	Saúde regular/fraca	**2,2**

Note que cada um desses números (chamados em epidemiologia de "razão de probabilidade de não-ocorrência" (*odds ratio* ou "fatores de risco") representa múltiplos de 100 por cento, de modo que um fator de risco igual a 2 significa que a probabilidade de uma pessoa contrair essa doença em particular era 200 por cento maior, ou ocorreu com uma freqüência duas vezes maior do que nas pessoas que não tiveram traumas de infância repetidos (sem ACEs). Como um exemplo, é bastante conhecido o fato de que fumar duplica o risco de uma pessoa sofrer um ataque do coração. Os epidemiologistas consideram que uma tal *duplicação* de uma razão de probabilidade de não-ocorrência representa um grau de risco *forte* ou *substancial*, e eles acreditam que uma razão de probabilidade de 3 é extremamente alta. O estudo ACE revelou cinco distúrbios ou doenças que tinham razões de probabilidade de não-ocorrência de 1,3 a 1,9. Seis delas tinham razões de 2,2 a 2,5 e as sete restantes iam de 3,2 até um risco espantoso 12,2 vezes maior do que para aqueles que não tinham traumas de infância identificados. Quando comparadas com a maior parte dos fatores de risco que tanto os pesquisadores como o público estão acostumados a ver, essas cifras são assombrosas.

Portanto, esses números não são tão pequenos quanto podem inicialmente parecer. Não deixe que tais números e cifras o confundam. Os seus resultados estão nos dizendo como é perigoso não reconhecer e não tratar de traumas de infância repetidos. Essa mensagem é verdadeira para pessoas com doenças que ocorrem décadas depois de passarem pela experiência de traumas repetidos.

Depressão

Usando o exemplo da depressão, o estudo constatou que essas pessoas com quatro ou mais ACEs relataram 4,6 vezes mais experiências de estar deprimidas durante no mínimo duas semanas no ano anterior. Além disso, quanto mais ACEs uma pessoa experimentou, maior era a probabilidade de ela estar deprimida, como mostra a Figura 1.1. Isso ilustra um dramático *aumento escalonado* da relação entre o trauma e o seu efeito (depressão). Em epidemiologia, essa magnitude de uma relação crescente, chamada de "efeito dose-reação", também é considerada extremamente alta. Os resultados mostram que quanto mais o trauma de infância não é reconhecido, abordado e tratado, maior é a depressão.

Embora esses resultados sejam impressionantes, se outros pesquisadores não fossem capazes de replicar os resultados do estudo ACE, suas descobertas seriam invalidadas. Mas ocorreu o oposto, como eu mostrarei no decorrer deste livro. Quase todos os estudos que examinaram uma relação potencial entre trauma e depressão descobriram que ela ocorre num grau estatisticamente significativo. Essas investigações também constataram uma ligação semelhante entre trauma e distúrbio para a maior parte das outras doenças mentais comuns ou principais, o que eu descreverei no próximo livro.

A verdade sobre a depressão é que as evidências clínicas e científicas publicadas mostram de maneira esmagadora a ligação entre ter um histórico de trauma de infância e o desenvolvimento de uma depressão subseqüente. A verdade é que os antidepressivos e outras drogas psicoativas não são tão eficientes como gostaríamos que fossem para amenizar os sintomas da depressão.

A verdade é que o próprio diagnóstico de "depressão" pode ser impreciso e, às vezes, até mesmo totalmente sem validade para muitas pessoas assim rotuladas. E a verdade mais importante é que pessoas com depressão têm várias outras opções a que elas podem recorrer para curar sua dor além da de usarem apenas as drogas.

Neste livro, eu descreverei essas verdades e outras mais.

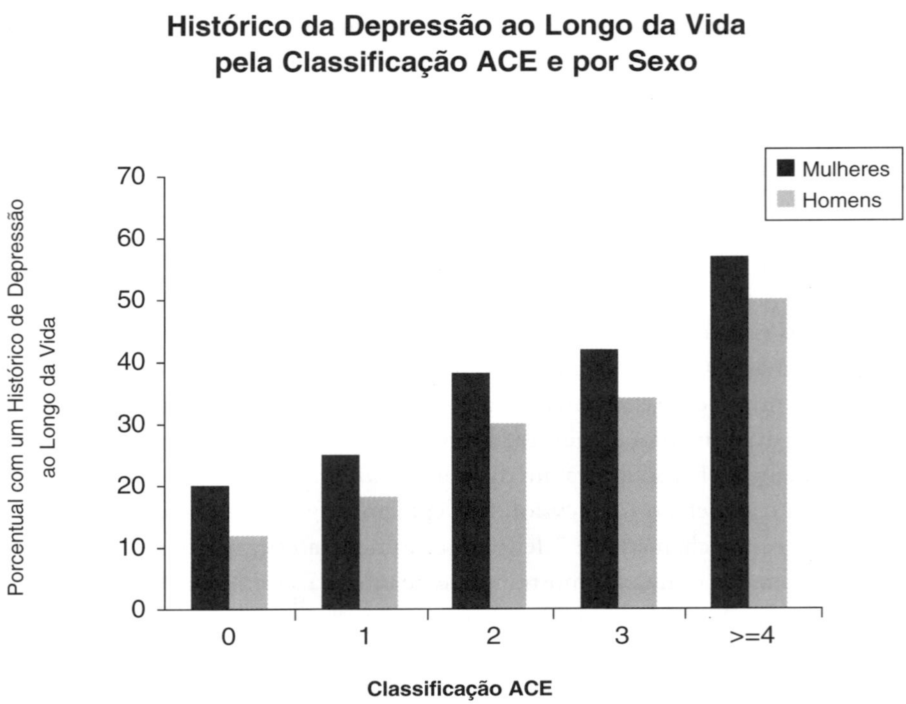

Figura 1.1. A Relação Escalonada Crescente Entre Depressão e Trauma de Infância

Extraído de Anda, R. *Presentation of ACE Study Data*, CDC, Atlanta, GA, 11 de março de 2002.

2. O que é "Depressão"?

A descrição original, feita em 400 a.C., do grupo de sintomas e sinais que nós chamamos atualmente de "depressão" já era razoavelmente precisa, como mostra a Tabela 2.1. Chamada de *melancolia* durante dois mil e trezentos anos, ela incluía uma experiência prolongada de tristeza e de medo, com uma diminuição do apetite e insônia, às vezes com sintomas somáticos tais como distúrbios gastrointestinais, suicidalidade e, em casos extremos, um delírio "circunscrito" ou limitado.[381]

Mais de dois mil anos depois, Emil Kraepelin batizou a melancolia de "depressão", e além disso a descreveu associando-a a uma redução no pensamento, nos sentimentos e na atividade. Porém, até mesmo durante mais da metade do século vinte ela não era um diagnóstico popular entre os profissionais que prestam assistência ou entre o público. Em sua análise, o pesquisador independente londrino e advogado do consumidor, Charles Medawar, disse: "Na década de 1960, a inexistência de qualquer mercado de massa bem-definido para a depressão significou inevitavelmente que as companhias farmacêuticas estavam relutantes em tentar desenvolver drogas para combatê-la."[523] Não havia bons estudos epidemiológicos, mas, com um olho voltado para as oportunidades que se abriam no começo da década de 1960, a Merck Sharp & Dohme enviou cinqüenta mil cópias de um pequeno livro sobre depressão para psiquiatras, médicos especializados em doenças internas e médicos da família. Nessa época, quando eu ainda era um médico novo, recebi e li esse livreto, e me lembro de ter sublinhado algumas partes dele.

Da década de 1960 até 1994, o manual *Diagnostic and Statistical Manual of Mental Disorders* (Manual Diagnóstico e Estatístico de Doenças Mentais), conhecido resumidamente por *DSM*, da American Psychiatric Association, refinou o critério de diagnóstico para todas as doenças psiquiátricas, inclusive a depressão.[7,8] Embora útil em vários sentidos, ele tem algumas sérias desvantagens, incluindo a de que não aborda plenamente todos os muitos subtipos de depressão, que eu discuto mais adiante, embora sugira rejeitar as causas orgânicas.

Tabela 2.1. Uma História da Depressão

Época	Descrição na Época
400 a.C. a 1.500 d.C.	*Melancolia*: Tristeza e medo prolongados. Desespero, desânimo, pouco apetite, insônia; irritabilidade, inquietação, às vezes com distúrbios gastrointestinais, suicidalidade e delírio circunscrito ou limitado.
Séculos 16 e 17	Referências a: sintomas somáticos, culpa e "insanidade parcial" (delírio). *Continuum* de gravidade que vai da hipocondria à melancolia e à mania.
Século 18	Poucas descrições adicionais.
Século 19	A idéia de "insanidade parcial" é abandonada, embora monodelírios ainda fossem vistos.
Século 20	É chamada de *depressão* por Kraepelin, como redução no pensamento, nos sentimentos e na atividade. Sinais e sintomas vegetativos. Laboratórios farmacêuticos sustentam a psiquiatria biológica. Embora o trauma seja uma causa principal[10, 254, 360, 788], a depressão ainda é vista como um problema preponderantemente biológico.

* Parte dessa hoje obsoleta, falsa e até mesmo cômica teoria da "bílis negra" serviu, não obstante, a um propósito útil relacionado com os seus significados metafóricos. Por exemplo, Galeno descreveu a melancolia afirmando que era causada por uma substância negra, a "bílis negra", que projetava uma sombra, da qual se levantava um vapor negro, que escurecia a luz e confundia a mente e a visão, deixando a pessoa nas trevas, na tristeza e no desânimo. Combinada com uma sensação de estar "afundando com o peso", essa teoria apresenta imagens de escuridão e de peso e pode oferecer um entendimento inicial daquilo que poderia significar a depressão para aqueles que não a experimentaram pessoalmente.

(compilada com base nas referências 381, 363, 761, 798)

Teoria Causal	Teoria de Tratamento
Ela é devida ao desequilíbrio dos humores (sangue, bílis amarela, bílis negra, fleuma) (assim como também o são, em sua maior parte, as doenças mentais). Especialistas na época pensavam que a causa era o excesso de bílis negra. Essa teoria persistiu ao longo do século 17.	Reduzir a bílis negra por meio de purgativos,* diuréticos, ou sangria, dependendo da gravidade. Massagens, banhos quentes, companhia agradável, encorajamento, confiança restabelecida e até mesmo o coito (para evacuação e tranqüilização).
Constrição da alma e espíritos animais, problema químico no cérebro, tendo a tristeza e o medo como resultado (Willis).	Continua a descrição acima, mais dieta e exercícios (Galeno). Desviar a alma de paixões perturbadoras; estação de águas, hipnose (Willis).
Circulação deficiente do sangue, da linfa e do fluido nervoso.	Emergência da orientação psicossomática.
Outras causas são propostas e exploradas: hereditariedade, anemia nutricional, anemia cerebral e distúrbios dos nervos.	Adição de tônicos e estimulantes. Pinel rejeita os purgativos e a sangria.
São examinadas teorias psicológicas e psicanalíticas, embora as teorias biológicas predominem. Problemas de neurotransmissores. Um grupo de perturbações neuroendócrinas-metabólicas. Relacionada com o distúrbio de *stress* pós-traumático, com o trauma e com a aflição normal (1917-2000) (visão minoritária).	Morar em outro local, com uma família feliz (caso moderado) ou num hospício (caso grave), a "cura pelo repouso" holística ** (Kraepelin).*** Psicanálise, várias psicoterapias. Terapia eletroconvulsiva (de 1940 até o presente). Drogas antidepressivas. Abordagem psicológica do trauma ****.

** No original, *wholistic*, trocadilho de *whole* (totalidade) com *holistic* (holístico). (N.T.)
*** Meyer recomendou que também se pesquisasse o que os pacientes podem mudar, uma psicoterapia de senso comum (bondosa, sondando de maneira humana o passado dos pacientes e o seu histórico atual), com o paciente atuando como colaborador.
**** Uma vez que o trauma é uma causa comum de distúrbios depressivos, essa abordagem inclui um cuidadoso histórico do trauma, exames físicos, diagnósticos diferenciados e por fim elaboração "sob medida" dos meios de ajuda mais eficazes desde o século dezessete até os dias de hoje (veja, por exemplo, referências 96, 171, 174, 186, 363, 517, 656, 793). A recuperação usualmente leva tempo e não pode ser apressada.

Diagnóstico

Medawar perguntou: "Se o *DSM-IV* fosse uma rede de pesca... que tamanho de abertura de malha deveria ser usado para pegar peixes deprimidos, mas não outros?" Ele respondeu: "A abertura da malha tem diminuído ao longo dos anos, mas isso é bom ou ruim?" [523] Desde a sua primeira edição, em 1952, o *DSM* tem contribuído para ajudar a legitimar um aumento radical no uso de drogas entre os assim chamados pacientes de "saúde mental". Para diagnosticar o que o manual chama de "depressão maior", além de apresentar um estado de ânimo triste ou baixo (critério A1), o *DSM-IV* requer que se constate apenas *quatro* de seus oito sintomas ou sinais restantes (critérios A2-9), desde diminuição do apetite até baixa energia e baixa auto-estima. Estes critérios de diagnóstico incluem:

A1. Estado de ânimo triste ou baixo *ou* ansiedade *ou* expressão facial deprimida *ou* dores no corpo aqui e ali
2. Perda de interesse ou de prazer
3. Apetite ↓ (diminuído) ou ↑ (aumentado)
4. Sono ↓ ou ↑
5. Atividade psicomotora ↓
6. Baixa energia ou fadiga
7. Baixa auto-estima
8. Dificuldade para se concentrar ou para se lembrar
9. Planejamento ou tentativas de suicídio

B1. Exclusão de outros distúrbios... (Ver o critério completo em *DSM-IV*)[8]

Se nós utilizamos esses critérios de diagnóstico sugeridos no *DSM*, quão precisos eles são? Embora alguns tenham criticado o *DSM* (por exemplo, Kutchins & Kirk[464]; Caplan[133]), basta apenas dar uma olhada nesses critérios propostos para que isso nos leve a perguntar como a "baixa auto-estima" ou qualquer um desses outros sintomas ou sinais isolados (com exceção da suicidalidade) poderia ter sido escolhido.

Uma Causa mais Provável

Será que um tal diagnóstico de "depressão" indica automaticamente que as pessoas requerem uma ingestão diária de drogas antidepressivas (ADPs) para curar a sua condição? Será que ele significa que essas pessoas têm apenas um tipo de depressão — isto é, a variedade "transmitida geneticamente", e que portanto se deveria automaticamente receitar a elas ADPs? Quando outros tratamentos auxiliares poderiam ser indicados? Quando nós encontramos uma pessoa com sintomas de depressão, como deveríamos proceder para fazer um diagnóstico diferenciado? Vários observadores têm enfatizado o fato de que a "depressão" não é um distúrbio único, mas tem vários subtipos.[127, 426, 812] Estes incluem os dois mais importantes, de origem exógena (externa) e endógena (interna), com subtipos adicionais sob cada um desses, como mostra a Tabela 2.2. Eu e outros pesquisadores acreditamos que o tratamento da pessoa como um todo poderia se basear na *origem* dos sintomas depressivos, e não apenas na suposição de um distúrbio proposto baseado na genética.

Por exemplo, para uma pessoa com depressão *endógena* (gerada internamente) incômoda, isto é, uma pessoa cujo histórico e outras constatações não têm causas exógenas (externas), talvez um teste com um ADP oferecesse a ela uma oportunidade para reduzir os seus sintomas por algum tempo. Na minha estimativa, a depressão endógena parece constituir, no máximo, 30 a 40 por cento de todas as depressões. Contudo, para a pessoa com depressão *exógena*, o tratamento incluiria medidas que seriam apropriadas para melhorar as causas ou associações particulares.

A "ansiedade" (que usualmente eu prefiro chamar de *medo*) é um componente comum da depressão, e pessoas "deprimidas" têm freqüentemente outros distúrbios co-mórbidos, incluindo distúrbios de ansiedade tais como distúrbios de *stress* pós-traumático (DEPT) (comuns entre sobreviventes de traumas), distúrbios de personalidade, distúrbios de pensamento (esquizofrenia ou outras psicoses) e vícios. Cada um desses distúrbios tem uma abordagem de tratamento específica — e os ADPs podem ou não constituir um componente apropriado da dieta. Alguns clínicos acreditam que uma anormalidade na serotonina do cérebro tem mais a ver com ansiedade do que com depressão, mas desde 1990 as empresas farmacêuticas passaram a promovê-la mais para a depressão do que para os distúrbios de ansiedade, e assim, por hábito, nós tendemos a associá-la mais com a "depressão".[339, 759]

Não apenas a depressão ocorre habitualmente como um *componente* do DEPT, mas o DEPT pode imitar quase todo critério diagnóstico de depressão, como é mostrado na Tabela 2.3. O pesquisador psiquiátrico J. Douglas Bremner disse:

> *Há também uma considerável sobreposição dos sintomas efetivamente listados sob os distúrbios do espectro do trauma. Por exemplo, muitos sintomas de depressão são equivalentes a sintomas de DEPT. A agitação psicomotora também pode ser expressa como hiperexcitação, e a desesperança como uma sensação de futuro escorçado. Outros sintomas que são idênticos nos critérios para a depressão e para o DEPT incluem redução do tempo do sono, redução do poder de concentração e sensações de ser separado de outras pessoas. De fato, o único sintoma da depressão que não está incluído nos critérios para o DEPT é o estado de ânimo deprimido, e,*

Tabela 2.2. Principais Subgrupos de Distúrbios Depressivos

(compilado e expandido com base nas referências 127, 339, 424, 425, 426, 812)

Subgrupo	Causas	Incidência (estimativa)	Tratamento	Prognóstico
Exógenos — Secundários, (situacionais, reativos, privação)	Trauma, grande perda, dependência química, pós-parto, corticosteróides, doença da tireóide	60-70%	Focalizado no trauma e/ou distúrbio médico tratado	Bom se o tratamento é do tipo e duração apropriados, ± drogas ADP (se puder receber apoio por longo prazo)
Atípicos (sintomas neurovegetativos invertidos)	Trauma comum	(parte do exógeno acima)	Enfoque no trauma, se houver, ± drogas ADP	
Endógenos Primário, familiar, "genético"	O trauma pode ocorrer em famílias através das gerações, SAD** (também exógeno)	30-40%*	Drogas ADP, mais enfoque no trauma, se estiver presente um histórico de trauma	Moderado-bom, as drogas ADP freqüentemente não funcionam; pode ser trauma confundido com exógeno
Psicótico	Possíveis traumas (611-613)	Rara	Drogas ADP ± drogas neurolépticas	Pobre-moderado

* Com base nos dados a respeito da ligação entre depressão e trauma apresentados neste livro, esta pode ser uma estimativa elevada; nós não sabemos a porcentagem exata, e nem mesmo uma aproximada.
** SAD = *Seasonal Affective Disorder* (Distúrbio Afetivo Sazonal) ou "Depressão de Inverno".

numa avaliação clínica, sentimentos de depressão são comuns em pacientes com DEPT. Os únicos sintomas de DEPT que não fazem parte da depressão são uma intensificação da sensação de estar assustado, uma sensação de estar de guarda, flashbacks *e amnésia. Há também importantes sobreposições entre o DEPT e outros distúrbios.*

O que isso pode significar para qualquer pessoa é que ela talvez não tenha um distúrbio biológico simples que os clínicos possam chamar de "depressão". Ela também pode ter outro, talvez mais importante: o DEPT. E o DEPT sugere algum tipo de trauma, para o qual existe agora um *caminho para a cura* a partir de

Tabela 2.3. Critérios de Diagnóstico do *DSM-IV* para as Principais Depressões, em Comparação com Sintomas Associados em Sobreviventes de Traumas e no DEPT

Principais Depressões (A1 + quaisquer 4 dos A2-9)		Sobreviventes de Traumas/DEPT
A1.	Estado de ânimo triste/baixo, ou ansiedade, ou expressão de depressão no rosto, ou dores aqui e ali no corpo	Habitualmente, eles têm qualquer
2.	Perda de interesse ou de prazer	um desses sinais ou sintomas, ou uma
3.	↑ ou ↓ de apetite	combinação deles *(ver Bremner 2002).*[82]
4.	↑ ou ↓ do sono	
5.	↓ da atividade psicomotora	A monitoração desses sintomas não leva
6.	Baixa energia ou fadiga	plenamente em consideração a qualidade
7.	Baixa auto-estima	de vida dos pacientes *(ver texto).*
8.	Dificuldade para se concentrar ou para se lembrar	
9.	Idéias ou tentativas de suicídio	

seus numerosos e variados efeitos. Portanto, fazer um diagnóstico preliminar da depressão apenas abre uma porta para nós, mas não nos deixa ver o conteúdo do quarto, e muito menos entrar nele de modo a podermos explorá-lo mais (como é mostrado na Figura 2.1). Portanto, cabe a nós como pacientes e clínicos manter a nossa percepção num nível máximo de modo que possamos encontrar a verdadeira causa dos sintomas e sinais de depressão. Um problema é que as pessoas com sintomas de depressão podem se sentir tão abatidas e estar com uma energia tão baixa que elas não têm uma percepção plena para procurar a causa real *sem uma ajuda externa.*

Figura 2.1. Explorando a Porta e o Quarto da Depressão

3. Uma Faca de Dois Gumes

De 1970 até 1990, três desenvolvimentos se encontraram, resultando no que agora é um grande negócio entre os profissionais da assistência médica e a indústria farmacêutica. Esses desenvolvimentos incluem: 1) o aumento gradual do desenvolvimento e do *marketing* dos medicamentos ADP pelas companhias farmacêuticas, o que resultou finalmente em grandes lucros financeiros; 2) a emergência do campo da neurociência; e 3) a transição da psiquiatria moderna, que era um campo eclético, que incluía a psicodinâmica, os tratamentos com drogas e as questões sociais, para um campo que passou a focalizar intensamente os aspectos biológicos da saúde e das doenças e dos distúrbios humanos, que passou a significar quase que exclusivamente o uso de drogas. Mas essa atividade comercial agora em *boom* mostra as qualidades de uma faca de dois gumes.

No lado positivo, nós aprendemos muitas informações úteis sobre nós mesmos, o nosso corpo e a maneira como respondemos ao *stress* e a vários distúrbios mentais. Nós investigamos mais profundamente a fisiologia e a bioquímica do cérebro e do sistema nervoso, e em vários sentidos alcançamos um maior entendimento sobre nós mesmos. Nós também melhoramos as maneiras de tratar as pessoas que sofrem de alguns distúrbios mentais.

Medicando a Saúde Mental

No lado negativo, nós permitimos que a indústria do seguro-saúde, com seus "cuidados com a saúde" gerenciados, e a indústria farmacêutica, com sua propaganda de massa e seus preços inflacionados, desviem com freqüência a nossa atenção, impedindo-nos de obter a assistência apropriada, de cujo auxílio precisamos para nos curar. Em sua necessidade de sobreviver, a psiquiatria se rebatizou como medicina psiquiátrica. Atualmente, ela quase deixou de utilizar a psicoterapia como um recurso básico de assistência para ajudar as pessoas a se curarem, para, em vez disso, passar a utilizar sessões mais breves para diagnóstico e avaliações de tratamentos com drogas, como é exigido e imposto pelos clínicos e pelos gerentes financeiros da indústria do seguro-saúde. Isso deixa livres os pacientes, se eles forem conscientes o bastante para assim agir, para descobrir e pagar tratamentos auxiliares de recuperação que o seu eu verdadeiro procura, uma vez que a maioria das companhias de seguro-saúde não pagaria por esse tipo de cuidado médico apropriado e mais profundo.

Infelizmente, esse anseio interior do nosso eu verdadeiro por obter a cura é usualmente tão sutil que a maior parte das pessoas que vivem neste barulhento e estressante mundo não consegue ouvi-lo por várias razões, e, em vez disso, podem se somar ao número crescente de consumidores dependentes de drogas. Vários fatores influenciam a gênese e a manutenção desse insidioso transe social, que vai das propagandas multibilionárias de drogas psicoativas até os incontáveis desvios da atenção quando esta procura se voltar para as verdadeiras causas subjacentes a muitas doenças físicas e mentais.

O Dinheiro das Drogas

Outro fator é a dependência da psiquiatria acadêmica, que treina futuros psiquiatras, com relação à indústria farmacêutica e ao governo dos Estados Unidos, dos quais ela obtém grande parte do seu apoio financeiro. Esse pagamento está na forma de concessões ou outros financiamentos pelas companhias farmacêuticas, que pagam partes substanciais dos salários de uma grande porcentagem das faculdades de psiquiatria e do seu corpo docente. Mas há uma armadilha: se os membros da faculdade não produzirem resultados positivos em favor da droga que está sendo testada, em alguns casos os seus salários podem estar em risco e suas futuras aplicações de subsídios podem não ser aprovadas. E tem mais, subsídios governamentais são usualmente destinados a pesquisas biológicas e, às vezes, psicossociais, embora, em sua maior parte, essas pesquisas excluam estudos sobre os efeitos dos traumas.[613a]

A despeito dessa triste imagem, ao longo dos últimos vinte anos muitos relatórios úteis de pesquisa sobre os múltiplos efeitos psicológicos, sociais e físicos dos traumas têm sido publicados em periódicos científicos clínicos. Esses relatórios nos têm proporcionado um prévio e rico suplemento de informações potencialmente úteis que nós podemos utilizar para que elas nos ajudem a nos curar. Infelizmente, esses poucos relatórios constituem uma parcela estimada de menos de 1 por cento de todos os relatórios de pesquisas publicados provenientes da psiquiatria, da psicologia e de outras profissões que oferecem ajuda especializada. Isso é lamentável, pois relatórios recentes baseados em dados sugerem que uma porcentagem substancialmente grande de distúrbios comuns é causada por um histórico de trauma de infância, ou está associada com esse histórico. Eu descreverei e resumirei cerca de trezentos desses importantes resultados de estudos ao longo deste livro e do próximo.

A Medicina em Geral

Num estado de ânimo semelhante, a medicina em geral tem evitado investigar mais a fundo o reconhecimento e o tratamento dos efeitos do trauma, os quais, com freqüência, estão subjacentes às condições médicas comuns. A maior parte das considerações descritas acima para a psiquiatria se aplica ao campo da medicina como um todo, exceto que a medicina sempre teve uma base biológica forte e quase não tem prestado atenção nas ligações causais e de tratamento entre distúrbios físicos e traumas de infância.

Contudo, alguns pesquisadores e clínicos, com colegas de outros campos, têm notado algumas dessas importantes conexões. Por exemplo, Felitti observou que das dez causas mais comuns de morte, nove resultam de doenças, distúrbios ou condições que são habitualmente causadas por traumas de infância ou estão associadas com um histórico de trauma de infância. A Tabela 3.1 mostra uma lista resumida dessas causas, com os comportamentos ou distúrbios causais para cada uma delas e o risco de se ter cada uma delas tal como é mostrado num marco de referência, o estudo ACE.[254] Como poderíamos ter passado todo esse tempo sem reconhecer essa possibilidade, e muito menos sem fazer a ligação?

Esses e numerosos outros estudos nos mostram que estivemos negligenciando um fator causal importante, que tem aplicação prática no tratamento de muitos distúrbios e condições médicas comuns. Agora, os clínicos podem perguntar a seus pacientes e clientes a respeito de um histórico de vários traumas. Felitti disse:

> *A maioria dos clínicos não gosta de pensar sobre qualquer forma de abuso infantil, e como resultado é pouco o que nós sabemos a respeito disso. Essa crença autoprotetora e a resultante ignorância que ela produz em nós prejudicam os pacientes. Isso também nos frustra, pois nos impede de entender um número significativo dos casos mais difíceis em nossas práticas. O abuso na infância é comum. O que é raro é o seu reconhecimento, e por isso nós perguntamos a cada paciente que entra em nosso consultório se ele foi molestado sexualmente [ou se teve experiências de qualquer outra forma de abuso infantil ou negligência]. Quando alguém responde "Sim", nossa resposta é: "Conte-me como isso afetou sua vida mais tarde..." Esta é uma boa frase para se lembrar. É fácil dizê-la, ela implica um interesse sério e não é ameaçadora para o ouvinte. Tudo o que você precisa fazer em resposta é escutar.*[253]

Tabela 3.1. Dez Principais Causas de Morte, com Causa ou Associação de Doença/Distúrbio e Risco de Ter um Histórico de Trauma de Infância/Experiência Adversa na Infância (ACE)

(ampliado a partir das referências 253, 254)

Causa de Morte	Causa/Associação de Doença/Distúrbio	Risco da ACE*
Doença do coração	Obesidade, fumar, raiva com que não se lidou (por ter sofrido abuso)	1,6-2,2x
Câncer	Fumar, ter relação sexual precoce	2+x
Derrame cerebral	Pressão alta	?**
Asma e enfisema	Fumar *(Felitti & Anda acreditam que, em sua maioria, os fumantes da atualidade são sobreviventes de traumas)*	2+x
Acidentes	Comportamentos de alto risco; caminhar instável devido à obesidade/intoxicação; dirigir bêbado, etc., com álcool ou drogas	3,2-7,4x
Pneumonia	Fumo, alcoolismo e dependência de outras drogas	2+-7,4x
Diabetes	Obesidade	1,6x
Suicídio	Depressão	4,6x
AIDS	Uso de drogas para o HIV e outros comportamentos de alto risco	10,3x
Doença do fígado	Álcool e uso de outras drogas	4,7-
***Resumo* das 10 doenças e distúrbios comuns**	Listados acima: ***Comportamentos de alto risco*** — 7x (incluindo: ***alcoolismo e mau uso de outras drogas*** — 6x, ***fumar*** — 4x), ***Obesidade*** — 2x, Pressão Alta — ?x, ***Depressão*** — 4,6x***	10,3x 9.805 pacientes: 1,6-10,3x a população de controle

* Fatores de risco, extraídos de: Felitti *et al.*[254]

** Samuel Mann, M.D. (1999), cardiologista da Cornell, tem alguns dados sugestivos que indicam que a pressão alta pode estar associada com traumas do passado, em seu livro *Healing Hypertension* (Curando a Hipertensão), de 1999.[513]

*** Todos os distúrbios em *itálico* são habitualmente causados por um histórico de trauma de infância, ou estão associados com esse histórico.

Se nós olharmos de volta para a Tabela 2.1 no Capítulo 2, poderemos constatar que o tratamento recomendado para a depressão durante uma determinada época histórica baseava-se na teoria existente a respeito daquilo que a causava. Em sua maioria, esses tratamentos foram úteis, e alguns não foram. Há várias centenas de anos, Galeno prescreveu uma dieta e exercícios saudáveis, o que continua a ser utilizado ainda hoje como um tratamento auxiliar útil.[381] O cuidado médico de apoio fazia parte, freqüentemente, do tratamento dado, mas nem sempre; por exemplo, hoje o adequado cuidado médico de apoio não é geralmente fornecido, uma vez que a maior parte das empresas de assistência médica não o aprovará, não pagando sequer uma porcentagem razoável do seu custo.

* * *

Atualmente, a teoria causal predominante da depressão é a da transmissão "genética", manifestada por uma proposta anormalidade bioquímica do cérebro, que se traduz no "uso de medicamentos ADP", ou, na pior das hipóteses, no tratamento por eletrochoque. No entanto, essa abordagem, embora mais segura e soando hoje humanamente mais saudável, poderá no futuro parecer não tão distante do uso primitivo da "diminuição da bílis negra por purgativos, diuréticos, ou, dependendo da gravidade, por sangria", como foi mostrado antes na Tabela 2.1.

No entanto, permanecem em vigor atualmente contribuições construtivas de Meyer, Kraepelin e outros, que observaram que a depressão é, com freqüência, causada por, ou pelo menos está associada com, um histórico de causas situacionais, incluindo traumas de infância. Na verdade, Meyer recomendou acrescentar uma busca por aquilo que o paciente pode mudar *, uma psicoterapia de senso comum (bondosa, que pesquise de maneira humana o histórico da vida passada e atual do paciente), com o paciente como colaborador. No início do século vinte, Kraepelin descreveu o que hoje poderia ser chamado de permanecer afastado de pessoas "tóxicas", mesmo que algumas delas possam estar em nossa própria família de origem.[381] Uma vez que o trauma é uma causa comum de distúrbios depressivos, essa abordagem inclui um cuidadoso histórico do trauma, exames físicos, diagnóstico diferenciado e em seguida elaboração "sob medida" dos meios de ajuda mais eficazes para a recuperação desde o século dezessete até os dias atuais (ver, por exemplo, as referências 96, 171, 174, 186, 363, 517, 656, 793). A recuperação geralmente leva tempo e não pode ser apressada.

* *The Serenity Prayer* (A Prece da Serenidade), escrita por Reinhold Niebuhr e adotada pela Associação dos Alcoólicos Anônimos, diz: "Deus me conceda a serenidade para aceitar as coisas que eu não posso mudar, a coragem para mudar as coisas que eu posso e a sabedoria para saber a diferença."

Um Qualificativo para Este Livro

A tese central deste livro é mostrar a forte ligação entre traumas de infância repetidos e doenças mentais subseqüentes. No entanto, partes importantes das verdades a respeito da depressão e de outras doenças mentais envolvem uma complexa teia de influências clínicas, financeiras e políticas entrelaçadas.

Antes da recente era da psiquiatria biológica, que começou por volta da década de 1960, profissionais da saúde aprenderam sobre doenças mentais e seu tratamento com base numa combinação de leitura de manuais e periódicos, supervisão por clínicos com mais experiência, participação em programas educacionais contínuos e observações próprias registradas enquanto proporcionavam cuidados diretos aos seus pacientes. Desde essa época, tem havido uma gradual, mas vigorosa invasão dos fabricantes de medicamentos, que passaram a desempenhar um papel progressivamente mais acentuado de instruir profissionais de saúde, em especial psiquiatras e outros médicos, a respeito da natureza das doenças mentais. Essa situação mostra um claro conflito de interesses. Ao longo das últimas décadas e atualmente, os fabricantes de medicamentos estão fazendo a maioria das jogadas educacionais. Eles não apenas produzem os medicamentos como também, direta ou indiretamente, e em geral de maneira sutil, definem a natureza dos distúrbios mentais para ajustar os seus produtos a essa definição.

Por causa dos motivos acima, ao longo deste livro, e sempre que isso for apropriado, eu apontarei exemplos das razões pelas quais não apenas é inadequado que os fabricantes de medicamentos nos instruam até esse ponto, como também há um claro e importante conflito de interesses que se traduz numa falta de confiança e num possível monopólio tóxico (na prática da lei, esse tipo de comportamento é às vezes chamado de "influência indevida"). Um recente editorial no periódico médico *The Lancet* diz: "A influência onipresente da indústria [farmacêutica] tem corrompido a integridade da pesquisa médica e a literatura científica sobre a qual a pesquisa científica é construída."[470] Ela tem feito isso pagando ou então manipulando pesquisadores e autores para que falem em favor de suas drogas. Além disso, devido ao fato de que agências do governo tais como a FDA e suas equivalentes em outros países estão habitualmente envolvidas com as empresas farmacêuticas e com os acadêmicos que pesquisam e escrevem sobre doenças mentais e seu tratamento, elas são cada vez mais incapazes de monitorar objetivamente e, quando necessário, restringir os fabricantes de medicamentos ou refreá-los para proteger o público.[47a, 165a, 676] Os cientistas que conduzem as pesquisas estão, com muita freqüência, sendo indevidamente influenciados pela indústria farmacêutica, como também o estão alguns bioéticos (que, supostamente, os deveriam observar e os ajudar a serem honestos).[282, 676] Essa situação precária e em expansão é semelhante à raposa que monta guarda num galinheiro. Finalmente, muitas associações profissionais, que sob outros aspectos são respeitáveis, tais como a American Psychiatric Association (Associação Norte-americana de Psiquiatria), estão, cada vez mais, sendo financiadas pelas empresas farmacêuticas, e, por causa disso, estão possivelmente perdendo a sua objetividade. Se o leitor não estiver interessado nessa parte da história, sinta-se livre para pular esses parágrafos ou seções ao longo deste livro.

4. A Genética e a Teoria Química do Cérebro

Que porcentagem de pessoas com "depressão" têm uma causa genética? Nós não sabemos.

Durante mais ou menos os últimos quinze anos, a visão predominante é a de que a depressão e a maioria dos outros distúrbios e doenças mentais são perturbações da química no cérebro transmitidas geneticamente. Isso se deve, em parte, à descoberta ocasional de evidências sugestivas para uma tal anormalidade em camundongos, ratos ou outros animais não-humanos, e raramente em seres humanos. Embora a maioria dos artigos de pesquisa sobre numerosos aspectos da causa das doenças mentais tenha chegado a tais conclusões, as atuais evidências disso não parecem tão sólidas como nós viemos a acreditar.[178, 572, 573, 644, 759]

Como então podemos *provar* a hipótese da existência de uma causa puramente "genética" para a depressão (ou para qualquer outro distúrbio)? Fazê-lo pode ser complicado.

Um Histórico de Família

Uma maneira de *suspeitar* de uma causa genética (mas não de prová-la) consiste em mostrar que ela ocorre de geração em geração em parentes de primeiro grau na linhagem da mesma família ao longo do tempo. Mas 1) nós habitualmente temos apenas uma geração (isto é, o paciente ou sujeito) para examinar diretamente. Uma vez que nós, geralmente, não podemos examinar de maneira direta outras pessoas da família do paciente, tudo que nós podemos fazer é pedir ao sujeito à nossa frente para descrever suas percepções dos comportamentos e estados de espírito dos seus parentes. E 2) a maior parte dos pesquisadores da depressão não parece perguntar a respeito dos históricos de traumas de infância dos seus pacientes. Eles também não consideram o fato de que 3) viver com um dos pais deprimido também pode, em si mesmo, ser traumático para uma criança.[10, 254]

A maioria dos pesquisadores da depressão habitualmente nada pergunta a respeito dos históricos de traumas dos seus pacientes, ou se há em suas famílias membros com depressão. Somos então deixados com essas duas lacunas de informações faltantes — um histórico bastante limitado, geralmente apenas um histórico de sintomas depressivos abrangendo apenas uma — ou, na melhor das hipóteses, duas gerações, e nenhuma avaliação de um possível histórico de traumas de infância — o que, de outro modo, seria crucial para se tentar resolver essa importante questão da natureza e da educação.

Em contraste com isso, numerosos estudos baseados em dados e revisados por colegas pesquisadores, relativos a um grande número de pessoas, sugerem que até 60 a 70 por cento têm com mais probabilidade os seus sintomas "depressivos" devido a um histórico de abusos sofridos quando crianças (ou em associação com um tal histórico), como é sugerido e mostrado nas tabelas 2.2 e 4.1, e desenvolvido no Capítulo 5. Muitos desses sobreviventes de traumas, em tratamentos e recuperações apropriados, expressam e lamentam ao longo do tempo a dor que permanece com eles como parte dos efeitos de seus traumas. Fazer isso os ajuda a minorar a sua tristeza, baixa energia e outros sintomas depressivos.[132, 791]

Descobertas de Laboratório

Além de procurar por um longo histórico de família relativo à depressão, e abrangendo várias gerações, pesquisadores também poderiam pesquisar metodicamente testes específicos de laboratório capazes de indicar a sua presença. Mas não existe teste de laboratório atualmente conhecido capaz de fazer ou dar apoio a um diagnóstico de depressão. Na década de 1980, pensava-se que um teste de supressão de dexametasona anormal (DST, *Dexamethasone Supression Test* — uma medida especial da função hormonal) fosse um "marcador bioquímico" para a depressão, mas finalmente descobriu-se que ele era não-específico e não-confiável.[640a] Mais tarde, relatou-se que os resultados de DST anormal entre muitas pessoas deprimidas se deviam ao reduzido conteúdo calórico das suas dietas.[550] Uma suposta anormalidade do sono REM (*rapid eye movement*, movimento rápido dos olhos) associada com a depressão também foi refutada.[550] Pesquisadores têm igualmente procurado genes anormais específicos entre pessoas com depressão, e não os encontraram.[178] Finalmente, não há maneira confiável de medir ou de mostrar um nível anormal de serotonina ou de qualquer outro neurotransmissor em pessoas com depressão.[759]

Marcadores Genéticos

Uma terceira, e talvez última, maneira de *suspeitar* de uma causa, fator ou associação genéticos para a depressão (mas não de comprová-los) consiste em repetir o mesmo procedimento que nas *Descobertas de Laboratório* acima, mas com um *marcador genético* como o teste de laboratório em questão. Em minhas leituras até agora, eu não vi nenhuma dessas maneiras de se tentar provar uma causa, fator ou associação genéticos para a depressão demonstrada de maneira convincente.

A partir da revisão que fiz da literatura, tenho a sensação de que, uma vez que ninguém provou uma causa, fator ou associação genéticos para a depressão, o melhor que nós podemos fazer é *suspeitar* de sua existência como uma possibilidade. Porém, pesquisadores da depressão, com seus dados aparentemente fragmentários, foram além da suspeita. Em vez disso, eles *assumiram* que essa hipótese genética era verdadeira, mesmo que eles ainda não a tenham provado.[178, 406, 572, 573, 638]

Reação a Medicamentos

Alguns pesquisadores e clínicos também utilizaram uma quarta maneira de tentar provar a sua hipótese genética, mas não é um teste válido. O "teste" às vezes proposto consiste em dar às pessoas com sintomas de depressão medicamentos que elas supõem ser "antidepressivos" — e em seguida observar as suas reações. Se o paciente tiver uma reação positiva, isto é, uma redução dos seus sintomas, elas presumem que não apenas os "antidepressivos" funcionam, mas também — numa espécie de pensamento lateral ou retrógrado — que essa descoberta também demonstra que ele estava realmente "deprimido". Como eu mostrarei mais adiante, parece que, não obstante várias décadas de pesquisas e de experiências clínicas, infelizmente não há evidências convincentes de que os antidepressivos funcionem muito melhor do que o fazem os placebos. E mesmo se eles de fato ajudassem contra a depressão, isso não provaria a sua existência.

Evidências Genéticas para Distúrbios Mentais

Não apenas há falta de evidências convincentes de que a maior parte dos subtipos de depressão é causada por transmissão genética como também se pode dizer o mesmo para a maioria dos outros distúrbios mentais. Permanece a questão: "Em sua maior parte, os distúrbios psiquiátricos geneticamente transmitidos seriam anormalidades da química cerebral?" O geneticista Dave Curtis disse: "Não obstante um intensivo esforço realizado em âmbito mundial, até hoje não se descobriu localizações convincentes de quaisquer genes que influenciem a susceptibilidade para distúrbios psiquiátricos funcionais [isto é, aqueles não causados por condições médicas físicas]." Esta é uma afirmação corajosa, mas aparentemente precisa dos fatos, feita por uma famosa autoridade internacional em genética de distúrbios psiquiátricos, a respeito da validade da hipótese segundo a qual, em sua maior parte, os distúrbios psiquiátricos são anormalidades da química do cérebro geneticamente transmitidas. Ele acrescenta: "No entanto, parece que há claras evidências de que tais influências genéticas existam e é razoável esperar que nos próximos anos possam ser encontrados genes que respondam pelo menos por uma certa proporção dessas doenças."[178] Numa tal ausência de evidências diretas ou sólidas, os advogados poderiam dizer que esta suposição está, na melhor das hipóteses, baseada num pequeno grau de evidências circunstanciais.

Que evidências nós temos? A maioria dos pesquisadores considera que a existência de um histórico familiar positivo é, no mínimo, um ponto de partida para a suposição de que a hereditariedade poderia estar presente. Porém, como eu mencionei anteriormente, *o abuso de crianças também ocorre nas famílias*, e o trauma de infância é muito mais comum do que os defeitos genéticos. Desse modo, *um histórico positivo de família também pode indicar* a presença de *trauma de infância*, que poderia igualmente ser uma causa da depressão e de outros distúrbios mentais. Um problema que está embutido no nosso estado atual de (in)consciência coletiva é a falta de habilidade de tratamento por parte de muitos profissionais da área médica para prestar assistência médica aos sobreviventes de traumas, mais a pressão da indústria farmacêutica e as empresas de assistência médica, e também da psiquiatria e da medicina acadêmicas. Tudo isso nos leva à conclusão errada de que pode ser mais fácil tentar tomar um atalho ao redor do sofrimento humano acreditando-se na hipótese biológica, e pegando assim uma "estrada lateral biológica" ao redor da abordagem dos efeitos do trauma. Desse modo, nós nos desviamos do histórico do trauma, de sua provável conexão causal com os efeitos do trauma (isto é, com a "doença mental") e das maneiras como podemos ajudar as pessoas na sua cura, e, em vez disso, nós nos concentramos nos seus sintomas e/ou na sua suposta bioquímica do cérebro.

A Tabela 4.1 mostra um esboço do histórico familiar e de possíveis associações genéticas entre distúrbios psiquiátricos comuns selecionados, com a freqüência observada para cada um dos históricos de traumas de infância. Dentre todos os distúrbios psiquiátricos, parece que o alcoolismo apresenta o maior número de dados de pesquisa para apoiar uma hipótese genética como uma de suas causas possíveis. Há três principais elementos de evidência de que o alcoolismo é um

Tabela 4.1. Histórico da Família e Possíveis Associações Genéticas Entre Distúrbios Psiquiátricos Selecionados, com Freqüência do Histórico de Traumas de Infância

(compilado com base nas referências 18, 178, 572, 612, 613)

Distúrbio*	Histórico da Família**	Evidências Genéticas***	Histórico do Trauma de Infância
Alcoolismo	+ para +++	Gêmeos (taxa de 30-39% entre fraternos, 60% em idênticos), estudos de adoção e com marcadores	Quase sempre
Bipolar	± para +	Um estudo estima que de 10 a 20% podem estar ligados com o x, mas esse estudo não foi replicado	Algumas evidências
Depressão	± para ++	Poucas, em sua maior parte como histórico da família limitado, e uma pequena associação com parentes que apresentam distúrbios bipolares	Comum
Ansiedade	± para +	Poucas a nenhuma	Comum
Personalidade	± para ++	Poucas a nenhuma	Comum, especialmente entre os que apresentam DBP
Esquizofrenia	± para +	Gêmeos, adoção, linhagem e estudos com marcadores; 3 estudos favorecem o papel do ambiente	Comum
Alzheimer	?	Algumas	?

* A *síndrome de Tourette*, um distúrbio raro, tem boas evidências que a associam a um único traço de gene. Além dessa evidência, e daquelas listadas na tabela acima, até agora a maior parte dos outros distúrbios psiquiátricos funcionais (isto é, não-orgânicos) mostra pouca ou nenhuma evidência para a transmissão genética como um fator causal.[178]
** Histórico da família com relação ao distúrbio, freqüência: ± = Baixa; + = Algumas (até 20%), ++ = 25 a 50%, +++ = 50 a 75%.
*** Determinantes genéticos podem interagir com o ambiente como co-fatores na patogênese de um distúrbio.

distúrbio geneticamente herdado ou que ele é, no mínimo, um distúrbio de família, isto é, que ele tende a ocorrer em famílias através de gerações. Esses elementos abrangem: 1) estudos da família, 2) estudos de gêmeos, e 3) estudos de adoção.[18] Os estudos da família mostram que filhos de alcoólatras têm um risco três ou quatro vezes maior de se tornarem alcoólatras. Estudos de gêmeos comparam taxas de alcoolismo entre (30 a 39 por cento) com gêmeos idênticos (60 por cento). Finalmente, estudos iniciais sobre adoção mostram que filhos adotivos de pais alcoólatras correm um risco quatro vezes maior de sofrer de alcoolismo, embora sejam necessários mais dados de reforço dessas conclusões, e a maioria dos estudos remonta a apenas uma, e no máximo a duas gerações. Há também evidências de que outros tipos de dependência química ocorrem nas famílias.[532]

Mais recentemente, uma quarta fonte de dados se tornou acessível: marcadores fisiológicos e bioquímicos de transmissão familiar do alcoolismo, que parecem estar em sua infância. Com base nos muitos estudos realizados ao longo das duas últimas décadas a respeito dos fatores familiares e genéticos na causação do alcoolismo, nós podemos concluir que esses fatores desempenham um papel na ocorrência do alcoolismo.[18] E também o fazem as várias formas de trauma de infância, como é mostrado pelas fortes evidências que eu apresento no volume final.

Os distúrbios bipolares (um dos primeiros estudos sugeriu que de 10 a 20 por cento podem estar ligados com o cromossomo x) e a esquizofrenia (alguns gêmeos, adoção, linhagem e estudos com marcadores têm sugerido fatores causais genéticos) são os distúrbios mais prováveis seguintes a mostrar evidências de fatores familiares e genéticos, mas não há evidências convincentes de que esses distúrbios estão exclusivamente, ou mesmo habitualmente, relacionados com tais causas (por exemplo, referências 43, 69a, 572, 573). Há poucas evidências consistentes de que distúrbios de ansiedade e distúrbios de personalidade tenham origem na genética. E, como eu tenho mostrado, há poucas dessas evidências para a depressão, existindo atualmente, em sua maior parte, como descobertas de um histórico familiar limitado, e uma pequena associação com parentes que apresentam distúrbios bipolares entre alguns parentes de primeiro graus. Em suma, a observação "ocorre-em-famílias" não é prova de uma causa genética, uma vez que o trauma de infância também ocorre entre gerações.[572, 573]

Critérios de Qualidade de Pesquisa

A maioria dos cientistas clínicos, incluindo os autores das fontes para a Tabela 4.1, utilizou vários, se não a maioria, dos dez critérios comuns para ajudar a avaliar relatórios de pesquisa clínica ou científica. Esse tipo de cuidadoso processo de avaliação pode nos ajudar a determinar a qualidade dos artigos de pesquisa sobre problemas de saúde física e mental, e também a determinar as conclusões ou inferências causais que podemos tirar desses artigos. Mostrados na Tabela 4.2, esses recursos de auxílio ajudam o leitor a determinar se qualquer estudo pode ou não ser confiável.

Quando nós empregamos esses dez critérios para avaliar pesquisas que procuravam descobrir se distúrbios mentais são transmitidos geneticamente, encontramos fortes evidências de que a transmissão familiar ou entre gerações ocorre entre muitos distúrbios mentais. Há também algumas evidências sugestivas de que a transmissão genética real pode, às vezes, estar envolvida, como no caso da rara síndrome de Tourette, e, até certo ponto, no alcoolismo, com uma probabilidade ainda menor para os distúrbios bipolares e a esquizofrenia. No entanto, exceto para a síndrome de Tourette, essas evidências não são, nem de longe, tão fortes quanto as que temos constatado ao longo dos últimos vinte e cinco anos para a relação entre um histórico de trauma de infância e subseqüentes doenças mentais, e algumas físicas.

Pesquisa Genética e de Linhagem

Mas o que essa pesquisas têm efetivamente mostrado? De acordo com Alvin Pam, Ph.D., as pesquisas para tentar provar uma causa genética das doenças mentais recorrem usualmente a uma ou mais dentre quatro principais áreas de estudo, como é mostrado na primeira coluna da Tabela 4.3. Dentro dessas quatro áreas, os pesquisadores têm empregado dois ou três tipos comuns de projetos de estudo, cada um deles com um potencial estimado para produzir resultados precisos e confiáveis em favor de uma causa genética.[572, 573]

Examinando a terceira coluna na tabela, nós podemos ver que os três primeiros métodos são inconclusivos, em sua maior parte devido às razões correspondentes descritas para cada um deles na quarta coluna. O projeto de estudos número 4 tem um grande potencial, mas não é prático, uma vez que não se encontrou quase nenhum par de gêmeos idênticos que foram criados afastados um do outro e para os quais se pôde coletar dados apropriados a respeito deles e de suas famílias. A árvore genealógica (consangüinidade) e a maioria dos estudos sobre gêmeos não são, geralmente, capazes de controlar de maneira adequada o ambiente, o que os torna métodos improváveis para a comprovação de uma causa genética.

Para comparações de adoção, os projetos de estudo números 5 e 6 podem, na melhor das hipóteses, ser sugestivos, mas os resultados de tais estudos relatados têm sido negativos ou equívocos. Nenhum resultado conclusivo foi relatado para o projeto 7, embora seu potencial possa ser poderoso. Finalmente, existe a pesquisa com marcadores genéticos, que, embora também seja potencialmente poderosa, não foi replicada (projeto 8) nem relatada (projeto 9).

Este resumo nos deixa com uma escassez de evidências que seriam capazes de dar apoio à existência de uma causa genética predominante da doença mental. Parece que essa carência é a regra, não obstante uma enorme literatura psiquiátrica e psicológica que reconhece a transmissão genética em quase todas as ocasiões, em quase todo artigo, editorial e relatório de pesquisa, embora raramente se mencionem as informações negativas, contraditórias ou, na melhor das hipóteses, equívocas acima apontadas, se é que alguma vez elas foram mencionadas.[572, 573, 759]

Olhando para ambos os lados da questão natureza/educação, Pam disse: "... depois de quase um século de esforços, uma rígida avaliação seria a de que nenhum resultado substantivo foi oferecido para a patogênese [biológica] de qualquer distúrbio psiquiátrico importante" e "... em defesa da psiquiatria biológica... os problemas estudados são complexos e é razoável antecipar retardamentos e retrocessos antes que a medicina seja capaz de identificar mecanismos constitucionais envolvidos na 'doença mental'. A falta de respostas definitivas não significa que nunca haverá respostas..."[572]

A Teoria Atual

Nós podemos agora resumir a teoria ou hipótese atual que se desenvolveu ao longo das duas últimas décadas aproximadamente, com as evidências propostas e as descobertas correspondentes vindas da literatura sobre traumas, como é mostrado na Tabela 4.4. A teoria afirma que, em sua maioria, as doenças mentais (isto é, aquelas que não são causadas por doenças médicas subjacentes) são distúrbios da química do cérebro transmitidos geneticamente. As substâncias químicas envolvidas são usualmente listadas como norepinefrina, dopamina, acetilcolina e serotonina, mesmo que exista mais de uma centena de tais neurotransmissores no cérebro.[749] O "tratamento de escolha" para quase todos os distúrbios mentais é qualquer uma das drogas, ou uma combinação delas, que tem sido desenvolvida por várias laboratórios farmacêuticos.[39, 759]

Um problema é que não apenas esta teoria não está comprovada para a depressão e a maior parte das doenças mentais, como é mostrado na segunda e na terceira colunas da Tabela 4.4 e ao longo de todo este livro e do próximo, como também é possível que ela seja errônea em sua base e omita a inclusão de uma das principais causas potenciais, isto é, traumas de infância e outros. Infelizmente, sua contínua repetição parece ter hipnotizado nossa sociedade, que por outro lado é sofisticada,

Tabela 4.2. Critérios de Qualidade de Pesquisa e de Inferências Causais

Critério	Comentário/Descrição
1. Baseado em dados	São utilizados métodos reprodutíveis específicos e os dados são coletados, registrados, analisados e criticados com precisão
2. Múltiplos projetos	Os estudos são conduzidos por meio de mais de um projeto de estudo, por exemplo, 1) prospectivo, 2) retrospectivo, 3) controlado, 4) controlado por *cases* (*index*), 5) duplo-cego
3. Muitos pesquisadores independentes encontram resultados semelhantes	Os estudos são conduzidos por muitos observadores/ pesquisadores independentes e resultam em descobertas semelhantes
4. Vários sujeitos amostrados	Os estudos são conduzidos sobre vários sujeitos amostrados, por exemplo sobre amostras aleatórias, clínicas, comunitárias, forenses, etc.
5. Replicação	Os estudos são repetidos para procurar pela consistência dos resultados por meio de diferentes amostras da população
6. Razão de probabilidade de não-ocorrência significativa	Força significativa da associação com variável avaliada
7. Reação graduada à variável	Relação cumulativa ou de dose-reação com a variável
8. Seqüência temporal apropriada	Relação temporal (a exposição precede o resultado)
9. Plausibilidade biológica	As descobertas têm uma explicação biológica plausível
10. Interpretação apropriada das descobertas	O pesquisador trabalha, registra e analisa dentro dos limites apropriados do seu projeto de estudos e de suas descobertas

Tabela 4.3. Pesquisa Genética e de Linhagem: Métodos,

Método/Estudo	Projeto	Poder Potencial
Consangüinidade ("sangue")	1. Genealogia (árvore genealógica)	**Inconclusivo**
	2. Taxas de concordância (compara com outros na família)	**Inconclusivo**
Co-gêmeos controles	3. Gêmeos idênticos *versus* não-idênticos de mesmo sexo	**Inconclusivo**
	4. Gêmeos idênticos criados afastados um do outro	**Poderoso, mas não é prático**
Comparações com adoções	5. Compara taxas de distúrbios para parentes biológicos *versus* adotivos, especialmente pais	**Sugestivo**
	6. Compara taxas para filhos de pais de estudos de casos *versus* filhos de controles	**Sugestivo**
	7. Criação cruzada de filhos: taxas de filhos de pais de estudos de casos *versus* pais biológicos de controle e filhos de pais de estudos de casos adotivos	**Poderoso**
Marcador Genético	8. Identifica o marcador com o distúrbio	**Poderoso**
	9. Prospectivo-longitudinal: prevê o distúrbio em adultos	**Pode ser conclusivo**

Poder Comprobatório Potencial e Resultados

(expandido com base na referência 572)

Resultados e Comentários

O início da busca dos fatos que "ocorrem nas famílias". Complicado devido a diagnósticos obtidos por "ouvir dizer" de parentes reais, distantes ou mortos, este método e outros a ele relacionados não provam a transmissão genética. Além disso, eles não satisfazem aos princípios genéticos mendelianos.

Como os gêmeos compartilham o mesmo ambiente, nós não podemos interpretar as suas diferentes porcentagens afetadas como prova de uma causa genética. Gêmeos idênticos resultam em tratamento semelhante. Não há dados úteis.[404, 407] Com relação ao nº 4, quase nenhum foi encontrado para estudo, e por isso os números são pequenos demais para se usar.

A maior parte desses vários estudos produz resultados negativos ou equivocados e têm de uma a várias falhas nos métodos, descritas em quatro críticas (por exemplo, adoções seletivas, colocações com atraso, critérios de diagnóstico deficientes, interpretação excessiva ou errônea dos dados, etc.) Um desses estudos sugeriu fatores ambientais acima dos genéticos. Os resultados permanecem negativos ou equivocados.

Nenhum resultado conclusivo.

Um pequeno número de relatos anedóticos iniciais sobre distúrbios bipolares e esquizofrenia não foi replicado num número maior de estudos posteriores.[69a] Os estudos sobre a depressão continuam.

Nenhum relatado até agora.

---

levando-a a acreditar nela. Com relação à depressão, o geneticista Dave Curtis revisou a literatura mundial a respeito e concluiu: "Embora pareça haver alguma contribuição genética para a susceptibilidade à depressão, ela é menos acentuada do que no caso da doença bipolar [e as evidências para as bipolares são fracas]. O padrão de transmissão não é claro, e não há evidências fortes fornecidas por estudos sobre encadeamento ou associação para demonstrar quais locais [genes] estariam envolvidos."[178]

Tabela 4.4. A Causa da Doença Mental: Evidências para a Teoria Atual

(Compilado e expandido com base nas referências 178, 339, 523, 572, 573, 587, 759)

Hipótese/Teoria	Evidências Propostas	Atualidade
Geneticamente transmitida...	Poucas (para a maioria delas)* a nenhuma (para algumas)	O trauma de infância também tende a "ocorrer-em-famílias"
Distúrbio...	Categorização de observações selecionadas**	Grande porcentagem também se deve a traumas
da química do cérebro:	A maior parte das suposições provém de experimentos com animais Não há testes de laboratório com seres humanos	O trauma altera a química do cérebro e, às vezes, a sua anatomia
Neurotransmissores* propostos**	Focalizam quatro neurotransmissores	Mais de 100 NTs no sistema nervoso central, com uma fisiologia complexa (ver Capítulo 7)
Escolha do tratamento: Drogas	Algumas (1/3 a 2/3) a nenhuma melhoria na qualidade de vida ou global	No melhor dos casos, podem ajudar alguns e podem suplementar um FRP****
Conclusão: Em sua maior parte é um problema biológico	Algumas para *efeitos* biológicos, e não para causa † Usa lemas	Biopsicossocial (incluindo trauma)

* Algumas evidências sugestivas para o alcoolismo/dependência química, e evidências mais fracas para distúrbios bipolares (um dos primeiros relatórios) e esquizofrenia.[69a, 572, 573]

** Às quais se chegou por algum processo um tanto primitivo obtido por um consenso formado principalmente por psiquiatras do sexo masculino; algumas categorias de diagnóstico eventualmente passam por testes de campo.

*** Embora exista mais de uma centena de neurotransmissores no cérebro, a teoria atual continua a focalizar a norepinefrina, a dopamina, a acetilcolina e a serotonina.[572, 759]

**** *Full Recovery Program* (Programa de Recuperação Plena) para o paciente se recuperar dos efeitos de traumas.

† Lemas comuns — por exemplo, "predisposto a", "predisposição genética", "predisposição bioquímica para", "pode ser herdado", "ocorre-em-famílias"...[572]

5. O Trauma de Infância Como Possível Causa da Depressão

Nós podemos agora considerar de maneira mais detalhada algumas das descobertas que documentam o trauma de infância como sendo um fator causal potencial para a depressão e outros distúrbios mentais. Na parte final do século dezenove e no começo do século vinte, pioneiros tais como Jean Charcot, Pierre Janet, Joseph Brauer, Sigmund Freud, Carl Jung, Karen Horney, John Bowlby e outros nos forneceram uma base e alguns conceitos e habilidades para começar a trabalhar com sobreviventes de traumas de infância. No entanto, durante esse tempo, não houve relatos de pesquisas sobre grandes populações que documentassem a relação do trauma com uma doença mental subseqüente.

Fortes Evidências de Trauma

Foi apenas nos últimos vinte e cinco anos do século passado, talvez relacionado com a nossa crescente percepção da ocorrência comum do abuso de crianças e da negligência com relação a elas, e com a necessidade de impedir isso, que pesquisas sobre grande número de pessoas começaram a ser realizadas e publicadas.

Eu estou atualmente ciente de 251 de tais relatórios publicados e revisados por colegas pesquisadores e que examinam a relação do trauma de infância com a subseqüente depressão e outras doenças mentais, que eu resumo e discuto ao longo deste livro e do próximo. Esses estudos foram conduzidos e escritos por autores independentes e quase todos foram publicados em periódicos respeitáveis, revisados por colegas cientistas, tais como o *American Journal of Psychiatry*, o *Psychological Bulletin* e o *Child Abuse & Neglect*.

Descobri 209 estudos que ligavam a depressão com um histórico de trauma de infância, como está resumido na Tabela 5.1. Destes, 96 estavam voltados para populações *clínicas* (isto é, pacientes ou clientes em clínicas ou hospitais), que

Tabela 5.1. Depressão e Trauma de Infância: Resumo de 209 Relatórios Clínicos, Comunitários, Prospectivos e de *Estudos de Casos Selecionados**

Ano/Autor	Características do Estudo	Depressão /suicídio*	Outros efeitos do trauma
Clínicos 96 estudos 1942-2003	29.292 pacientes e controles	Depressão 1,6 para até 12,2 vezes ↑ para até 12 vezes na suicidalidade	Co-morbidade aumentada e com freqüência múltipla
Comunitários 70 estudos 1985-2002	69.724 sobreviventes de trauma e controles	Depressão ↑ para até 10 vezes Suicidalidade ↑ para até 18 vezes	Co-morbidade aumentada
Prospectivos 22 estudos 1984-2001	11.009 sobreviventes de trauma e controles acompanhamento ao longo de 1 até 20 ou mais anos	Depressão /suicídio ↑ para até 10 vezes	Co-morbidade alta e múltipla
Estudos de Casos 21 estudos 1975-1998	11.415 sujeitos deprimidos	↑ trauma de infância	Miscelânea de descobertas
Todas as 4 populações 209 estudos 1974-2001	**121.440 sobreviventes de traumas de infância e controles****	**Depressão 1,6 para até 12,2 vezes, ↑ para até 12 vezes na suicidalidade Relação graduada comum com a severidade do trauma**	**Co-morbidade alta e múltipla. 2 mostraram melhoria substancial com tratamento focalizado no trauma *****

↑ = aumento.

* Todos os resumos incluem amostras de população internacionais coletadas de múltiplos locais.

** Os TI eram, em sua maior parte, conseqüência de abuso sexual, algumas vezes físico e todos provavelmente psicológicos.

*** Dos 209 estudos, dois deles avaliaram resultados do tratamento.

totalizavam 29.292 pessoas. Esses relatórios constataram que, entre as pessoas com um histórico de traumas de infância, a depressão era de 1,6 a 12,2 vezes mais comum do que o era entre os controles, que diziam não apresentar um tal histórico de trauma, e com os quais elas foram comparadas. Descobri um número adicional de 70 estudos publicados que tiveram por base a *comunidade* e abrangiam 69.724 sobreviventes de traumas e controles, e esses estudos mostravam um aumento de até 10 vezes na depressão. E descobri 22 estudos *prospectivos* realizados sobre 11.009 pessoas, acompanhados durante até 20 anos, que também revelavam um aumento de até 10 vezes na depressão. (Estudos prospectivos são às vezes chamados de "padrão ouro" dos projetos de estudo.) Eu também descobri 21 estudos de *index case* (também chamados de *proband*) realizados sobre 11.415 pessoas deprimidas e seus controles (quando disponíveis) que concluíram que aqueles que estavam deprimidos tinham um histórico de trauma de infância significativamente aumentado.

Esses números são impressionantes. Em contraste com eles, os estudos geralmente citados para dar apoio à teoria genética da depressão não abordam um número tão grande de pessoas e nem mostram uma associação tão forte como no caso dos traumas de infância, e com evidências tão convincentes.[178, 572, 573] Os estudos que alegam dar apoio às teorias relacionadas com os neurotransmissores raramente são realizados sobre seres humanos.[749] Mas evidências de apoio para a ligação trauma-depressão são derivadas de um total de 121.440 pessoas. Esses estudos foram conduzidos por mais de 500 pesquisadores e autores independentes e autores sobre diversas populações dos Estados Unidos, Reino Unido, Canadá, Austrália, Nova Zelândia, Europa, Escandinávia e de outros lugares.

Além disso, embora em sua maior parte os sujeitos dos estudos sejam adultos, alguns são crianças e adolescentes (o que, juntamente com o fato de que alguns investigadores pesquisaram estudantes de universidade, tenderia a torcer os resultados de modo a *afastá-los* da constatação de uma relação positiva entre trauma e doença mental). No meu entendimento, nenhum desses estudos foi financiado por uma companhia farmacêutica ou por um grupo de interesse especial semelhante com uma agenda oculta. Esse fato acrescenta credibilidade ainda maior aos seus resultados.

Embora alguns desses autores comentassem que outros fatores foram ou podem ser importantes, tais como outras manifestações e dinâmicas da disfunção familiar, poucos encontram evidências sólidas de fatores genéticos como sendo uma causa da depressão, da suicidalidade ou de quase qualquer um dos outros distúrbios mentais e alguns físicos que foram freqüentemente encontrados (muitos dos autores não estavam procurando por evidências genéticas específicas).

Os outros distúrbios e condições que, com freqüência, se constatou estarem associados com o trauma de infância incluíam abuso de substâncias, ansiedade e distúrbios da ansiedade, distúrbio de *stress* pós-traumático, distúrbios da alimentação, distúrbios da personalidade (incluindo, em especial, distúrbio de personalidade limítrofe e distúrbio de personalidade anti-social), ira, comportamentos agressivos, violência, distúrbio de hiperatividade de deficiência da atenção (DHDA) e somatização, incluindo: dores de cabeça e distúrbios e dores maxilares, dor crônica, fadiga, problemas ginecológicos, síndrome pré-menstrual e outros sintomas somáticos. Eu abordo esses distúrbios, doenças e problemas no próximo volume.

Embora esses resultados não excluam fatores genéticos, eles demonstram vigorosamente que os efeitos de traumas de infância repetidos, consistindo em abuso físico, abuso sexual e/ou abuso mental e emocional, ou geralmente de uma combinação de dois ou mais desses abusos, freqüentemente acompanhado de negligência, são comumente associados com depressão, e freqüentemente com um ou mais distúrbios mentais e alguns distúrbios físicos.

Considerados em seu todo, esses estudos e seus resultados satisfazem a todos os dez critérios de qualidade de pesquisa resumidos na Tabela 4.2 na página 47. O vigoroso peso dessa maciça quantidade de evidências no mínimo *implica* causalidade, isto é, esse trauma de infância repetido causa a depressão subseqüente numa porcentagem substancial de pessoas que a têm. Embora muitos autores sugerissem a causalidade como uma possibilidade, quatro dos autores desses estudos estavam tão suficientemente convencidos devido aos resultados que obtiveram que concluíram que o trauma era *causal* da depressão e de outros distúrbios mentais, como é mostrado na Tabela A.7 do Apêndice (página 205).

Suicídio

Sérias ideações, tentativas e consumações de suicídio (também chamadas de *suicidalidade*, palavra com que se indica uma das três ou qualquer combinação delas) constituem a terrível extremidade do espectro dos sintomas e sinais da depressão. Elas estão incluídas como o item A-9 nos critérios de diagnóstico *DSM-IV* para a depressão (páginas 26, 29). Eu nunca encontrei uma pessoa que tentasse o suicídio e que não estivesse intensa ou cronicamente "deprimida", e vários colegas que eu entrevistei afirmaram o mesmo.

Devido a essa justaposição quase universal da suicidalidade com a depressão corrente, pode-se supor com segurança que qualquer pessoa que é seriamente suicida é também depressiva. Portanto, pode ser útil examinar com atenção qualquer estudo adicional que aborde as variáveis de pesquisa da suicidalidade e um histórico de traumas de infância. Embora muitos dos 209 estudos citados anteriormente, que descobriram uma ligação entre depressão e trauma de infância, também constataram que há uma relação significativa com a suicidalidade, eu descobri 29 *relatórios adicionais* que examinaram a relação entre suicídio e trauma de infância. Esses resultados estão resumidos na Tabela 5.2, e com mais detalhes no Apêndice, nas Tabelas A.9 e A.10. Esses relatórios incluíam 22 estudos *clínicos* a respeito de 34.911 pessoas e seus controles para comparação e sete estudos de *index case* a respeito de 787 suicidas. Como se descobriu para a depressão, esses vários autores independentes relataram uma forte conexão entre o suicídio e o trauma de infância, incluindo um número de fatores de risco de suicídio até 74 vezes maior do que foi encontrado para os controles.[551]

Aceitando então o fato de que quase todas as pessoas seriamente suicidas também são deprimidas, nós podemos acrescentar esses resultados à já esmagadora evidência da ligação entre a depressão e o trauma de infância, como é mostrado na Tabela 5.3. O total final que eu encontrei será, portanto, de 238 estudos (209 + 29) a respeito de 157.138 pessoas e seus controles que relataram uma ligação significativa essencial e universal entre depressão e suicidalidade-trauma de infância.

Com essa maciça quantidade de evidências, nós poderíamos perguntar por que a medicina convencional, a psiquiatria, a psicologia e os campos clínicos e de pesquisa relacionados não reconheceram sua magnitude e sua importância? Por exemplo, eu ouvi várias palestras recentes proferidas por especialistas em depressão e suicídio, e nenhum deles mencionou o trauma de infância como algo a ser levado em consideração e abordado. Em vez disso, o que eles enfocavam era a necessidade de se diagnosticar sem demora essas condições e tratá-las quase que exclusivamente com drogas antidepressivas. Essa observação me lembra da história As Novas Roupas do Imperador.

Conhecendo a Verdade Sobre a Depressão

Quanto tempo levará para conseguirmos enxergar a verdade sobre a depressão? Dar um passo para fora do cubículo do pensamento e da crença convencionais pode nos ajudar a compreender a importância dessa poderosa informação. Eu acredito que a totalidade dos dados nos oferece mais do que simples evidências: Ela *estabelece* a ligação como *fato*. Pode ser muito difícil à indústria do seguro-saúde e aos cuidados com a saúde gerenciados que a compõem se oporem a esse tipo de evidência factual. Minha experiência diz que, como acontece na indústria

Tabela 5.2. Suicídio e Trauma de Infância: 29 Relatórios Clínicos e de Estudos de Casos

Ano/Autor	Características do Estudo	Depressão/suicídio	Outros efeitos do trauma
Clínicos 22 Estudos, 1983-2001 2 Revisões da Literatura	34.911 Pessoas com TI e Controles	↑ para até 74 vezes na suicidalidade, incluindo tentativas e consumações	↑ Co-morbidade
Estudos de Casos 1989-1995 7 Estudos	787 Suicidas e Controles	↑ TI em 5 dentre 6 estudos	Tendência para o controle no sexto estudo
RESUMO			
29 Estudos **1983-2001**	**35.698 Pessoas e Controles**	**Forte Associação TI-Suicídio**	**↑ Co-morbidade**

do tabaco, ela fará tudo o que for legalmente possível para desaprovar o uso do dinheiro que *seus membros têm pagado a ela* para ter um tratamento apropriado focalizado no trauma. Por causa desse padrão de comportamento estabelecido há longo tempo, caberá aos consumidores de saúde e aos seus clínicos contar a eles e a outras pessoas a respeito dessa evidência, e pedir a eles que paguem um legítimo tratamento focalizado nos traumas. Na falta disso, o consumidor terá de encontrar o melhor programa de recuperação para si mesmo, incluindo localizar clínicos experientes e entendidos em traumas, e pagar por isso do seu próprio bolso. Isso não significa que cada pessoa deprimida deveria começar um tratamento e uma recuperação focalizados no trauma. Mas significa que onde haja um histórico de traumas de infância repetidos, a cobertura pela companhia de seguros deveria ser aprovada e providenciada. Ao pagar agora por um tal tratamento, as companhias de seguro-saúde podem, no final das contas, poupar a todos nós (e inclusive a elas mesmas) dinheiro e dor ao ajudar pessoas a se curarem, evitando, por meio disso, que nos tornemos futuros clientes externos de hospitais e pronto-socorros e nos poupando gastos hospitalares.

Tabela 5.3. Depressão, Suicídio e Trauma de Infância: Resumo de 238 Relatórios Clínicos, Comunitários, de Estudos de Casos e Prospectivos

Ano/Autor	Características do Estudo	Depressão/suicídio	Outros efeitos do trauma
Depressão 209 Estudos 1974-2003	121.440 sobreviventes de traumas de infância e controles	Depressão 1,6 para até 12,2 vezes ↑ para até 12 vezes na suicidalidade	Co-morbidade alta e múltipla Relação graduada comum com a seriedade do trauma. 2 apresentaram melhora substancial com tratamento focalizado no trauma
Suicídio 29 Estudos 1983-2001	35.698 pessoas e controles	Forte Associação TI-Suicídio	↑ Co-Morbidade
RESUMO 238 Estudos	**157.138 pessoas e controles**	**Forte Associação TI-Depressão /Suicídio**	**Co-Morbidade alta e múltipla**

Distúrbio Bipolar

Também chamado de distúrbio "maníaco-depressivo", o distúrbio bipolar é uma variante incomum da depressão. A pessoa afetada apresenta classicamente períodos alternados de mania (isto é, ocasiões distintas de estados de ânimo anormal e persistentemente elevados, expansivos ou irritáveis, que duram no mínimo uma semana; fala, pensamentos ou comportamentos exagerados, afetados e desordenados, e necessidade muito menor de sono) e depressão. Muitas pessoas são diagnosticadas erroneamente com distúrbio bipolar, o que ocorre especialmente entre aquelas que estão bebendo ou usando drogas de maneira intensa, e raramente entre aquelas com condições médicas tais como hipertireoidismo.

Pessoas com distúrbio bipolar podem ter um histórico freqüente de traumas de infância. Eu encontrei 13 relatórios em que os pesquisadores procuraram por isso (Tabela 5.4).

Tabela 5.4. Distúrbio Bipolar e Trauma de Infância: Associações Obtidas com Base em Treze Relatórios

Ano/Autor	Características do Estudo	Trauma de Infância ou Bipolar	Outros Efeitos do Trauma
1992 Palmer *et al.*	36 mulheres bipolares	50% de ASI (abuso sexual na infância)	
Carlin e Ward	11 bipolares	46% de ASI	
1995 Darves-Bornoz *et al.*	26 mulheres bipolares	28% de ASI	23% foram revitimizados
1997 Bauer *et al.*	103 BPs	↑ TI	
1998 Levitan *et al.*	653 pessoas deprimidas, algumas BPs	↑ TI entre bipolares	
Ackerman *et al.*	204 Tis	↑ bipolares	
Read	17 bipolares	↑ TI	
Mueser *et al.*	275 BPs, esquizofrênicos, outros	↑ TI e outros traumas	
Kennedy *et al.*	20 BPs, 30 esquizofrênicos	50% tiveram distúrbio de *stress* pós-traumático	TI pode ser um fator
1999 Woziak *et al.*	260 crianças com TI *versus* controles	↑ TI entre bipolares	
2000 Hyun *et al.*	333 uni/BPs depressivos	↑ TI entre bipolares	
2001 Chang *et al.*	56 crianças de 36 famílias BPs	↑ conflito e disfunção familiar	54% das crianças tiveram outras doenças mentais; 14% tiveram BPs
2002 Leverich *et al.*	631 pacientes BPs externos de hospitais	45% TI	TIs = início precoce, severidade e co-morbidade
RESUMO 13 Estudos 1992-2002	**2.655 BPs/TIs *versus* Controles**	**↑ TI entre bipolares**	**↑ Outras co-morbidades**

↑ = aumento, TI = trauma de infância, BP = distúrbio bipolar

Dez desses relatórios examinaram minuciosamente estudos de casos de distúrbio bipolar e todos encontraram um aumento no número de traumas de infância entre seus pacientes amostrados. Os três outros estudos examinaram crianças com um histórico de trauma e descobriram um aumento da associação com o distúrbio bipolar. O número total de pessoas examinadas nesses treze estudos, todas elas registradas ao longo dos últimos 10 anos, foi de 2.655 crianças ou adultos bipolares ou traumatizados e, quando se mostrou apropriado, seus controles, que não tinham doença bipolar nem um histórico de traumas de infância (Tabela 5.4).

Essa quantidade de evidências sugere o trauma de infância como um possível fator na gênese da doença bipolar. Em minha experiência clínica, embora seja uma constatação apenas anedótica, eu nunca encontrei uma pessoa que tivesse distúrbio bipolar e que tivesse crescido numa família saudável. As evidências de uma possível causa genética para o distúrbio bipolar são escassas, e não mais que 10 por cento das pessoas que apresentam o distúrbio têm um pai que também padece dele.[43] Isso nos deixa com a questão não-respondida: "O que poderia ter causado a doença entre os outros 90 por cento?"

Se a pessoa não for uma purista, esses estudos acrescentam mais 13 ao já esmagador número de 238 estudos que ligam a depressão com o trauma de infância, compondo um grande total de 251 estudos, com uma amostra do tamanho de 159.793 pessoas. Eu resumo os números desses estudos, para facilitar a referência, na Tabela 5.5.

Outros Métodos e Resultados

Alguns pesquisadores examinaram minuciosamente muitos desses estudos na forma de revisões da literatura e também encontraram uma ligação positiva.[50, 52, 263, 288a, 289a, 293, 421] Ainda outros têm utilizado um projeto de estudo chamado *meta-análise*, onde os dados provenientes de vários estudos previamente relatados são re-analisados juntos utilizando-se métodos estatísticos especiais.[408, 560, 574] Como um exemplo, a psicóloga pesquisadora Elizabeth Paolucci e seus colaboradores fizeram uma meta-análise sobre os efeitos do abuso sexual na infância (ASI) relatados entre 37 estudos, a maioria dos quais está listada neste livro. Eles descobriram uma ligação de média a alta entre o ASI e a depressão e a suicidalidade. No entanto, o mais notável é que eles também fizeram uma análise especial "em gaveta de arquivo", a qual indicou que 277 estudos que não mostravam ligação, ou que mostravam uma ligação negativa, entre ASI e depressão/suicídio precisariam negar os resultados positivos desses 37 estudos.[574] Em minha pesquisa para este livro, eu encontrei apenas dois desses estudos negativos.[279, 280] Além disso, fiz um cálculo

Tabela 5.5. Resumo de Dados que Associam a Depressão aos Traumas de Infância

Tipo de Estudo	Número de Estudos	Número de Pessoas Estudadas	Tabela/Página para Referência	
Clínico	96	29.292	A.3	(185)
Comunitário	70	69.724	A.4	(193)
Prospectivo	22	11.009	A.5	(199)
Index Case	21	11.415	A.6	(203)
Total Parcial	209	121.440	5.1	(54)
Suicidalidade	22	34.911	A.9	(208)
Estudos de Casos	7	787	A.10	(210)
Total Parcial	238	157.138	5.3	(59)
Distúrbio Bipolar	13	2.655	5.4	(60)
Total Geral	251	159.793	5.5	(62)

proporcional simples para uma análise teórica de gaveta de arquivo sobre todos os 251 resultados de estudo positivos citados neste capítulo, os quais indicaram que seriam necessários 1.886 estudos negativos para negar esses 251 resultados de estudo positivos. Para os céticos e desmistificadores entre nós que possam querer desaprovar essas evidências esmagadoras, eles poderiam se tornar semelhantes a Sísifo, tentando empurrar uma pedra gigantesca (227 a 1.886 estudos negativos que faltam) para o topo da montanha, apenas para ter de começar do zero no dia seguinte.

Um Estudo Exemplar

Embora todos esses estudos listados mereçam descrições suplementares, um deles, realizado por Brown e Harris, é especialmente notável. Como o estudo ACE descrito no Capítulo 1, vale a pena examiná-lo aqui mais detalhadamente. Ele se desenvolveu a partir de uma amostra combinada clínica e comunitária de 114 mulheres depressivas que foram comparadas com 282 controles ajustados.[108] Os autores examinaram com minúcias a demografia, as circunstâncias da vida e os eventos estressantes — recentes e passados — nas vidas dessas mulheres. Dentre as 114 mulheres com depressão, 41 eram pacientes que se tratavam em hospitais, mas não estavam internadas, e 73 eram pacientes internadas. Embora Brown e Harris tivessem considerado a transmissão genética como um importante fator possível, eles descobriram que o seu papel era pequeno. Mas, por outro lado, como resumimos no Apêndice, na Tabela A.10 (*estudos de casos*), eles constataram que de 49 a 83 por cento das mulheres com depressão haviam sofrido uma ou mais *perdas* ou *ameaças severas e de longa duração* de traumas maiores em seu passado recente e/ou distante, o que era, em alto grau, estatisticamente diferente desses tipos de eventos que as mulheres-controles haviam experimentado. Quando eles analisaram suas outras características, descobriram seis áreas gerais que representavam uma influência importante sobre o fato de elas terem se tornado ou não depressivas, como é mostrado no diagrama hexagonal na Figura 5.1. Essas áreas incluíam: 1) *Recursos escassos* (por exemplo, baixo *status* socioeconômico, isolamento com relação a outras pessoas confiáveis), 2) *Fatores de vulnerabilidade* (nenhuma pessoa em quem possa confiar para expressar sua dor, perda de sua mãe antes dos 11 anos de idade, ter três filhos com menos de 14 anos de idade, e desemprego, especialmente se a depressiva vive numa família que se dedica a trabalhos humildes), 3) *Baixa auto-estima* (mesmo que essa constatação seja quase universal entre as pessoas que sofrem de depressão, e também entre aquelas que estão com uma aflição ativa,[705] assim como ela é comum entre sobreviventes de traumas).

Contra esse pano de fundo, Brown e Harris descobriram que um estressor sério capaz de incitar ou disparar a depressão — como uma perda séria, ou uma ameaça de perda, ou uma dificuldade séria de longa duração — ocorrido no ano anterior também estava comumente presente entre as depressivas. Essas mulheres que se tornavam depressivas tendiam a apresentar *vários* dos fatores de vulnerabilidade de fundo. No topo disso, elas tinham tendência para apresentar um sério estressor recente, como um divórcio ou uma perda de emprego do marido. *Meu sentimento é que a "depressão" delas também poderia ser chamada de "aflição", e graças a esse simples reenquadramento isso podia melhorar as chances delas para se curar.* Isto se deve ao fato de que Brown e Harris descobriram que aquelas que *não* se tornaram deprimidas tendiam a contar com os achados protetores de: 1) *nenhum fator de vulnerabilidade*, 2) *uma pessoa de confiança com quem conversar,* 3) *uma auto-estima saudável*, e 4) estavam *constantemente atentas às aflições* quando estas se manifestaram. Esse estudo mostra que as pessoas com depressão comumente não têm apenas um histórico de traumas passados, mas também, com freqüência, têm um trauma recente severo ou sério que pode ser abordado e expresso a fim de ajudá-las a se curarem.[108] As descobertas que eles fizeram validam o uso de uma abordagem psicoterapêutica focalizada no trauma para ajudar pessoas com depressão a se curarem.

Figura 5.1. Principais Descobertas em um Estudo de 114 Mulheres Deprimidas *Versus* 282 Mulheres-Controles

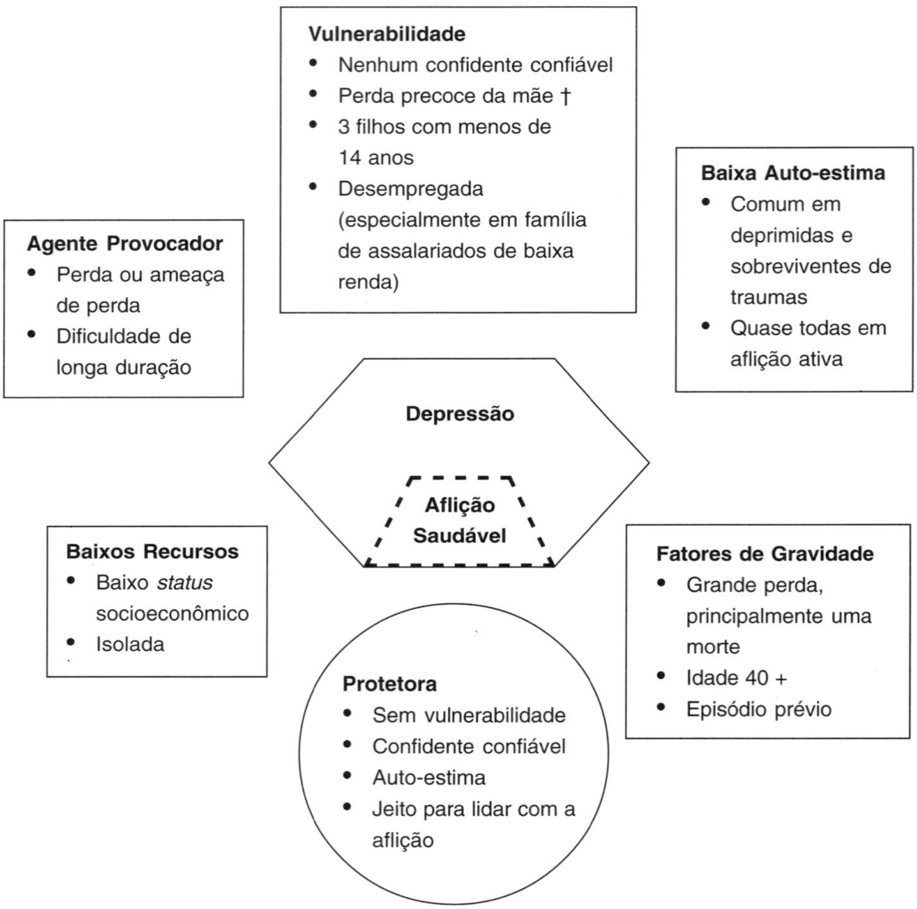

Compilado com base em Brown e Harris 1978

† Não procurou por/relatou outros traumas de infância.

A depressão e a aflição são dois lados da mesma moeda. Dependendo do lado para o qual os sujeitos da experiência e os seus clínicos estejam olhando, pode-se determinar o resultado clínico que eles obterão em seguida e, possivelmente, até mesmo o seu destino a longo prazo. Rotulados como "deprimidos", eles podem sentir uma perda de controle e uma necessidade de se "fixar" numa fonte externa, inclusive produtos químicos ou até mesmo o trauma dos eletrochoques. Considerando o outro lado da moeda, o sujeito da experiência é fortalecido para poder se movimentar através da dor com a assistência de um clínico e de outros recursos, como é resumido na Tabela 12.1 na página 140 e explicado no texto. Dois grupos de interesse, em especial — as empresas farmacêuticas e as empresas de seguro-saúde e de assistência médica — promovem o primeiro: um tipo limitado de atividade de reparação realizada a partir de fora. Porém, equipados com o conhecimento progressivamente maior dos seus diagnósticos e das escolhas para a recuperação apresentadas neste livro e em outras fontes (por exemplo, nas referências 150, 174, 186, 296, 360, 798, 807), sobreviventes de traumas e seus clínicos estão optando por uma abordagem fortalecedora focalizada no trauma.

Cerca de 25 anos depois do relatório de Brown e Harris, o psiquiatra pesquisador Kenneth Kendler e seus colaboradores encontraram resultados semelhantes.[426] Num estudo que durou nove anos, tempo durante o qual eles fizeram o acompanhamento de 1.942 mulheres gêmeas adultas, eles relataram 18 associações significativas com o estado de depressão. Essas associações incluíam: 1) um histórico de *trauma de infância*, 2) *problemas no início da adolescência* (neuróticos, de baixa auto-estima, de ansiedade e de comportamento), 3) *problemas no final da adolescência* (escola, falta de apoio social, abuso de substâncias e mais traumas), 4) *problemas na vida adulta* (divórcio, depressão no passado) e 5) *stress* marital *recente* e outros *estresses* na vida. Eles apresentaram uma informativa representação visual das complexas inter-relações entre esses muitos fatores, como está compilado na Figura 5.2. Note que pelo menos 10 desses fatores associados estão diretamente relacionados com um histórico de trauma. Sua pretensa prova de "risco genético" era a existência de um gêmeo ou pai (ou mãe) com um histórico de "depressão", o que para mim é uma evidência fraca.

Kendler é um dos pesquisadores mais proeminentes no campo que conjuga a psiquiatria, a genética e a saúde mental. Ele e seus colaboradores disseram: "Duas das descobertas mais extensamente replicadas para a depressão mais grave são a sua maior predominância em mulheres após a adolescência e a sua associação causal com eventos estressantes da vida." Apoiado nesses dados obtidos por Kendler e colaboradores,[424-6] e por outros pesquisadores,[433-4] minha atual estimativa é que pelo menos dois terços das depressões são mais provavelmente causadas por traumas de infância e outros traumas, e que, na melhor das hipóteses, o terço restante pode ter como causa outros fatores em jogo, incluindo toxinas do ambiente e, possivelmente, causas genéticas. É claro que, numa dada pessoa, a causa pode não ser do tipo "todas ou nenhuma". Ela pode ser *tanto uma como a outra* — natureza *e* educação. É importante entender como acontece o processo tóxico do trauma.

A partir dessa vasta literatura clínica e das observações e experiências de incontáveis terapeutas, é claro que o trauma desempenha um papel principal na gênese da depressão numa porcentagem considerável de pessoas que a têm. No capítulo seguinte, eu descreverei com mais detalhes como o trauma pode causar a depressão e outras doenças.

Figura 5.2 Previsores para a Depressão Entre 1.942 Gêmeas Adultas

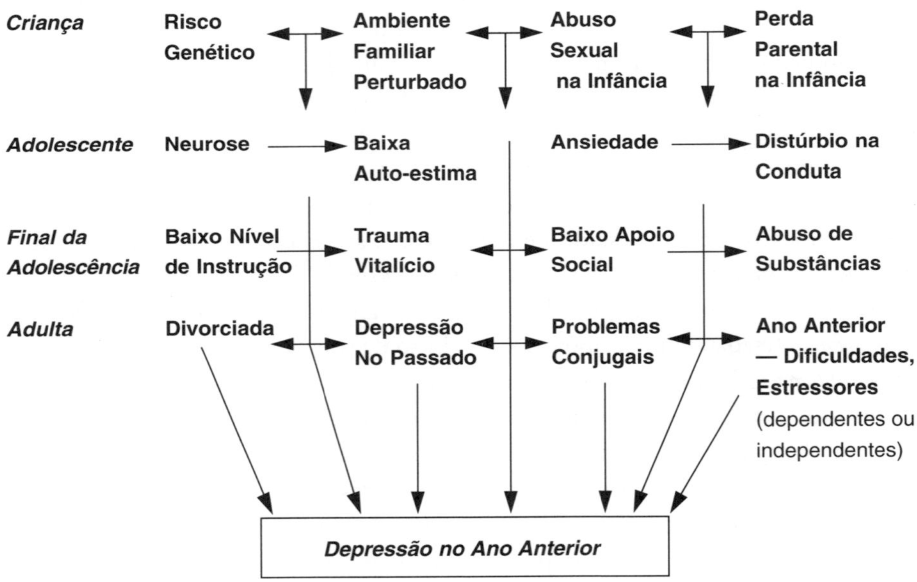

Compilado de Kendler *et al.* 2002 — *veja o artigo original para as conexões detalhadas que eles encontraram*

6. O Processo do Trauma e a Baixa Auto-estima

Trauma é qualquer acontecimento, geralmente não comum, que fere o corpo, o eu ou o espírito de modo significativo. Ele abrange uma ampla faixa de experiências prejudiciais, inclusive traumas que envolvem o domínio físico, sexual, mental ou emocional do nosso ser. Neste livro, eu me refiro aos principais tipos de trauma de infância, que incluem o abuso *sexual* (ASI), o abuso *físico* (AFI) e o abuso *psicológico* ou *emocional*. A *negligência* emocional e física das crianças também é traumática, assim como é traumático o *testemunho de violência verbal ou física*, especialmente dentro da família, e também o fato de um membro da casa ter doença mental.[254] A perda de um dos pais ou de uma figura paterna em conseqüência de separação, divórcio ou morte também é traumática.[108] Esses traumas podem ocorrer sob diferentes disfarces, que talvez não sejam reconhecidos pela vítima, pelo perpetrador e pelo observador como traumáticos, o que está resumido na Figura 6.1.

As experiências de trauma de infância e de outros traumas são complexas. O psicólogo clínico e pesquisador William Friedrich disse: "Simplesmente colocar uma larga faixa numa criança rotulando-a como abusada sexualmente pode permitir uma categorização simples, mas obscurece a heterogeneidade, a seriedade e a co-ocorrência de experiências de maus-tratos."[276] Cada tipo de abuso ocorre habitualmente em combinação com um ou mais dos outros tipos, sendo que o abuso *psicológico/emocional* é o *mais comum* e *quase sempre está presente* nos bastidores dos outros três principais tipos de traumas, como é mostrado na Figura 6.2.

É difícil realizar tentativas para isolar e estudar cada um desses traumas, e geralmente é até mesmo impossível. Alguns pesquisadores tentaram isolar apenas os efeitos ou distúrbios subseqüentes que poderiam estar associados com cada tipo específico de trauma. Alguns deles relataram resultados negativos, especialmente no que se refere a abuso sexual de crianças, quando compararam esse abuso específico com outros traumas. Esse tipo de raciocínio e de pesquisa defeituosos pode refletir uma espécie de propensão para o isolamento e, com freqüência, resulta em conclusões errôneas. Como Friedrich assinala, esse tipo de disposição mental pode se tornar contraproducente, uma vez que o *abuso sexual quase sempre* ocorre na presença de outros traumas, e geralmente numa família seriamente desajustada.[276]

Há várias vias de acesso pelas quais nós podemos explorar a gênese do trauma e os seus efeitos. Eu acredito que um desses caminhos mais básicos provém das áreas da psicologia do eu e da teoria das relações de objeto, que eu descrevo abaixo. Expandindo os trabalhos de antigos clínicos e escritores, e eventualmente transcendendo-os, desde a década de 1930 esses observadores têm descrito um processo mais sofisticado e preciso, embora freqüentemente sutil, de como a criança se fere no contexto do abuso e da negligência infantil.[143, 370, 515, 797-8, 816] Segue-se um resumo de como isso freqüentemente acontece.

O Processo de Ferimento

1. Os pais da criança, eles mesmos traumatizados e feridos anteriormente, se sentem inadequados, maus e insatisfeitos, isto é, sentem-se envergonhados e vazios.
2. Esses pais, inconscientemente, projetam esses sentimentos negativos sobre outras pessoas, especialmente sobre seus cônjuges e seus filhos vulneráveis. Eles também podem exibir e projetar sentimentos de grandiosidade (por exemplo, "Eu sempre soube o que é melhor para você!" — quando eles não sabem). Eles olham para fora de si mesmos para se sentirem uma totalidade.
3. Quando têm necessidade de estabilizar os pais e de sobreviver, a criança nega que eles sejam inadequados e que os maltratem. Com as fronteiras insalubres que a criança aprendeu com os seus pais e com outras pessoas, ela interioriza (recolhe, introjeta, aceita) a inadequação e a vergonha projetadas dos pais. Uma fantasia comum é esta: "Se eu for realmente bom e perfeito, eles me amarão e não me rejeitarão nem abandonarão." A criança idealiza os pais.

***Estudos de Casos* 6.1**: Essa dinâmica da criança idealizando os pais é ilustrada na seguinte *case history*, tal como é narrada por Chuck, que era um profissional de assistência à saúde de quarenta e oito anos de idade.

"Eu tenho me sentido vazio e triste por tanto tempo quanto eu possa me lembrar, mas realmente nunca soube que eu havia sofrido abuso. Eu tentei a psicoterapia individual durante alguns meses e um grupo de autoajuda durante nove meses quando tinha trinta e dois anos, o que resultou no começo do meu despertar para alguns dos meus sentimentos e do meu potencial. Foi somente com quarenta e dois anos de idade, depois de

Figura 6.1. Trauma de Infância *Versus* Educação Parental Saudável

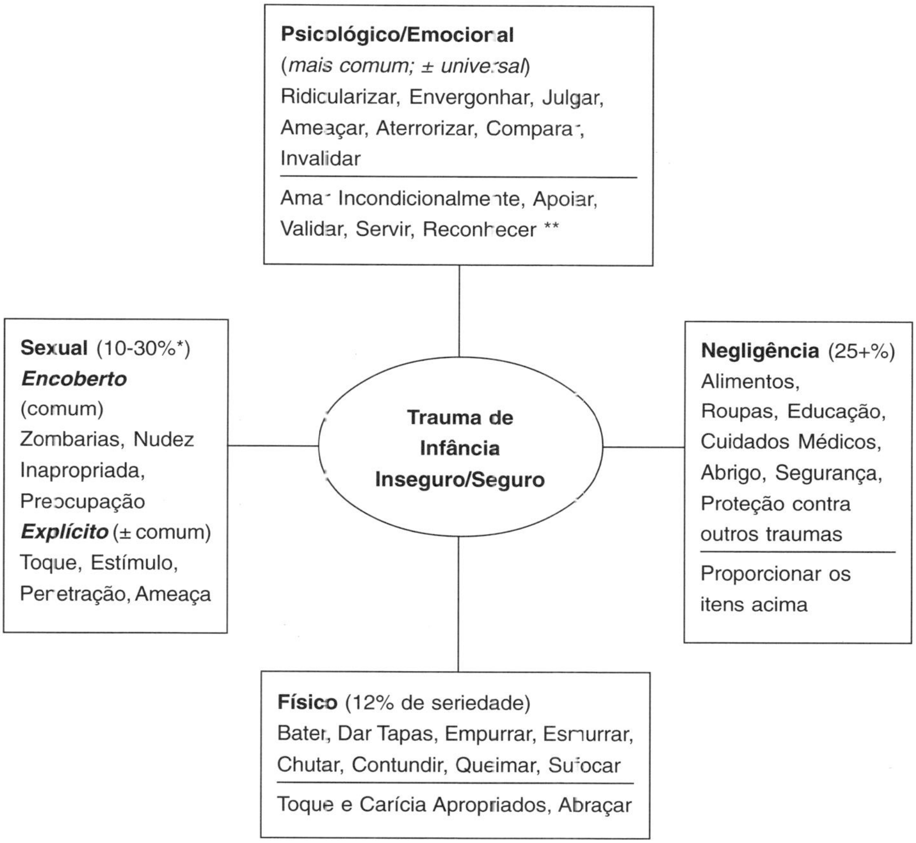

* Estas cifras são estimativas da incidência e da predominância desses tipos de trauma de infância, baseadas em dados fornecidos pela literatura. Paradoxalmente, estatísticas baseadas em relatórios destinados aos *serviços de proteção à criança* podem mostrar o oposto da ocorrência efetiva do trauma. Essas cifras são (ocorrência/relatórios): *negligência* (25+%/50+%), *físico* (12%/18%), *sexual* (10-30%/9%), *emocional* (90%/4%). A maior parte dos dados clínicos e dos *dados de pesquisa publicados* é a respeito de abuso (na ordem dos dados de estudo mais comuns): sexual, físico, estes dois combinados, psicológico e muito pouco sobre a negligência.

** Os descritores da educação parental saudável são mostrados abaixo da linha em 3 dos boxes, quando são apropriados.

Figura 6.2. Diagrama de Venn do Espectro de Traumas de Infância

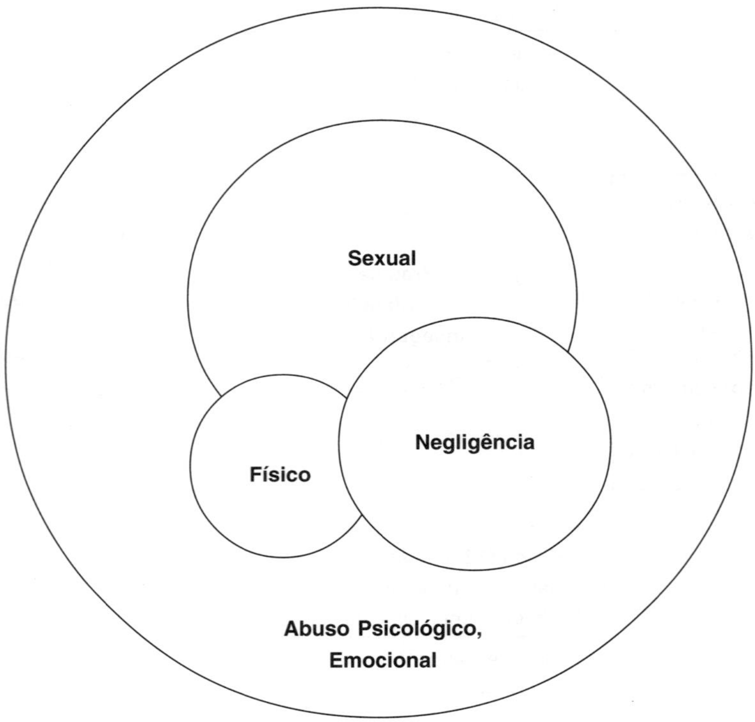

Cada um deles pode ser explícito, encoberto (sutil), ou ambos.
(avaliado e ampliado de Muenzenmaier et al. *1993, Anda* et al. *2002)*

comparecer a vários encontros no Filhos Adultos de Alcoólicos, embora eu não quisesse comparecer a esses encontros, e até mesmo resistisse, que comecei a me lembrar de ter, mental e emocionalmente, sofrido abuso quando criança. As lembranças não voltaram subitamente, ou todas de uma vez, mas foram gotejando na minha percepção, pouco a pouco ao longo de vários anos.

"Durante aquele tempo, encontrei um cartão de aniversário que eu tinha feito para o meu pai quando eu tinha oito anos. Eu havia escrito: 'Você é o Superman, Você é tão super', e eu desenhei uma figura colorida em *crayon* do Superman, que gradualmente percebi que era uma chave para a idealização que eu fizera dele, mesmo que ele quase nunca estivesse lá para mim como um pai. E quando ele estava, ele com freqüência abusava de mim emocionalmente. O abuso era muitas vezes sutil para mim, e incluía, em especial, ridicularizar, humilhar, ameaçar e fazer exigências vagas. Meu pai era um raivólico (*rageaholic*) e jogador compulsivo, e minha mãe era intrometida e controladora. Olhando para trás, eu posso ver que ambos também estavam feridos.

"Depois de passar anos tentando todos os tipos de técnicas de auto-aperfeiçoamento, foi somente depois que eu comecei a me lembrar de ter sofrido abuso que eu pude focalizar o que era e como eu poderia curar aquela velha coisa venenosa que tenho carregado comigo ao longo de todos estes anos."

4. O verdadeiro eu* vulnerável da criança é ferido com tanta freqüência que, para proteger esse eu, ele defensivamente se submerge ("racha-se") profundamente dentro da parte inconsciente de sua psique. *A criança vai se esconder* (Figura 6.3). A "criança no esconderijo" representa o que pode parecer, à primeira vista, uma maneira de ajudá-la a sobreviver. O lado negativo disso é que o fato de se esconder e lá permanecer a mantém alienada do poder de conhecer e de ser o seu verdadeiro eu.

* Outras expressões para o eu real incluem o *eu verdadeiro*, nossa *identidade verdadeira*, o *eu existencial*, *coração*, *alma* e *criança interior*.[143, 370, 575, 797-8, 816] Isso é o oposto do *eu falso*, também chamado de ego ou de eu co-dependente, que é um assistente ou uma espécie de "parceiro" do eu verdadeiro que pode nos ajudar a negociar com a nossa família e com o nosso mundo. (Eu utilizo aqui a palavra *ego* de uma maneira mais simples e expandida do que o fazem as maneiras convencionais de entendê-lo, nas quais ele era anteriormente concebido, às vezes com alguma confusão, como *os dois juntos*, o eu verdadeiro *e* o eu falso.)

Pelo fato de o seu eu verdadeiro ir se esconder, a criança se torna, de várias maneiras, alienada de sua experiência presente — *e também* de experiências passadas ao esquecer grande parte do que realmente aconteceu. A criança se torna alienada de sua experiência interior — que inclui respostas emocionais ao abuso do medo, da vergonha, da mágoa e da raiva. A criança também se torna alienada de sua percepção do que está ocorrendo externamente com outras pessoas: "Papai não é bêbado. Ele estava tão cansado que dormiu no gramado."

Figura 6.3. A Criança Vai se Esconder

Quando o eu verdadeiro está escondido — e ele se esconde para tentar sobreviver a uma experiência de vida que, de outro modo, seria insuportável — ele é incapaz de codificar suas lembranças de impacto de uma maneira consciente e que seja útil na experiência corrente. No entanto, o que acontece é algo paradoxal: ele, de algum modo, armazena essas lembranças em sua mente inconsciente como se fossem "velhas fitas", negócios inacabados, energia dolorosa armazenada ou mágoa não-resolvida, grande parte das quais os psicólogos das relações de objeto chamam de "representações de objeto"*.[816]

5. Quando não se permite às crianças expressarem suas mágoas de uma maneira saudável, seu eu verdadeiro tentará encontrar sua própria saída e expressar suas experiências dolorosas, como um abscesso encoberto que está à espera de ser drenado. Mas a dor não expressa pode ser armazenada como energia tóxica e pode então se manifestar em suas vidas como distúrbio físico, mental, emocional ou espiritual, ou, mais habitualmente, como uma combinação destes. Outro termo para essa tentativa repetida de expressar o seu trauma e a sua mágoa é *compulsão de repetição*.[476, 794-5]
6. O eu verdadeiro absorve tudo o que lhe é contado — verbalmente e não-verbalmente — sobre si mesmo e sobre outras pessoas e armazena essas informações em sua mente inconsciente (a maior parte delas) e em sua mente consciente (algumas vezes e até um certo grau).
7. O que ele absorve são mensagens vindas de relacionamentos importantes e que provocam impactos, antes de mais nada os pais, mas também podem incluir irmãos e irmãs, avós, clero e outras figuras de autoridade e figuras paternas. As *representações vivenciais* desses relacionamentos na memória inconsciente, e que continuam a afetar essas crianças quando elas se tornam adultas, são chamadas de "objetos" ou de "representações de objetos" pelos teóricos de relações de objetos. Essas mensagens e representações estão carregadas de sentimentos, e tendem a ocorrer em "objetos-parciais" (*part-objects*) (por exemplo, pai bom, pai mau, criança agressiva, criança medrosa, e assim por diante). As mensagens mais autodestrutivas tendem a ser depositadas no eu falso ou "sabotador interior", também descrito como o pai (ou mãe) interiorizado que rejeita ou que inflige maus-tratos.[816]

---

* O estabelecimento do eu falso pode incluir alguns aspectos de esquecimento traumático (amnésia dissociativa) que são acompanhados pelos comportamentos e respostas que nos permitem tentar estabilizar a família e evitar mais abusos. Pelo que parece, aqui o principal fator é o *bloqueio inconsciente*, e a *avaliação errônea* (por exemplo, chamar, erroneamente, de normal ou merecido o que aconteceu) também é importante na gênese da amnésia. Com freqüência, a negação ou *evitação cognitiva* também faz parte do esquecimento traumático e é, basicamente, uma tela cognitiva e emocional que reinterpreta a realidade e a substitui por uma realidade falsa de acordo com as exigências do(s) perpetrador(es) e daquelas que são requeridas para a sobrevivência emocional e física. Enquanto tipos de distorções de memória traumáticas, elas, caracteristicamente, envolvem uma dissociação e/ou censura de alguns aspectos dos traumas, tais como a dor emocional do abuso, e podem envolver a amnésia para algumas, para a maioria ou até mesmo para todas as experiências traumáticas e a substituição do passado verdadeiro por um passado idealizado.[103, 104, 798]

8. Ferida, confusa e se sentindo incapaz de dirigir sua própria vida, a pessoa finalmente transfere essa função para o eu falso.
9. Uma tensão se acumula. O eu verdadeiro está sempre lutando para viver e evoluir. Ao mesmo tempo, o "ego negativo" (a parte destrutiva do eu falso) ataca o eu verdadeiro, forçando-o a permanecer submerso, e mantendo baixa a sua auto-estima. Além disso, a aflição da criança por suas perdas e traumas não é suportada. Por causa de tudo o que se disse acima, o desenvolvimento da criança é desordenado e suas fronteiras se tornam insalubres.* Essa resultante "psicopatologia" ou "lesão" tem sido chamada de "compromisso esquizóide",[320] e de "cisão do eu verdadeiro".[816] O resultado pode ser um retardamento, uma interrupção ou uma falha no desenvolvimento.
10. Alguns resultados incluem esquecimento traumático, vazio crônico, medo, tristeza e confusão, e, com freqüência, explosões periódicas de comportamentos autodestrutivos e destrutivos — tanto impulsivos como compulsivos — que permitem alguma liberação da tensão e um vislumbre do eu verdadeiro.
11. As conseqüências do vazio contínuo e/ou do repetido comportamento destrutivo mantêm o eu verdadeiro sufocado ou submerso. O fato de não viverem a partir do seu eu real, e de não viverem como seu eu real — com uma percepção plena de suas experiências — e sem nenhuma pessoa de confiança com quem conversar a respeito dessas experiências, essas pessoas, com freqüência dissociadas e entorpecidas, para conseguirem sobreviver, podem esquecer, dissociar ou, sob outros aspectos, excluir a maior parte das suas experiências dolorosas.[103, 104, 794, 795] Essas pessoas mantêm um sentimento de auto-estima baixo, permanecem infelizes, e, no entanto, anseiam e procuram pela realização. Compulsões e vícios (e outras compulsões de repetição) podem oferecer realizações temporárias, mas levam a mais sofrimento e, em última análise, bloqueiam o desempenho e a serenidade.

Recuperação

12. A recuperação e o crescimento estão descobrindo e, suavemente, desenterrando o eu verdadeiro (a criança interior) de modo que ela possa existir e se expressar de uma maneira saudável, dia após dia. Também significam

* É preciso dar e ensinar às crianças e adolescentes fronteiras saudáveis, que os ajudem a se sentir seguros e a funcionar melhor. Pais que são negligentes ou inconsistentes com as fronteiras estão, sutilmente, traumatizando seus filhos.[797]

reestruturar o eu falso, ou ego, para que ele se torne um assistente mais flexível ("ego positivo") para o eu verdadeiro. Alguns outros resultados: crescimento, criatividade e vitalidade.

13. Esse processo de autodescoberta e recuperação é, em geral, realizado de maneira mais satisfatória gradualmente e na presença de pessoas confiáveis, compassivas, habilidosas e apoiadoras. A recuperação é um processo cíclico, e embora tenha seus momentos de paz, de alegria e de liberadora autodescoberta, também é comum a pessoa experimentar períodos nos quais a confusão, os sintomas e o sofrimento se intensificam. A participação em grupos de recuperação que oferecem apoio ensina a pessoa a lidar com esses ciclos na medida em que ela vivencia como outras pessoas lidam com suas emoções, com seus sintomas, com seu crescimento e com suas realizações no processo de recuperação. Comprometendo-se com a recuperação e dela participando ativamente, esse processo de cura pode levar de três a cinco anos ou mais.[798]
14. Ao escutar, compartilhar e refletir num ambiente seguro, o sobrevivente do trauma começa a se lembrar do que aconteceu. Ele começa a reconstruir os fragmentos físicos, mentais e emocionais de sua memória que estavam previamente enterrados nas profundezas de sua mente inconsciente. Esse tipo crucial e curativo de revelação e de memorização envolve um processo que se desdobra lentamente ao longo do tempo.
15. Durante a recuperação, o sobrevivente aprende a vivenciar, expressar e tolerar a dor emocional, e, ao fazê-lo, ele experimenta o seu movimento e a sua natureza transitória. Isso é o oposto a ser esmagado e atolar na dor e no torpor estagnantes da depressão, que é habitualmente acompanhada por uma ansiedade incapacitante (isto é, pelo medo).

No próximo capítulo, eu descreverei com mais detalhes o processo do trauma ao revisar o que nós sabemos sobre a maneira como ele afeta a nossa auto-estima e a nossa capacidade para ter um relacionamento saudável, ou "ligação", com nossos pais e com outras pessoas. Eu também continuarei a abordar o processo de recuperação e de cura.

7. O Processo do Trauma — Continuação

Os Efeitos da Vergonha

No capítulo anterior, eu descrevi uma visão do processo da gênese e dos efeitos do trauma. Cada pessoa traumatizada vivencia sua própria experiência e efeitos. Duas das experiências mais unificadoras e essenciais do trauma são o DEPT,[421, 646] e uma crença e um sentimento difundidos e subjacentes de *vergonha.* A vergonha tem vários disfarces. Se a vergonha é um guarda-chuva, suas varetas são a baixa auto-estima ou valor próprio, o ódio por si mesmo, o embaraço, a timidez e, com freqüência, até mesmo a grandiosidade. Ela reflete uma percepção reduzida do eu verdadeiro, que pode ter-se perdido como o efeito mais prejudicial do trauma de infância. Oprimidos pela vergonha, nós podemos não ser capazes de cuidar de nós mesmos de uma maneira saudável.

Embora poucos pesquisadores tenham procurado por ela, quase todos aqueles que o fizeram constataram que a vergonha estava significativamente presente nos sobreviventes de traumas que eles avaliaram. Em seus 31 relatórios distintos, eles chamam isso de *baixa auto-estima.* Como se vê na lista na página 26, a baixa auto-estima é um critério de diagnóstico do *DSM-IV* para a depressão. Porém, mais importante que isso é o efeito freqüente, e talvez até mesmo universal, dos traumas de infância repetidos.

Estudos Clínicos

Eu encontrei 17 estudos clínicos independentes que avaliaram 2.946 sobreviventes de traumas de infância e seus controles, como é mostrado na Tabela 7.1. Todos os dezessete constataram a ocorrência de uma significativa diminuição na auto-estima entre os sobreviventes de traumas quando comparados com os controles, bem como a ocorrência de um aumento significativo do número de comorbidades, que são muitas e variadas.

Estudos Comunitários

Eu encontrei dez estudos de 2.520 pessoas de diversas comunidades internacionais, todos eles mostrando uma diminuição significativa da auto-estima e um aumento das co-morbidades (Tabela 7.2). Todos os dez estudos sugeriram, indiretamente, ou constataram que a baixa auto-estima era *o previsor mais substancial de distúrbios mentais.*

Estudos Prospectivos

Apoiando esses vinte e sete relatórios acima, havia quatro que utilizaram o método de pesquisa que talvez seja o mais confiável, o estudo prospectivo, no qual as pessoas são avaliadas e monitoradas durante um longo tempo. Neles, um total de 863 crianças e adultos sobreviventes de traumas de infância, e seus controles, foram acompanhados por até doze anos, e todos os das amostras de traumas mostravam uma diminuição significativa na auto-estima e um aumento significativo de co-morbidades múltiplas (Tabela 7.3). Um estudo que fez o acompanhamento dos sobreviventes durante doze anos mostrou que com um tratamento focalizado no trauma ocorriam melhoras substanciais nesses distúrbios e sintomas ao longo do tempo,[132] e outro estudo enfatizou a necessidade de tratamentos prévios e mais vigorosos para ajudar a reduzir os efeitos prejudiciais do trauma.[733]

Utilizando muitos e variados métodos de pesquisa, esses trinta e um estudos, realizados por autores independentes sobre diversas populações, descobriram que, entre 6.329 pessoas, a baixa auto-estima era um problema comum e importante entre os sobreviventes de traumas. Por isso, é útil incluir uma avaliação da auto-estima de uma pessoa e, se isso for apropriado, trabalhar sobre esse fato no seu plano de recuperação.

A vergonha (baixa auto-estima) é um efeito de longa duração, comum e debilitante, de traumas de infância repetidos. Ela bloqueia a nossa motivação para nos curarmos. Eu resumo algumas maneiras eficientes de abordá-la no subtítulo "Auxílios para a Recuperação", no final deste capítulo.

Teoria da Ligação

Os efeitos do trauma de infância machucam, e eles são muitos e variados. Desde a década de 1930, clínicos e pesquisadores têm realizado inúmeras observações que confirmaram os padrões e a dinâmica descritos acima sobre o processo de ferimento. Ao longo dos últimos vinte anos, uma nova geração de pesquisadores focalizou o comportamento de crianças pequenas, de onze a dezesseis meses, quando elas são expostas a um estressor específico. Chamando esse fato de "situação estranha", eles observavam a maneira como essas crianças reagiam quando suas mães as deixavam durante um breve tempo com um estranho e então voltavam. Com base nos resultados que obtiveram em trezes relatórios publicados de 1981 a 1993, eles descobriram quatro reações comuns entre as crianças pequenas. A primeira é *ideal*. Ela surge do fato de a criança ter uma mãe que é sensível e apropriadamente atenta e responsiva em seu contínuo cuidado com seu filho. Quando pressionada dessa maneira experimental, a criança pequena rapidamente procura uma figura de ligação (a mãe), e quando ela volta, tende a ser facilmente acalmada, confortada e tranqüilizada por ela, e desse modo fica logo pronta para voltar a explorar o ambiente.[546] Chamado de ligação *segura*, esse tipo se diferencia dos três outros tipos de reações de ligação da criança pequena quando ela foi traumatizada anteriormente ou negligenciada fora da situação experimental. Essas reações podem fazer parte da experiência prévia de muitos sobreviventes de traumas de infância. Todos os três têm uma ligação de medo ou de ansiedade com suas mães, e eu resumo as suas características básicas na Tabela 7.4.

Essas reações de "ligação" representam um instantâneo do relacionamento inicial entre pai (ou mãe) e filho (filha) e nos fornecem um maior entendimento da maneira como os primeiros traumas podem afetar uma criança. Os funcionários e clínicos dos serviços de proteção à criança podem utilizar esses tipos de observações em seus trabalhos. Embora alguns critiquem as limitações da teoria da ligação,[323] creio que essas observações apóiam, em parte, algumas das dinâmicas descritas acima, que descrevem como a criança fica ferida.

Tabela 7.1. Baixa Auto-estima e Trauma de Infância:

Ano/Autor	Características do Estudo	Auto-estima
1977 James	7 casos de ASI *versus* 14 controles, todos adolescentes	↓
1979 Courtois	31 mulheres sobreviventes de incesto, por anúncios e agências de saúde mental	↓ (87%)
1983 van Buskirk e Cole	8 mulheres vítimas de incesto e ASI (6 bissexuais/*gays*)	↓
1984 Bagley *et al.* (estudo prospectivo)	149 mulheres que sofreram ASI versus 471 controles	↓
1992 Toth *et al.*	153 crianças de baixo SSE 46 abusadas, 35 negligenciadas, 72 controles	↓
1992 Grayston *et al.*	meninas que sofreram ASI *versus* controles	↓
1993 Moeller, Bachman e Moeller	354 mulheres abusadas (ASI, AF, AE) *versus* 314 controles em uma prática ginecológica	↓ 2,3 vezes auto-estima (auto-confiança)
1994 Roesler e McKenzie	188 adultos que sofreram ASI, média de idade: 40 anos (20 homens)	↓
1995 Mennen e Meadow	135 meninas de 6-18 anos com ASI avaliado	↓
1995 Stern *et al.*	84 crianças que sofreram ASI, 85 controles	↓
1995 Lanz	77 casos de ASI *versus* 164 controles, todas adolescentes solteiras grávidas	↓
1997 Meyer *et al.*	65 adolescentes que sofreram ASI, 136 controles	↓
1998 Classen *et al.*	27 mulheres que sofreram ASI	↓
1999 Armsworth, Stronck e Carlson	36 mulheres que sofreram ASI *versus* 35 controles	↓
2001 Cecil e Matson	57 adolescentes, 192 controles	↓
2001 Reynolds *et al.*	45 crianças com TI, 5 a 11 anos de idade	↓
2001 Hunt *et al.*	119 crianças com TI	↓
RESUMO		
17 estudos	**2.946 TIs e controles**	↓

↓= diminuída, ASI = abuso sexual na infância, SSE = *status* socioeconômico, TI= trauma de infância, AS = abuso sexual, AF = abuso físico, AE = abuso emocional

Resultados de 17 Estudos Clínicos

Outros Efeitos do Trauma	**Comentários**
↑ delinqüência; sedutor, sensível	Controles (½ da comunidade, ½ institucionalizados)
Dificuldade para confiar; 79% com dificuldades para se relacionar com homens; 40% nunca se casaram; 80% com problemas sexuais	Sem controles, embora seja um dos primeiros estudos importantes
Fronteiras frágeis. Escolhem homens semelhantes ao pai (frios, dominadores), não conseguem confiar, não desfrutam do sexo	Mães dependentes dos pais (2 mães sabiam do incesto = co-abuso)
70-80% daquelas com ↓ de apoio social são deprimidas e freqüentemente suicidas	↑ de *stress* na infância, ASI & auto-estima e ↓ apoio social colocam a pessoa em alto risco de depressão e suicídio
↑ comportamento agressivo (co- morbidade com depressão)	
↑ depressão, ansiedade, AS/DQ, obesidade, fadiga e SPM, problemas ginecológicos, tensão, vítima de crime pessimismo	Encontradas 16 características disfuncionais entre os pais das mulheres que sofreram abuso [8% dos perpetradores eram mulheres]
↑ depressão, dissociação, DEPT, disfunção sexual	Mostrou que o ASI era um fator significativo nessas descobertas
↑ depressão, ansiedade	Força e penetração = mais sintomas
↑ depressão, problemas de comportamento	
↑ ansiedade, AS, delinqüência, ↓ apoio, relações familiares	Os controles, não sendo adolescentes normais, podem influenciar contra o grau das diferenças
↑ depressão	
↑ depressão, ansiedade	
3-9x depressão + 2x suicídios, 1,9-5x ansiedade, 13x hospitalização psiquiátrica, 2-11x distúrbios de alimentação	↑ vitimização quando adultas
↑ depressão	
↑ depressão, DEPT, problemas de comportamento	
↑ depressão, ansiedade	
Co-morbidade comum	

SPM = síndrome pré-menstrual, DEPT = distúrbio de *stress* pós-traumático, AS/DQ = abuso de substâncias/dependência química

Tabela 7.2. Baixa Auto-estima e Trauma de Infância:

Ano/Autor	Características do Estudo	Auto-estima
1985 Ramsay e Bagley	83 ASI de 377 mulheres (amostra aleatória)	↓ 4x
1986 Bagley e Ramsay	45 ex-prostitutas (73% com ASI) *versus* controles (29% com ASI)	↓ 10x (71 *vs.* 7%)
1986 Brunngraber	21 mulheres com ASI (incesto)	↓
1987 Alexander e Lupfer	149 estudantes de faculdade que sofreram ASI *vs.* 437 controles	↓
1989 Rew	34 ASI/55 estudantes de enfermagem	↓
1989 Morrow e Sorell	101 garotas adolescentes de baixo SSE	↓
1993 Nash *et al.*	56 ASI *vs.* 49 controles (43% clínicos)	↓
1999 Liem e Boudewyn	145 ASI *vs.* 542 controles, estudantes de universidade	↓
1996 Romans *et al.*	225 ASI, 252 controles	↓
2000 Muller e Lemieux	66 ASI/AF	↓
SUMÁRIO		
10 estudos 1985-2000	**2.520 TIs e Controles**	↓

10 Estudos Comunitários

Outros Efeitos do Trauma	Comentários
2x depressão; 3,7x suicidas; 5x infligiam danos a si mesmas	8x haviam recebido tratamento psiquiátrico
5x depressão/suicídio (80 v 16%)	Todas as ex-prostitutas foram seriamente abusadas quando crianças
↑ AS/DQ, hiperatividade, somatização	
↑ vulnerabilidade a mais agressões sexuais	↓ conceito de família, empatia e apoio, mesmo se o perpetrador não estivesse na família
↑ depressão	
↑ depressão	Resposta gradual à seriedade do trauma
↑ dissociação (o desajuste familiar pode ser importante)	↓ auto-estima = sentem-se lesados e inadequados
↑ depressão	
Outros fatores operantes	
Psicopatologia prognosticada	Nenhum grupo de controle
Co-morbidade comum	

Tabela 7.3. Baixa Auto-estima e Trauma de Infância:

Ano/autor	Características do Estudo	Auto-estima
1984 Bagley e McDonald	57 meninas com TI (20 ASI) *vs.* 30 controles Acompanhadas durante 8 anos	2x ↓
1985 Bagley *et al.*	149 mulheres com ASI *vs.* 471 controles, prospectivo	↓
1997 Tebbutt *et al.*	84 crianças: (¼ meninos) ASI acompanhados durante 0, 18 meses e 5 anos	↓ 43%
2000 Cameron	72 mulheres, 51 delas acompanhadas em 5 levantamentos completos durante 12 anos	↓ 88%
SUMÁRIO		
4 estudos 1984-2000	**863 TIs e controles**	↓

Famílias de Risco

Numerosos estudos relatam os traumas anteriores e a psicopatologia dos pais, figuras paternas (e maternas), irmãos e irmãs e outros parentes da criança. Embora resumir esses casos não seja o enfoque deste livro, um estudo pode servir como exemplo. Goodwin e seus colaboradores examinaram cem mães de crianças que sofreram abuso sexual e/ou físico, e descobriram que entre essas mães era *oito vezes* maior a probabilidade de elas mesmas terem sofrido *abuso sexual quando crianças*, quando comparadas com quinhentos controles.[305] Baseadas em seus próprios ferimentos antigos, essas mães podem não ter sido capazes de proteger os seus filhos contra o abuso, e por isso se tornaram *co-abusivas* ou *permissivas* do abuso (o que eu descrevo com mais detalhes no meu livro *Memory and Abuse* (Memória e Abuso)).

Outros Efeitos do Trauma	Comentários
↑ depressão, problemas sexuais, neurose relacionada com a separação da mãe, abuso físico e negligência	Vulneráveis e desesperançadas, sem trabalho de recuperação, se envolveram em relacionamentos abusivos repetidos
↑ depressão, 70-80% daquelas com baixo apoio social são deprimidas e freqüentemente suicidas	↑ *stress* na infância, ASI e ↓ auto-estima e apoio social as coloca em risco alto de depressão e suicídio
↑ depressão, problemas de comportamento (46%)	↑ outros traumas durante o acompanhamento Necessidade de tratamento prévio e mais vigoroso
↑ 7x depressão; 77% ansiedade; 82% DA; 78% problemas sexuais; 63% DEPT; 75% GIN; 67% dores de cabeça/dores nos maxilares	Com tratamento focalizado no trauma, houve melhora substancial nesses distúrbios e sintomas ao longo do tempo
Co-morbidade comum	**O tratamento focalizado no trauma ajuda (um estudo)**

DA = distúrbio da alimentação, DEPT = distúrbio de *stress* pós-traumático, GIN = problemas ginecológicos

Que outros fatores de risco podem predispor uma família a abusar de seus filhos? Brown e seus colegas examinaram cuidadosamente essa questão e descobriram dezessete características significativas de *mães* que colocam a criança em alto risco de sofrer abuso. Eles também encontraram três características de *pais*, seis de *crianças* e cinco da *família* como um todo que predispõem para a presença de abuso e negligência da criança. Como é mostrado na Tabela 7.4, essas características estão associadas com fatores de risco de 5 a 11,8 vezes maiores do que aqueles encontrados entre as amostras de controle ou "normais".[109] São números muito altos. Pais *prejudicados*, *perturbados* ou desleixados colocam os seus *filhos* em *risco especialmente alto* de sofrer *abuso* ou *negligência*. Para ajudar a quebrar o ciclo de abusos através das gerações, nós precisamos levar esses dados a sério e desenvolver maneiras eficazes de usar essas informações para impedir futuros traumas de infância.

Tabela 7.4. Teoria da Ligação — Como uma Criança de Um Ano de Idade Responde aos Relacionamentos: Uma Introdução

(compilado e ampliado com base nas referências 238 e 546)

Característica da Ligação	Segura/ Saudável	Precavida/ Não-responsiva	Ambivalente	Desorganizada/ Desorientada
Cuidado com a criança	É sensível* (Tipo B)	Rejeita (A) e/ou é Intrusiva	Não se envolve (C)	Errática, (D) Abuso
Resposta da criança ao *stress* **	Criança acalmada, volta a brincar	Evitação, agressão	Apegada, inquieta Não relaxa	Não relaxa Imobilizada, confusa
A criança se sente ou se comporta	Segura, ligada, confiante	Evita a mãe ± aceita estranhos	Medo/ retirada Preocupada ↓ exploração	Desorientada, desorganizada
Batimentos cardíacos e cortisol	Normal	↑	↑	↑ ↑
Fecha-se por	Permanece aberta	9-12 meses	?	?
Segura em relações futuras	+	Agressiva, delinqüente	Menos segura Necessitada Dependente	?
Aprende Empatia	+	-	±	±
Atrai relacionamentos seguros	+	-	Necessitada/ Ciclo de rejeição	-
Comentários	Relacionamentos saudáveis	?	Vulnerável, facilmente vitimadas	?
Experiência anterior de	Adultos saudáveis	Sobreviventes de traumas	Sobreviventes de traumas	Sobreviventes de traumas

* Ao comportamento e às necessidades das crianças jovens (aprendendo a andar). ** *Stress* = Mãe sai, estranho entra, sozinho com a criança por algum tempo, então a mãe retorna, ↑ = aumento, + = sim, – = não, ? = desconhecido

Auxílios para a Recuperação

Em meu trabalho de ajuda a sobreviventes de traumas em recuperação, eu tenho confirmado uma constatação *quase universal* de *baixa auto-estima* entre eles. A crença e o doloroso sentimento de vergonha os faz declarar que "Eu sou mau, não sou suficiente, sou defeituoso, inadequado, imperfeito e até mesmo podre em meu âmago". Parece-lhes que a vergonha lhes é ensinada e é aprendida, é repetidamente implantada neles por ofensores, e as suas vítimas a incorporam em seus seres. Esse processo sutil, mas tóxico, freqüentemente começa no nascimento e pode continuar como abuso na infância, e traumas contínuos podem se repetir ao longo de toda a vida adulta. A vergonha ativa bloqueia a cura.

Um programa de recuperação pode lentamente atacar e curar os efeitos do trauma, inclusive a vergonha. Para curar a vergonha, a primeira coisa a se fazer é nomeá-la com precisão, em qualquer disfarce sob o qual ela possa se manifestar. *Nomear* as coisas com precisão nos proporciona *poder pessoal*. É importante diferenciar a vergonha da culpa. Confundida às vezes com a vergonha, a culpa é um sentimento doloroso que surge do fato de se ter cometido um engano, de se ter feito algo errado — ou de não tê-lo feito corretamente. Nós podemos curar a culpa ao pedir desculpas ou fazer reparações para a pessoa com quem nós podemos ter cometido o erro, e, se for apropriado, talvez até mesmo pedir perdão. A culpa diz respeito a *fazer* ou não fazer.

A vergonha diz respeito a *ser* ou não ser. Na culpa, nós fizemos alguma coisa errada que podemos mais facilmente corrigir. Na vergonha, nós *somos* alguma coisa errada, e não conseguimos ver uma maneira de corrigi-la. A vergonha, freqüentemente incentivada por algumas religiões organizadas como "pecado original", nos faz sentir que nascemos defeituosos e maus. A partir desse trauma de vergonha coletivo, nosso eu falso então mantém a vergonha. Como disse um paciente: "Eu tenho um gravador de fita em minha cabeça que me lembra de quão mau eu sou." Outro disse: "Há essa constante radiodifusão no poço de meu ser me dizendo que eu não sou bom o suficiente." A vergonha pode estar tão difundida que impede as pessoas de ingressarem num programa de recuperação porque elas acreditam que não o merecem, ou que nunca se sentirão melhores.

Tabela 7.5. Risco (Razão de Probabilidade de Não-Ocorrência) de Abuso e Negligência de Crianças de Acordo com Fatores de Risco

(com base nas referências 109 e 149)

Fator de Risco	Abuso Físico	Abuso Sexual	Negligência	Qualquer fator	2 ou + fatores
Mãe					
Mais jovem	3,5x	2,3x	2,2x	2,4x	+
Sociopata	4,9x	6,3x	4,4x	4,9x	+
Baixo Nível de Educação	2,6x		5x	3x	+
Baixo Nível Socioeconômico			2,7-5x		
Baixa Freqüência de Comparecimento a Atividades Religiosas	2,2x			1,6x	
Baixa Auto-estima			2,7x	2,3x	
Sobre o Bem-estar	3,7x		11x	5x	+
Gravemente doente	2x		2,2x	2x	+
Separação precoce da	4x		3,6x	2,8x	+
Baixo envolvimento com a	2,7x			2,3x	
Alienação			2,7x	2x	
Hostilidade/Raiva			2,3/2,8x	1,9x	
Insatisfação com a criança	2,4x		5x	3,2x	+
Não-branca			4,4x	2,6x	
Local externo de controle	2,2x		1,8x	1,6x	+
Complicação de gravidez	2,5x				
Mãe solteira	2,3x		2,6x	2x	+
Criança					
Desvantagem		11,8x			
Menina/Não-desejada		2,4x/3x	2,7x		
Baixo QI verbal			2x		
Retirada ansiosa					
Severamente punida		3,2x	2x		
Mau Temperamento				2x	+
Pai					
Envolvimento pelo/calor paterno	3,2x		3,5/2,1x	3/2,6x	+
Doença Mental			2,3x		
Padrasto		3,3x			
Família					
Baixa Harmonia	2-2,4x		2,4-2,6x	1,7x	+
Grande Tamanho			3,2x	1,8x	
Baixa Renda			3x	3x	+
Um dos pais morre		2,6x			
Acontecimentos negativos da vida		4,4x			

24% tinham 4 ou mais fatores de risco. + = tinha 2 ou mais fatores

Estudos de Casos 7.1: Sharon era uma mulher de quarenta e quatro anos de idade que veio a mim se queixando de uma forte e dolorosa sensação de insegurança. Ela sofrera de abuso físico e de negligência durante toda a sua infância. Ao longo do tempo, na terapia de grupo, enquanto trabalhava no seu problema, ela percebeu que era realmente a vergonha ou baixa auto-estima que a estava despojando daquilo que ela chamava de "uma sensação de ser capaz de criar raízes de modo que eu pudesse me sentir segura". Ela freqüentemente descrevia sua "batalha" como uma tentativa de sair aos socos de dentro de um saco de lona. Por mais duramente que ela lutasse, ela não conseguia enxergar e se libertar. Ao longo do tempo, ela compartilhou do seu opressivo sentimento e experiência de vergonha na terapia de grupo e o revelou sob muitos ângulos diferentes. Finalmente, ela foi capaz de se afligir por sua infância perdida. Graças à compaixão e à aceitação do grupo, Sharon finalmente conseguiu sentir compaixão por ela mesma, compreendendo o quão severamente ela havia sido tratada. Ela contou ao grupo que as vozes dentro de sua cabeça que lhe diziam como ela era má não estavam mais tão altas, e ela podia agora ouvir com freqüência o seu eu verdadeiro aliviando-a.

Uma das principais maneiras de curar a vergonha é compartilhar a experiência que temos dela com pessoas de confiança.[797, 798] Uma maneira efetiva de conseguir isso é contar a história ou narrativa, pedacinho por pedacinho, do que nos aconteceu em nossa experiência traumática.[583] Esse processo pode ser realizado na terapia ou aconselhamento individual, durante conversas de coração para coração com um amigo de confiança, e numa terapia de grupo ou num grupo de auto-ajuda. Cada vez que compartilhamos a nossa vergonha, nós a expressamos, e desse modo a expelimos do nosso eu. Ao fazê-lo, paradoxalmente reconhecemos que nós a sentimos, e então podemos nos livrar dela. A cura da vergonha geralmente leva muito tempo.

Embora alguns estudos baseados em dados mostrem que ocorre uma melhora global quando se recorre ao tratamento de grupo (veja o próximo volume) e ao contato com terapeutas,[277] a maior parte da experiência de curar a baixa auto-estima (isto é, a vergonha) é anedótica, embora se baseie em décadas de cuidadosas observações feitas sobre incontáveis sobreviventes de traumas e coletadas enquanto eles se curavam.[272, 413, 414, 450, 600, 601, 793, 798] Esses relatórios também validam maneiras de ajudar a curar a vergonha com base numa perspectiva rica e consistente. Se alguém acredita que é mentalmente doente, isso pode agravar essa vergonha e se combinar com ela. A vergonha provavelmente levantará sua cabeça sutil, mas horrenda, numerosas vezes durante a recuperação. No entanto, participar de um programa de recuperação acabará por afirmar a nossa bondade inerente.

8. A Neurobiologia do Trauma

Nós procuramos há longo tempo a causa da doença mental. Mas na nossa procura pelas suas verdades biológicas, poderíamos ter perdido alguma conexão fundamental? Na minha introdução a este livro eu levantei a questão *natureza versus educação*, e propus que a causa da maioria das doenças mentais não era "ou isto/ou aquilo". Em vez disso, parece que a sua causa são *ambas* as coisas: natureza *e* educação.

Quando nós examinamos a biologia das pessoas com doenças mentais, descobrimos várias anormalidades na estrutura, na função e na química do cérebro entre algumas pessoas.* Com base nessa associação entre o distúrbio e a biologia anormal, nós presumimos que a biologia foi a causa mais provável do distúrbio.

Mas é possível que nós tenhamos perdido uma conexão mais ampla. É possível que tenhamos perdido o quadro maior. Isso se deve ao fato de que somente durante os últimos vinte e cinco anos, e em especial durante os últimos dez anos, alguns pesquisadores em biologia incluíram o trauma de infância entre as possíveis variáveis que eles examinaram em pessoas com doença mental. Quando o fizeram, eles constataram que traumas repetidos na infância também causaram anormalidades semelhantes — se não as mesmas — na estrutura, nas funções e na química do cérebro.

Uma Nova Teoria em Desenvolvimento

Nossa suposição anterior foi que a biologia anormal descoberta causava a doença mental. Mas nós podemos olhar para isso de outra maneira. Se incluirmos o

* Não obstante a nossa suposição contínua de que essas anormalidades são transmitidas geneticamente, até agora não descobrimos genes anormais para as pessoas com distúrbios mentais comuns (por exemplo, nas referências 82, 178, 572, 573, 759). Bremner disse: "Trinta anos depois do início da revolução biológica na psiquiatria, nós ainda não descobrimos o gene para a esquizofrenia ou a mania."[82]

trauma como outra variável legítima a ser examinada, nós poderemos chegar a uma outra conclusão. O trauma pode ter causado *ambas*, a biologia anormal e a doença mental.

Como eu mostro em todo este livro e no próximo, um *histórico* de trauma de infância está *fortemente* associado com vários distúrbios mentais comuns, incluindo a depressão, os distúrbios de ansiedade, os vícios, os distúrbios de *stress* pós-traumático e os distúrbios dissociativos. Ele também está *moderadamente* a *fortemente* associado com distúrbios de personalidade e psicoses, violência e alguns problemas de comportamento. Alguns pesquisadores corajosos propuseram que essa relação pode ser a causa de alguns desses distúrbios mentais.[56, 67, 82, 426-6]

Desde 1991, os pesquisadores têm constatado a existência de uma associação entre um histórico de trauma de infância e uma biologia anormal no cérebro, a qual eu descrevo mais adiante. Com o trauma de infância como uma terceira legítima variável, nós podemos agora olhar para a relação entre essas três variáveis (trauma, biologia e distúrbio mental) de outra maneira, como é mostrado na Figura 8.1. Segundo a nossa velha teoria, a biologia anormal do cérebro causava a doença mental. Agora, segundo uma teoria talvez mais plausível, os traumas de infância causam *ambas* as variáveis, a biologia anormal do cérebro e algumas doenças mentais. Se o trauma de infância causa *danos no cérebro* e a *doença mental* a eles relacionada, então nós podemos dizer que essas duas condições são suas *conseqüências*. Ao entender que o trauma de infância é a causa básica de algumas doenças mentais, sua prevenção se

Figura 8.1. Relação do Trauma de Infância com Seus Efeitos e Suposições

* **Suposição:** Os *Efeitos* São a Causa

Correção: O **Trauma** de Infância É a **Causa**
Os **Danos no SNC** e as **Doenças** São as ***Conseqüências*** **

* SNC = sistema nervoso central
** Nós continuamos a aprender mais a respeito das maneiras como fatores de fundo, entre os quais as influências genéticas e as toxinas do ambiente, podem causar doenças mentais e/ou interagir com o trauma. Por exemplo, poderia um distúrbio mental transmitido geneticamente afetar desse modo um pai que abusa do seu filho ou o negligencia?

Um Motivo de Esperança

Esta nova informação não deveria desencorajar os sobreviventes de traumas. Em vez de olhar para o copo como se ele estivesse metade vazio, acreditando que nós estamos prejudicados, eu acredito que nosso copo está na verdade metade cheio. Isso porque o fato de conhecermos essa informação corrobora tudo o que nós aprendemos sobre o processo de cura ao utilizarmos um programa de recuperação baseado no trauma. Eu descrevo esse programa de recuperação ao longo destes dois volumes. Em vez de desencorajar ou de sugerir que não há esperança, essa nova informação é na verdade fortalecedora. Saber a verdade a respeito da causa de nossa dor geralmente machuca no início. Porém, se trabalharmos sobre a nossa recuperação em companhia de pessoas de confiança, e tendo paciência e persistência, essa verdade possível finalmente poderá nos libertar.

Como corolário uma paciente certa vez se queixou para mim de que ela tinha medo de admitir o quão mau ou o quão danoso foi o seu abuso. Ela disse que se admitisse a gravidade desse abuso, então ela teria de aceitar o quanto ela estava prejudicada. Eu trabalhei com ela para entender que ela nunca teve pais saudáveis, e se ela pudesse admitir isso, então ela poderia se abrir para aprender como ser uma boa figura parental para ela mesma. Ela poderia aprender a cuidar bem de si mesma — começar a se alimentar de maneira saudável, exercitar-se e reservar um tempo para se dedicar a empreendimentos criativos. Então ela percebeu que a sua mente poderia estar ferida e precisando de cura, mas o seu verdadeiro eu (a criança interior) nunca havia sido prejudicado — ele estava num esconderijo e poderia sair se ela aprendesse as habilidades de um bom pai (ou mãe) protetor para cuidar dela.

torna uma possibilidade razoável. Nós podemos prevenir alguns distúrbios mentais não abusando de nossas crianças e não as negligenciando.

Mas quais são as evidências para essa teoria? Que dados nós temos para apoiá-la? Quando este livro ia para o prelo, eu descobri quarenta e um estudos que mostram uma associação significativa entre o histórico do trauma de infância e a estrutura, a função e a química anormais do cérebro, que eu resumo no quadro a seguir. O que esses estudos nos dizem é que o trauma de infância repetido danifica o cérebro e parte do seu funcionamento. Entre essas áreas do cérebro estão o córtex pré-frontal (o cérebro que pensa e interpreta) e o sistema límbico (o cérebro emocional), incluindo o hipocampo, a amígdala e o vérmis do cerebelo, como é mostrado na Tabela 8.1. Essa tabela mostra oito áreas-chave do cérebro de acordo com sua localização e função, e esclarece alguns dos efeitos prejudiciais que o trauma provoca em cada uma delas.

Tabela 8.1. Características das Estruturas do Cérebro

(compilado com base nas referências 12, 80, 82, 198, 203,

Estrutura do Cérebro	Localização	Função
Sistema de Ativação Reticular (SAR)	Rede de multissistemas ao longo de todo o sistema límbico e cérebro, consistindo em 1-5 das partes abaixo e mais	Alerta o córtex contra ameaças e modula a resposta medo/ansiedade/*stress*
1 ***Locus Coeruleus*** (LC) **e** 2 **Núcleo Tegmental Ventral** (NTV)	Núcleos bilaterais acima da ponte; o NTV se estende para dentro da medula	Regulação da norepinefrina no cérebro; o LC interage com o SNA, a imunidade e o eixo HPS
3 **Hipocampo**	Entre a amígdala e o cérebro médio	Processa a memória, a aprendizagem, o medo/*stress* e as atividades do SNA
4 **Amígdala**	Entre o hipocampo e o córtex	Processa sentimentos e memória emocional
5 **Eixo Hipotalâmico-Pituitário-Supra-renal** (HPS)	Estende-se amplamente no corpo	Regula hormônios
Cerebellar vermis	Atrás do cérebro médio	Modula um sistema límbico excessivamente excitado
Hemisférios Cerebrais (córtex pré-frontal medial)/***Corpus callosum***	Estruturas dominantes/ conectam os hemisférios	Utilizam e equilibram mensagens vindas das estruturas inferiores, construtiva ou destrutivamente

e Suas Relações com os Traumas*

416, 584-8, 665)

Tipo de *Stress*

Agudo	Crônico	Comentário
Processa o medo e o *stress* agudo	Aflição crônica programada em experiência	A programação (repetição) produz muitos dos efeitos progressivos do trauma
A atividade reflete o grau de excitação emocional, por exemplo, calma/alerta	Como os outros; pode estar envolvido no DEPT	Determina a causa ou valência de informações que entram
↑ cortisol danifica as sinapses e a estrutura das dendrites	Atrofia, ↓ memória e aprendizagem, ↑ sintomas de DEPT	Apresenta ↑ nº de receptores de cortisol; *continua o crescimento neuronial ao longo da vida*
As reações variam	Atrofia; as reações tornam-se programadas, por exemplo, "seqüestro" **	Conectado ao tálamo, ao córtex e ao SAR
Influenciado pelo dado acima, de que o ↑ de cortisol pode provocar danos	Danifica todo o corpo, inclusive as estruturas acima	Pode danificar ou nutrir algumas das estruturas acima
O cortisol pode danificar	Acentuada ↓ do fluxo de sangue excitou excessivamente o sistema límbico	Equilíbrio das coordenadas, emoções, comutação hemisférica
	↓ integração, agravante, construtivo, funcional	Planejamento, execução, inibição de respostas, extinção da resposta ao medo

* Todas elas são mais complexas do que esta tabela introdutória resume. SNA = sistema nervoso autônomo.

** "Seqüestro" (*highjack*) = reação emocional excessiva por meio da amígdala.

Famílias Saudáveis

Ao receber os cuidados de pais saudáveis, crianças normais, pequenas ou não, aprendem a se acalmar e a se aliviar interiorizando os comportamentos incentivados pelos seus protetores.[715] Conforme elas vão crescendo e se desenvolvendo, há um desenvolvimento concomitante do cérebro e de seus sistemas nervosos periféricos, de modo que essas áreas-chave do cérebro trabalham em harmonia umas com as outras para ajudar a lidar com o *stress* comum. Quando a criança encontra uma situação estressante, seu sistema nervoso simpático é automaticamente ativado numa resposta do tipo "lute ou fuja". Quando se lida apropriadamente com o *stress*, essas áreas-chave do cérebro desenvolvidas de modo saudável atuam no sentido de modular ou acalmar a reação de *stress*, abrandando-a novamente até um estado de repouso normal. Agora a criança pode relaxar e se entregar às tarefas de uma criança saudável normal. (Um exemplo sintético dessa resposta tem sido repetidamente mostrado na reação saudável, ou do "tipo B", na pesquisa da teoria da ligação, descrita no capítulo anterior na página 86).

Famílias Não-saudáveis

Se uma criança sofre abusos ou é negligenciada repetidamente, seu cérebro e seu sistema nervoso têm alta probabilidade de sofrer danos em vários graus. Os dados acumulados de pesquisa mostram o seguinte: Traumas repetidos provocados em crianças pequenas em desenvolvimento ou em crianças mais velhas danificam seu *córtex pré-frontal* (que desempenha funções "executivas", tais como pensamento, concentração, raciocínio, comportamento de controle e auto-abrandamento), seu *corpus callosum* (o feixe de fibras que liga os dois hemisférios cerebrais), *o hipocampo* (aprendizagem, memória, equilíbrio emocional), a *amígdala* (processamento e equilíbrio das emoções), o *cerebellar vermis* (ajuda a acalmar um sistema límbico excessivamente excitado), o *eixo HPS* (hipotalâmico-pituitário-supra-renal, que é uma das principais partes do sistema hormonal do corpo),* o sistema *serotonina/dopamina/GABA*, e o sistema nervoso simpático (Figura 8.2 e Tabela 8.2).

* A ativação do eixo HPS é uma das principais manifestações de nossa resposta ao *stress*. O córtex supra-renal, estimulado pelo hormônio adrenocorticotrópico (ACTH) a partir da glândula pituitária, libera glucocorticóides (incluindo, em especial, o cortisol). O hipocampo contém uma alta densidade de receptores de glucocorticóides e desempenha um papel vital no sistema de *feedback* que regula a ativação do eixo HPS.

Para entender melhor essas estruturas e funções do cérebro, pode ser útil resumir uma visão geral dos elementos relevantes de sua anatomia e fisiologia. O sistema nervoso consiste no cérebro e no sistema nervoso periférico. O cérebro (*cerebrum*) tem duas grandes metades do tamanho de uma bola de *softball* (hemisférios) espremidas juntas dentro da parte superior de nosso crânio, ambas conectadas com as estruturas adjacentes profundas (cérebro médio), as quais incluem o sistema límbico, que nos ajuda a lidar com nossa aprendizagem, memória e emoção. O cérebro médio, ou mesencéfalo, prolonga-se como tronco encefálico, que então se torna a medula espinal, a partir de onde os nervos periféricos se ramificam para operar nossos músculos e órgãos. Ao longo de toda essa grande estrutura do cérebro e do sistema nervoso periférico há um subsistema fundamental de mensageiros químicos chamados *neurotransmissores*, como é mostrado na Figura 8.2.

Cada um desses sistemas complexos está interconectado, direta ou indiretamente, com os outros sistemas/estruturas do cérebro. Como uma habilidosa orquestra sinfônica sob a direção de um maestro experiente, num estado de saúde normal esses sistemas interagem para nos ajudar a reconhecer, em seguida processam, e finalmente acalmam os estresses da nossa vida diária. Mas se as estruturas e os sistemas do cérebro são danificados e rompidos em conseqüência de repetidos traumas de infância, eles podem ficar incapacitados e fora de sintonia uns com os outros, e o maestro com freqüência estará ausente. Em vez de uma sinfonia harmoniosa e agradável, eles freqüentemente produzirão uma cacofonia de ruídos penosos — dentro e fora — que não saberia como se acalmar. Imagine uma orquestra sinfônica que tenta incessantemente permanecer afinada, mas que é incapaz de tocar. Com essa espécie e esse grau de dano provocado no cérebro, não é surpreendente o fato de que sobreviventes de traumas de todas as idades estão freqüentemente se ferindo e, às vezes, tentando se livrar disso — projetando sua dor em outras pessoas e com freqüência expressando-a de outras maneiras, inclusive a de estar deprimido.

No começo da infância, o cérebro é extremamente sensível e maleável a experiências que são tanto positivas (educação saudável) como negativas (abuso e negligência).[82, 613a, 782] Traumas repetidos podem, desse modo, provocar impactos prejudiciais de longa duração sobre a capacidade das crianças para pensar, sentir, se relacionar e funcionar, agora e mais tarde em suas vidas. Nós temos uma vasta confluência de dados provenientes de estudos sobre a "plasticidade" do sistema nervoso central (SNC) — o estudo da organização do SNC como uma função da experiência. *Rupturas* no cérebro *dependente de experiências* e nos sinais químicos nos nervos durante os primeiros anos de crescimento e de desenvolvimento podem levar a anormalidades importantes no neurodesenvolvimento, que com freqüência resultam em doenças mentais. Os neurocientistas Michael Weiss e Sheldon

Figura 8.2. Esquema Simplificado das Relações do Sistema Cerebral*

SISTEMAS

Hormonal	**Límbico**	**Nervoso Autônomo**	**Neurotransmissor**
***Estímulos Externos e Internos* Incluindo Traumas**	Hipocampo	Parassimpático	Serotonina
↓	|		
Córtex Pré-frontal	Amígdala		Norepinefrina
↓	|	Simpático	
Hipotálamo	*Locus Coeruleus*		Dopamina
HLC***	|		
↓	*Cerebellar Vermis*		Acetilcolina
Glândula Pituitária	|		
ACTH ↘	Estruturas do Tronco Encefálico		Glutamato
↓	Endorfinas (também são fabricadas em outras partes do corpo)		
Glândula Supra-renal ↘			GABA
↓			
Cortisol**	Adrenalina (epinefrina)*** Norepinefrina Aldosterona		*... Mais de 100 outros*

* Todos têm uma função e um inter-relacionamento complexos uns com os outros. Outros sistemas, tais como os sistemas neuro*receptores* também existem e desempenham um papel importante.
** O *cortisol* ajuda no funcionamento saudável normal ao aumentar a liberação de energia e intensificar o metabolismo, mas, como uma faca de dois gumes, em traumas repetidos — por meio de altas concentrações e de metabolismo perturbado — ela pode danificar o cérebro e outros órgãos (por exemplo, suprimindo as respostas inflamatórias e imunológicas) e bloquear a memória.[560a]
*** A epinefrina e a norepinefrina, em pessoas saudáveis, aumentam as respostas cardiovascular e respiratória, a transpiração, o envio de sangue para os músculos, a atividade mental e o metabolismo celular. Porém, traumas repetidos podem causar danos vasculares e em outros órgãos vitais. HLC = hormônio liberador da corticotropina (também tem propriedades neurotransmissoras); ACTH = hormônio adrenocorticotrópico; GABA = ácido gama-aminobutírico.

Wagner disseram: "De maneira parecida com o trabalho com argila, que se torna tanto mais difícil quanto mais a argila endurece, a idade e o tempo enrijecem a plasticidade do SNC. Em alguns sistemas (tais como o da visão e o da audição), a argila endurece por volta do final do primeiro ano. Em outros (tais como os envolvidos no pensamento e na fala), a oportunidade para ajustar o caminho de desenvolvimento persiste nas fases posteriores da infância."[782]

Weiss e Wagner concluem: "Bebês nascem com cerca de cem bilhões de neurônios. Isso é mais ou menos tudo de que precisamos para ser Einsteins ou Beethovens. Mas o que diferencia [esses gênios] de um recém-nascido não é o número de neurônios, mas as conexões que esses neurônios produzem (as conexões sinápticas). Na vida adulta, esses neurônios se ramificam ligando-se uns aos outros para formar cerca de cem trilhões de conexões. Esse aumento de mil vezes se deve quase que exclusivamente aos efeitos da experiência. A experiência não apenas cria conexões, mas também poda conexões... Há milhares de estudos documentando o efeito inequívoco das primeiras experiências sobre o desenvolvimento. As conclusões obtidas a partir desses estudos são óbvias: a presença da privação ou do abuso entre as primeiras experiências leva a um desenvolvimento menos otimizado, e uma experiência enriquecedora pode levar a um desenvolvimento melhorado."

Depressão e Atrofia do Cérebro

Pesquisadores têm encontrado estruturas, químicas e funções cerebrais anormais em vários distúrbios mentais, incluindo a depressão, o alcoolismo e a esquizofrenia. Por exemplo, utilizando técnicas recentes tais como formação de imagens por ressonância magnética (MRI), a tomografia por emissão de pósitrons (PET) e a espectroscopia, investigadores independentes, ao examinar diversos grupos de pessoas deprimidas, constataram significativos níveis de atrofia em certas estruturas cerebrais. Essas estruturas incluem áreas substanciais do cérebro: 1) lobos frontais (3 relatórios positivos/1 relatório negativo), 2) lobos frontais orbitais (2 relatórios), 3) lobos frontais subgenuais (1/1 relatório), 4) núcleo caudado (2/3 relatórios), 5) hipocampo (9/3 relatórios), 6) putamen (1/1 relatório). Como um todo, essa atrofia é, além disso, mostrada por 5 relatórios distintos, que constataram um aumento significativo dos ventrículos do cérebro (as duas áreas desprovidas de tecidos, mas cheias de fluidos, uma dentro de cada hemisfério cerebral). Quatro estudos também mostraram aumento da amígdala. Ao todo, esses relatórios totalizam 44 estudos separados.[82a] Todas essas áreas do cérebro estão interconectadas e envolvidas na resposta ao *stress*, na qual o cortisol é elevado (o que parece danificar o hipocampo, a memória verbal e o pensamento).

O que significam essas informações? Uma possibilidade é que a atrofia esteja, de algum modo, significativamente relacionada com a depressão, ou talvez possa até mesmo causá-la. Alguns desses estudos procuraram por um histórico de trauma de infância entre os seus sujeitos, e encontraram uma ligação significativa entre o trauma, por um lado, e a atrofia do cérebro e a depressão, por outro lado.

Poucos não encontraram associação alguma. Uma explicação mais racional, baseada em todos os relatórios que eu resumi neste livro, é que, na maioria das pessoas em quem se constatou a presença dessas três coisas, a ocorrência de traumas de infância repetidos é a causa mais provável tanto da atrofia do cérebro como da depressão. Eu apresentarei essas evidências no próximo capítulo.

Neurobiologia das Drogas Antidepressivas e do Placebo

Estamos descobrindo mudanças neurobiológicas relacionadas com o uso de drogas antidepressivas e de placebo. Por exemplo, num estudo de dezessete homens deprimidos aos quais se ministrara fluoxetina (Prozac) ou placebo durante seis semanas segundo o método duplo-cego, aqueles que responderam ao placebo tiveram um aumento do metabolismo de glicose em várias áreas-chave do cérebro (pré-frontal, cíngulo anterior, pré-motora, parietal, ínsula posterior e cíngulo posterior). Eles também apresentaram uma diminuição do metabolismo em outras áreas do cérebro (cíngulo subgenual, para-hipocampo e tálamo). Essas mudanças se sobrepuseram àquelas constatadas nas pessoas que responderam à fluoxetina. Mas a resposta à fluoxetina também foi associada com outras mudanças no cérebro (tronco encefálico, *striatum*, ínsula anterior e hipocampo).[487] Eu discuto mais extensamente as drogas ADP e o placebo nos capítulos 10 e 11.

No próximo capítulo, eu continuarei a descrever a neurobiologia do trauma ao resumir as evidências dos efeitos do trauma sobre a estrutura e a função do cérebro, o sistema neuroendócrino e o funcionamento neurológico.

9. A Neurobiologia do Trauma: As Evidências

Lesão Estrutural/Anatômica do Cérebro

Em minhas pesquisas sobre a neurobiologia do trauma, eu descobri quarenta e quatro estudos publicados, baseados em dados e revisados por colegas pesquisadores, que nos fornecem evidências de que os traumas na infância repetidos danificam a anatomia, a fisiologia e o funcionamento global do cérebro.

Concomitantemente aos avanços da tecnologia da formação de imagens por ressonância magnética (MRI) desde 1995, eu descobri três desses quarenta e quatro estudos que relatavam atrofia (encolhimento) da maior parte ou de partes do *córtex cerebral* entre pessoas que sofreram traumas na infância repetidos, quando comparadas com sujeitos de controle. Um desses estudos constatou evidências indiretas de diminuição do tamanho do córtex pré-frontal.[201]* Embora danos causados a qualquer parte do cérebro sejam geralmente prejudiciais para a saúde psicológica e comportamental de uma pessoa, danos infligidos ao córtex cerebral, especialmente à sua área pré-frontal, podem ser especialmente debilitantes, uma vez que ela colabora muito em tarefas tais como pensar, concentrar, raciocinar, controlar o comportamento e se acalmar.

Eu também descobri nove estudos sobre o *hipocampo* entre sobreviventes de traumas (Tabela 9.1). Todos esses estudos revelavam uma atrofia significativa (redução de tamanho ou de volume do hipocampo esquerdo ou do direito, ou de ambos) entre sobreviventes de traumas. Como resumimos na Tabela 8.1, o hipocampo é um órgão de importância crucial para o processamento de nossas emoções, aprendizagem e memória. Para completar o seu trabalho, ele interage

* Outro estudo não listado na Tabela 9.1 registrou um alto grau (32 por cento) de atrofia do córtex orbitofrontal entre quinze pessoas recentemente deprimidas quando elas foram comparadas com vinte controles normais. Uma vez que a literatura (e a minha experiência clínica) sugere fortemente que pelo menos dois terços de pessoas deprimidas têm um histórico significativo de traumas de infância repetidos, pode ser razoável supor que pelo menos dez dessas quinze pessoas deprimidas também eram sobreviventes de traumas.[34]

com o restante do nosso sistema límbico, cérebro e corpo. Se qualquer uma ou mais de uma dessas partes cruciais de nosso cérebro forem danificadas por traumas de infância repetidos, podem ocorrer curtos-circuitos, o que deixa seu possuidor em desvantagem.

Nesses estudos, a quantidade de redução de tamanho do hipocampo variou de 5 a 26 por cento entre sobreviventes de traumas comparados com os sujeitos controles. Dois estudos constataram que a *amígdala* foi atrofiada de 8 a 9,8 por cento. Com nenhuma mudança encontrada em um dos estudos, a maior parte dos cinco estudos restantes não examinou o tamanho da amígdala. Embora o hipocampo seja um órgão grande o bastante para ser discernido na MRI, a amígdala é relativamente menor e pode ser mais difícil de se ver. Quatro desses estudos mostraram uma associação significativa entre a atrofia do hipocampo ou da amígdala e sintomas de estresse traumático tais como depressão, irritabilidade e deficiência de memória, como é mostrado na Tabela 9.1. Dois também relataram atrofia do *corpus callosum*, que é importante por retransmitir mensagens entre os dois hemisférios cerebrais.*

Esses treze estudos foram publicados de 1995 a 2002. Três deles examinaram o *córtex cerebral*, oito se dirigiram para o *hipocampo* — dois dos quais também examinaram a *amígdala* — e outros dois examinaram o *corpus callosum* (os grandes feixes de nervos que interligam os dois hemisférios). Todos os doze mostraram uma *atrofia significativa* dessas importantes partes do cérebro. Notavelmente, *quase todos os estudos* que examinaram essas duas importantes variáveis, a estrutura cerebral e o trauma de infância, *encontraram uma ligação significativa.*

Sistemas Hormonais e Neurotransmissores Danificados

Além dos danos estruturais, os traumas de infância repetidos podem provocar rupturas nos sistemas hormonais e neurotransmissores do cérebro. Para esses casos, eu encontrei dezessete estudos sobre mais de 1.375 crianças que apresentavam defeitos significativos no funcionamento de seu eixo hipotalâmico-pituitário-su-

* Um estudo adicional (não listado na Tabela 9.1) mostrou uma atrofia bilateral do hipocampo entre doze adolescentes alcoólatras quando comparados com vinte e quatro controles, mas não constatou diferença no tamanho do cérebro.[202] Uma vez que a literatura (e, novamente, a minha experiência clínica) mostra que a maior parte dos adolescentes com alcoolismo ou outra dependência química tinha um histórico de traumas de infância repetidos, além da bebida alcoólica, os traumas do passado podem ser outro fator que causa atrofia nessa importante estrutura do cérebro.

pra-renal (HPS), nos hormônios que ele produz e em seus neurotransmissores, que atuam em combinação com eles para os ajudar no funcionamento mental, emocional e físico (o que está resumido na Tabela 9.2). A partir do hipotálamo e de sua glândula pituitária adjacente, o cérebro libera o hormônio liberador da corticotrofina (CRH) e o hormônio adrenocorticotrópico (ACTH), que em seguida estimulam a glândula supra-renal para secretar o hormônio do *stress*, o cortisol. Altos níveis de cortisol podem prejudicar a memória normal em pessoas saudáveis[560a] e podem ser um fator na amnésia dissociativa entre sobreviventes de traumas.

A taxa de secreção de todos esses três hormônios é normalmente alta no início da manhã, e baixa no fim da tarde e à noite. O *stress* agudo interrompe temporariamente esse ciclo. Porém, traumas de infância repetidos o rompem e também a um outro funcionamento metabólico a longo prazo. Isso deixa a criança e o adolescente, e mais tarde o adulto, com uma glândula mestre (hipotálamo/pituitária) funcionando de maneira anormal, o que geralmente resulta na interrupção do sono e numa resposta interrompida ao *stress*, e com freqüência causa danos e interrupções em outros órgãos e sistemas do cérebro. Todo esse metabolismo desordenado, aparentemente induzido por traumas, pode ser associado com, ou resultar em, depressão, suicidalidade e DEPT (a maioria não procurou por outros distúrbios mentais), como mostram vários desses estudos (Tabela 9.2). Assim como acontece com os danos estruturais do cérebro associados ao trauma descritos acima, a analogia dos efeitos neurobiológicos prejudiciais dos traumas de combate também pode ser aplicada aqui, uma vez que esses efeitos de desordem nos hormônios sejam semelhantes àqueles encontrados em vários estudos sobre veteranos de combate com DEPT.

Outros Danos à Função Cerebral Relacionados com os Traumas

Os prejuízos remanescentes encontrados até agora incluem danos em algumas outras funções do cérebro e do sistema nervoso. A esse respeito, eu encontrei quatorze estudos, que foram publicados de 1974 a 2002, os quais eu apresento apenas como exemplos, uma vez que suspeito que existam muitos mais. Esses efeitos relacionados com o trauma incluem: redução da *função neurológica* anos mais tarde, diminuição das *habilidades verbais* e de *desempenho* e do *QI*, diminuição do *desenvolvimento mental* (pessoal, social e motor), *eletroencefalogramas* anormais, *convulsões*, *depressão* e *abuso de substâncias* (Tabela 9.3.) Três desses estudos

Tabela 9.1. Atrofia do Cérebro

Data/Autor	Amostra Avaliada
Cérebro (Dois Principais Hemisférios Cerebrais)	
1999 De Bellis *et al.*	44 crianças/adolescentes com TI e DEPT, 61 controles
2000 De Bellis *et al.*	11 crianças com TI, 11 controles
2001 Carrion *et al.*	24 crianças com TI e DEPT, 24 controles
Hipocampo (HC)/Amígdala	
1995 Bremner *et al.* 1996	22 veteranos de combate, 22 controles
1996 Gurvitz *et al.*	7 veteranos de combate com DEPT, 7 veteranos de combate sem DEPT
1997 Stein *et al.*	21 mulheres com ASI, a maioria com DEPT e/ou DDI, 21 controles
1997 Bremner *et al.*	17 adultos com AS/AF sérios e com DEPT, 17 controles
2000 Driessen *et al.*	21 mulheres com TI e DPL, + controles
2001 Teicher *et al.*	18 ASI, 29 controles
2002 De Bellis *et al.*	12 adolescentes alcoólicos, a maioria com TI (?), 24 controles
Vythilingham *et al.*	46 mulheres com TI *versus* controles
Corpo Caloso (CC)	
1997 De Bellis *et al.*	Crianças com TI
Teicher *et al.*	Crianças com TI
1995-2002 **13 estudos**	**3 sobre o Córtex Cerebral, 9 sobre o Hipocampo,** **2 sobre a Amígdala, 2 sobre o Corpo Caloso**

ASI = abuso sexual na infância, TI = trauma de infância, AF = abuso físico, DEPT = distúrbio de *stress* pós-traumático, DPL = distúrbio de personalidade limítrofe, ≈ = proporcional a, NDS = nenhuma diferença significativa, DDI = distúrbio dissociativo de identidade

e Trauma

Descobertas

Cérebro (Dois Hemisférios Cerebrais Principais)

↓ 7% no tamanho do cérebro; ↓ tamanho do CC; ≈ idade em que ocorreu o trauma; NDS no tamanho do HC (pode demorar até idade mais avançada)

Evidência de ↓ de tamanho da área do cíngulo anterior do córtex cerebral pré-frontal medial

↓ de tamanho do cérebro e do hipocampo

Hipocampo (HC)/Amígdala

8% ↓ de tamanho do HC direito, associado com deficiências de memória de curto prazo

26% ↓ de tamanho do HC bilateral (≈ seriedade do trauma) amígdala normal/tamanho total do cérebro

5% ↓ de tamanho do HC, ≈ sintomas dissociativos

↓ 12% no tamanho do HC esquerdo e deficiências de memória relacionadas

↓ 16% no tamanho do HC esquerdo, 8% no da amígdala

↓ 9,8% no tamanho da amígdala, ≈ depressão, irritabilidade, hostilidade

↓ no HC bilateral; outras funções cerebrais normais

↓ 15-18% no tamanho do hipocampo esquerdo

Corpo Caloso (CC)

↓ tamanho do corpo caloso

Aguardando resultados

Todos apresentaram atrofia significativa associada com um histórico de traumas repetidos

Tabela 9.2. Defeitos Hormonais/Neurotransmissores

Data/Autor	Amostra Avaliada
1991 Queiroz *et al.*	Crianças com TI *vs.* Controles
Kaufman *et al.*	30 crianças com TI *vs.* Controles
Putnam	13 meninas com ASI, prospectivo
1996 Hart *et al.*	197 crianças com TI em cuidado diário *vs.* controles
1994 De Bellis *et al.* a e b	13 meninas com ASI *vs.* 13 controles; + 21 controles com TI
1995 Hart *et al.*	49 crianças com TI *vs.* controles
1996 Goenjian *et al.*	adolescentes com TI e com DEPT (terremoto)
1997 Carlson e Earls	jovens crianças romenas com TI
De Bellis *et al.*	meninas com ASI
Kaufman *et al.*	13 crianças com TI e com *stress* progressivo, 13 com depressão, 13 controles
Stein *et al.*	19 mulheres com sérios ASIs, 21 controles, recebendo doses pequenas (0,5 mg) de TSD
1999 De Bellis *et al.*	18 crianças com TI e com DEPT, 10 excessivamente ansiosas, 24 controles
2000 a e b Cicchetti e Rogosch	384 e 371 crianças com TI *vs.* controles
Heim *et al.*	40 mulheres com TI ± deprimidas, 11 deprimidas, 20 controles
2002 Carrion *et al.*	51 crianças com TI e com DEPT, 31 controles
1991-2002 17 estudos	**1.375 + TI e controles**

ASI = abuso sexual na infância, TI = trauma de infância, NDS = nenhuma diferença significativa, DA = dopamina, NE = norepinefrina, EPI = epinefrina, * = prospectivo, HLC = hormônio liberador da corticotropina

e Trauma de Infância

Descobertas

↑ NE na urina de meninos com TI; relacionado com o abandono? (citado em De Bellis 2001)

Eixo HPS desregulado

↑ secreção diurna de cortisol, possivelmente devido a ↑ secreção de HLC central

Eixo HPS desregulado

↓ do ACTH basal, estimulado pelo HLC e total, nl cortisol/mesmas medidas; sugere eixo HPS desregulado. ↑ depressão e da suicidalidade, ↑ catecolaminas e metabólitos urinários

Falta de resposta ao cortisol sob *stress*

Eixo HPS desregulado

Ritmo circadiano do eixo HPS perturbado

↑ catecolaminas urinárias

↑ resposta do ACTH ao HLC, cortisol normal sob alto *stress* (como acontece com animais com traumatismos crônicos); possivelmente a partir da ↑ secreção de HLC central

TSD acentuado, semelhante ao DEPT relacionado com combates (pessoas seriamente deprimidas não suprimiram o TSD). 3x depressão, 5x dissociação

↑ DA, NE e EPI na urina, ↑ depressão, suicidalidade, ↑ funcionamento global

Níveis anormais de cortisol

ACTH e cortisol no plasma anormais depois de HLC

↑ cortisol, atividade supra-renal

Defeitos no eixo HPS, hormônios e neurotransmissores — *Replicados*

HPS = eixo hipotalâmico-pituitário-supra-renal, TSD = teste de supressão de dexametasona; catecolaminas = neurotransmissores tais como DA, NE & EPI e seus metabólitos.

Tabela 9.3. Função Cerebral/Neurológica Reduzida e Trauma

Data/Autor	Amostra avaliada
1974 Martin *et al.*	58 crianças que sofreram abuso físico (sem evidências de traumas na cabeça)
Sandgrund *et al.*	60 abusadas, 30 negligenciadas, 30 controles
1977 Applebaum	30 abusadas, 30 controles (2 meses a 2,5 anos de idade)
1983 Friedrich *et al.*	11 pré-escolares que sofreram abuso físico de 4 a 5,6 anos de idade
1978 Davies *et al.*	ASI (incesto)
1993, 98 Ito *et al.*	30 crianças com TI *vs.* controles
1994 Teicher *et al.*	115 crianças/adolescentes com TI em unidade psiquiátrica *versus* controles
1995 Schiffer *et al.*	Adultos com TI *vs.* controles, pesquisa da atividade hemisférica
1997 Putnam *et al.*	13 meninas com ASI
Teicher *et al.*	15 TIs severos, 15 controles
Teicher *et al.*	104 crianças com TI *vs.* controles
1999 Irwin *et al.*	TIs avaliados
2001 Read *et al.*	Trauma de infância *vs.* controles
2002 Anderson *et al.*	8 casos de ASI entre pessoas com 18-22 anos de idade *vs.* 16 controles, tempo de relaxamento do vérmis cerebelar (para o sangue nele fluir)
14 Estudos de Exemplos 1974-2002	**Mais de 565 TIs + Controles**

ASI = abuso sexual na infância, TI = trauma de infância, ≈ = proporcional a

de Infância: Resultados de Exemplos de 14 Estudos

Descobertas

Disfunção neurológica 4,5 anos depois

Redução de habilidades verbais e de desempenho e do QI

Redução do desenvolvimento mental (pessoal, social e de linguagem) e motor

Redução de habilidades verbais, de memória e cognitivas

EEG 77% anormal, 27% de ataques repentinos

Cérebro esquerdo, simetria estrutural cerebral invertida

Anormalidades no EEG 2-3x clinicamente significativas

↓ integração do cérebro direito

Puberdade 2 anos mais prematura, 2x auto-anticorpos

Os TIs têm a dominância do cérebro invertida na coerência do EEG

↓ desenvolvimento cortical, 7x deficiências nos testes neuropsicológicos

A deficiência em tarefas que envolvam manter movimentos suaves dos olhos está significativamente relacionada com trauma de infância

2-3x anormalidades não-específicas no EEG

Fluxo de sangue reduzido em TIs, em correlação com sintomas de ataque repentino do lóbulo temporal ≈ ↑ uso farmacêuticas e depressão

Redução da função cerebral e de outras funções neurológicas

EEG = eletroencefalograma

constataram uma relação anormal entre os dois hemisférios do cérebro, que também pode estar correlacionada com diversos distúrbios mentais.

Resumo

Eu resumo os resultados desses estudos na Tabela 9.4. Embora o número (quarenta e quatro) desses estudos não seja tão grande quanto o daqueles que relacionam o trauma com distúrbios mentais (perto de trezentos), a maioria das suas descobertas foi replicada por diversos investigadores independentes. A replicação é um dos fortes marcadores de validade na pesquisa científica (descrita na página 47). Esses resultados replicados e consistentes são especialmente significativos em nosso trabalho com crianças e adultos com distúrbios mentais.

Estudos com Animais

Finalmente, eu incluí dois artigos que fazem uma revisão da literatura sobre os efeitos do trauma em animais, sendo a maioria dos estudos realizada sobre ratos e primatas não-humanos. Essas revisões mostram os mesmos danos estruturais, hormonais e neurotransmissores, e alguns dos defeitos e danos funcionais que são apresentados nos estudos acima sobre crianças traumatizadas (Tabela 9.6). Assim como outros o fizeram (por exemplo, nas referências 82, 197, 198 & 643), os autores da segunda revisão dizem que os primeiros traumas podem representar o *substrato biológico subjacente* de uma *vulnerabilidade intensificada* ao *stress* e à *doença mental* subseqüentes. Eles recomendam fazer um histórico de trauma em todos os pacientes mentalmente doentes e destacar a sua importância para o desenvolvimento de novos tratamentos. [347]

Tratamento Relacionado

Outros pesquisadores e eu acreditamos que esses novos tratamentos já estejam disponíveis na forma de um programa de recuperação focalizado no trauma. Esses tratamentos incluem, em especial, psicoterapia individual e em grupo, que ajudam a pessoa em sua totalidade a se curar dos efeitos e resultados relacionados ao trauma.[33, 34, 96, 151, 174, 186, 753, 797, 798] Recursos auxiliares na recuperação, tais como a dessensibilização e reprocessamento do movimento do olho (EMDR)[675] e, às vezes, drogas psicoativas judiciosamente selecionadas e utilizadas, tais como a buspirona, para o medo excessivo, ou uma droga antidepressiva, podem, por algum tempo, abrandar a dor extrema da pessoa. O objetivo da cura não é eliminar a dor emocional. Em vez disso, um dos principais objetivos é chegar a conhecer a nossa dor e, por fim, nos relacionarmos com ela como amiga. Nós identificamos e nomeamos com precisão o trauma, descrevemos verdadeiramente de onde ele vem, associamos o trauma a conflitos e conseqüências atuais, e enquanto fazemos isso, nos afligimos. Nós expressamos e nos afligimos com a dor que nunca havíamos conseguido expressar e sofrer (uma vez que o nosso objetivo inconsciente quando fomos maltratados era sobreviver). E uma vez que conhecemos a nossa dor, podemos gradualmente deixar que ela se vá (algo que talvez nós não fomos capazes de fazer quando nos identificávamos exclusivamente com a situação de estar deprimidos).

Na área da cura, o córtex pré-frontal desempenha um papel de importância-chave no processo de reagir aos disparadores e sugestões externos e ao processo de cura. Olhando para a Figura 8.2, nós podemos ver que, essencialmente, todas as estruturas, sistemas, hormônios e neurotransmissores do cérebro tendem automaticamente a reagir às mensagens transmitidas a eles pelo córtex pré-frontal, e por meio dele. Nós também geralmente temos pouco ou nenhum controle sobre as sugestões externas que nós encontramos em nosso ambiente de momento em momento. Mas temos controle sobre a maneira como processamos esses disparadores e essas sugestões em nosso *córtex pré-frontal*. Desse modo, mediante suas funções "executivas", tais como o pensamento, a concentração, o raciocínio, o controle do nosso comportamento pessoal e o autoconforto, nós podemos, ao longo do tempo, durante o nosso trabalho de recuperação, aprender a usar essa parte crucial do nosso cérebro para nossa vantagem. Nós podemos aprender a começar a ver as coisas de forma diferente e reagir de modo mais construtivo e saudável. Embora essa idéia possa, de início, parecer simples, ela não é. Em vez disso, ela envolve um longo processo de experimentar a nossa dor e aprender com ela, inclusive seus significados para nós em múltiplos níveis.

"Tratamentos" eficazes não são algo que alguém faça para nós. Não é algo encontrado fora do nosso eu. O tratamento bem-sucedido é o autotratamento na forma de uma progressiva motivação e dedicação à cura, e em seguida na aplicação de paciência e persistência para completá-lo. Esse completamento pode levar muito tempo. Finalmente, o tratamento, ou melhor, a *recuperação* com relação aos efeitos de traumas de infância repetidos, é normalmente mais bem realizada em estágios que incluem a estabilização do distúrbio superficial (Estágio Um), o processo de fazer com que a dor original trabalhe (Estágio Dois, que geralmente é o mais longo) e então, finalmente, a criação de um significado construtivo a partir de tudo isso (Estágio Três), que eu descrevo com mais pormenores na página 153 e no Capítulo 14.

Tabela 9.4. Resumo de Descobertas Neurobiológicas

Descoberta	Efeito a Longo Prazo
Tamanho do cérebro	↓ 7%
Tamanho do hipocampo	↓ 5-26%
Tamanho da amígdala	↓ 8-9,8%
Corpo Caloso	↓ tamanho
Ritmo do eixo HPS	Perturbado
Secreção de cortisol	↑ secreção diurna
NE, Epi, DA ** na urina	↑
EEG	Anormal
Funcionamento cerebral***	↑
RESUMO **Estrutura Cerebral, Hormônios e Funções**	**Anormalidades Significativas**

* ≈ = significativamente associada com

** NE, Epi, DA = norepinefrina, epinefrina (adrenalina), dopamina (todos estimulantes do sistema nervoso); TSD = teste de supressão de dexametasona; EEG = eletroencefalograma (teste de ondas cerebrais)

*** Mental (pessoal, verbal, de linguagem, de pensamento, emocional, social), desenvolvimento motor, equilíbrio dos hemisférios.

Referências

De Bellis *et al.* 1999 *(≈ * idade do começo do trauma)*, Bremner 2002 *(córtex pré-frontal medial)*; Carrion 2001

Bremner *et al.* 1995, 6 & 7 *(≈ * deficiências na memória de curto prazo)*; Gurvitz *et al.* 1996 *(≈ seriedade do trauma)*; Stein *et al.* 1997 *(≈ sintomas dissociativos)* Dreissen *et al.* 2001; De Bellis *et al.* 2002; Vythilingham *et al.* 2002

Dreissen *et al.* 2001, Teicher *et al.* 2001 *(≈ depressão, irritabilidade, hostilidade)*

De Bellis *et al.* 1997, Teicher *et al.* 1997

De Bellis *et al.* 1994, Goenjian *et al.* 1996, Carlson e Earls 1997, Kaufman *et al.* 1997, Heim *et al.* 2001

Kaufman *et al.* 1991, Putnam 1991, Hart *et al.* 1996 *(todos possivelmente devidos a ↑ secreção de HLC central)*, Hart *et al.* 1995 *(falha de resposta sob* stress*)*, Stein *et al.* 1997 *(↑ TSD ≈ 3x depressão, 5x dissociação)*; Carrion *et al.* 2002

Queiroz 1991; De Bellis *et al.* 1994, 1997, 1999 *(≈ ↑ depressão, suicidalidade, ↓ funcionamento global)*

Davies *et al.* 1978; Teicher *et al.* 1994, 1997; Read *et al.* 2001

Martin *et al.* 1974, Sandgrund *et al.* 1974, Applebaum 1977, Friedrich 1983, Ito *et al.* 1993, Schiffer 1995, Teicher *et al.* 1997 *(7x deficiências nos testes neuropsicológicos)*, Irwin *et al.* 1999, Anderson *et al.* 2002 *(≈ uso farmacêuticas e depressão)*

41 estudos mostram uma diminuição significativa no tamanho da estrutura do cérebro (atrofia), funcionamento e função neuro-hormonal/neurotransmissora (1974-2002)

* * *

Algumas pessoas postularam que as crianças podem ter um efeito retardado para mostrar esses danos no cérebro (assim como o efeito "adormecido" para distúrbios mentais e comportamentais sugerido por Frank Putnum[605] e Dan Brown[105]), uma vez que o *cérebro delas pode não mostrar danos nas fases iniciais da vida* a despeito de abusos e negligências contínuos. É notável que até mesmo com essa reserva possível, algumas crianças que foram estudadas mostrassem os mesmos danos no cérebro que os veteranos de combate. É como se elas estivessem sobrevivendo em suas próprias zonas de combate físicas, mentais, emocionais e sexuais na presença das pessoas que abusam delas, que, com maior freqüência, são seus pais, e às vezes seus irmãos ou irmãs e outros parentes.

O trauma de infância crônico também fragmenta o funcionamento global do cérebro, causando dificuldades significativas de concentração, de aprendizado e de relacionamento com outras pessoas. O trauma repetido prejudica de várias maneiras a resposta normal ao *stress*, inclusive por meio de um mecanismo chamado de "*kindling*" (atear fogo). Isso ocorre quando o cérebro ou uma de suas partes se torna hipersensível a estímulos inferiores que, normalmente, o "detonariam".[705] O *stress* crônico também danifica o sistema imunológico do corpo, incluindo a

Tabela 9.5. Danos Cerebrais em Animais Traumatizados: Exemplo de Revisões da Literatura

Data/Autor	Estudo	Descobertas
2000 Kaufman *et al.*	Revisão de pesquisas sobre animais traumatizados 1978-2000	↓ tamanho HC, amígdala, córtex frontal, ligação do receptor do GABA, outras anormalidades
2001 Heim e Nemeroff	Revisão de pesquisas sobre animais e seres humanos traumatizados 1998-2001	Os primeiros traumas danificam o eixo HPS por desregulagem do HLC e outras anormalidades nos neurotransmissores. Recomenda-se abordar o histórico do trauma em pacientes mentalmente doentes.

HC = hipocampo; HLC = hormônio liberador da corticotropina (também tem propriedades neurotransmissoras); GABA = ácido gama-aminobutírico; HPS = eixo hipotalâmico-pituitário-supra-renal glândula timo, e pode tornar a pessoa traumatizada mais vulnerável a infecções e a doenças auto-imunológicas.[82, 301a]

Todos esses efeitos prejudiciais sobre o cérebro e o corpo deixam a pessoa numa evidente desvantagem para sobreviver e lidar satisfatoriamente com a vida. Nenhuma doença ou síndrome isolada descreve ou simplifica os resultados desses efeitos. Em vez disso, os sobreviventes de traumas podem ter *qualquer distúrbio mental* ou uma *combinação* de distúrbios mentais agudos e crônicos. Estes são geralmente acompanhados por uma ou mais doenças físicas, como nos mostraram o estudo ACE e outros estudos.[254] Os sobreviventes de traumas têm freqüentemente dificuldade para se concentrar, e se distraem com facilidade. Eles normalmente têm problemas de aprendizagem e de comportamento (distúrbio de hiperatividade de deficiência de atenção/distúrbio de deficiência de atenção, distúrbio de conduta, distúrbio de oposição desafiadora), embotamento e instabilidade emocional (depressão, distúrbio de ansiedade, etc.), dor emocional extrema e proteção contra ela (vícios), regressões de idade e *flashbacks* (distúrbios dissociativos), dificuldade para avaliar a realidade (sintomas e sinais psicóticos), mau funcionamento do aprendizado nos relacionamentos com o eu e com os outros (distúrbios de personalidade), somatização (doença física funcional e orgânica). Os sobreviventes de traumas, com freqüência, apresentam uma combinação dos fatores acima. Sob a maior parte desses distúrbios, e constituindo grande parte de cada um deles, está o distúrbio de *stress* pós-traumático. E subjacente ao DEPT está uma sociedade ferida e violenta que, em sua maior parte, não está ciente de todos esses distúrbios e problemas. Eu me estenderei mais a respeito dessas condições "co-mórbidas" no Capítulo 12.

Embora nós precisemos de mais pesquisas para aprender mais sobre esses efeitos perturbadores, a mera existência deles é angustiante e tem implicações profundas nas áreas da medicina, da psiquiatria, da psicologia e do direito. Por exemplo, com esse conhecimento nós não podemos continuar a permitir que os pais e outras pessoas abusem dos seus filhos e os negligenciem. Nós precisamos educar o público, especialmente as pessoas que têm filhos. Nós não podemos continuar a sustentar as nossas companhias de seguro-saúde (sob o nome de "empresas de assistência médica") quando elas, repetidamente, desaprovam a cobertura do pagamento para métodos de recuperação apropriados e eficientes, tais como as psicoterapias, individual e grupal, focalizadas no trauma. Nós precisamos repensar as nossas suposições e conclusões a respeito das causas das doenças mentais.

O abuso de crianças não se traduz em números pequenos. É um fenômeno extremamente comum. Os dados mostram que nos Estados Unidos uma entre três meninas e um entre cinco meninos são vítimas de abuso sexual. [103, 104, 798] Pelo menos uma entre dez crianças sofre sérios abusos físicos (o suficiente para causar danos físicos). Pelo menos uma entre quatro crianças é negligenciada. Bem mais de metade das crianças é abusada psicológica e mentalmente. Nós não podemos mais nos dar ao luxo de viver em negação. Nós precisamos atacar esse problema de frente. Esperançosamente, nós também veremos que a violência no mundo diminuirá quando pararmos a nossa violência contra os nossos filhos.

10. As Drogas Antidepressivas Funcionam?

Sim, elas parecem funcionar, mas, na melhor das hipóteses, apenas alguns pontos percentuais (por exemplo, 2 a 10 por cento) a mais do que o placebo. O mais provável é que para a maior parte das pessoas elas funcionam tão bem quanto o placebo. Mas, com seus preços altos e com sua incidência razoavelmente alta de efeitos colaterais tóxicos, será que elas valem a pena? Eis algumas considerações.

Dizer que as drogas antidepressivas (ADPs) podem não funcionar é um insulto à opinião médica aparentemente firme e poderia impor mais exigências aos clínicos e ameaçar prejudicar as grandes rendas e lucros da indústria farmacêutica.[523] As drogas antidepressivas podem ter usos selecionados, e em alguns casos podem até mesmo salvar vidas. Porém, será que nós não aceitamos o uso dessas drogas às vezes úteis de uma maneira demasiadamente entusiástica e, com freqüência, prematura? Por exemplo, a utilidade a longo prazo das drogas sedativas benzodiazepinas (por exemplo, as famílias Valium, Ativan e Xanax) se comprovou, em grande medida, falsa, mas apenas depois que nós aprendemos lições dolorosas ao longo de um período de quatro décadas de experiências clínicas e pessoais a respeito de sua eficácia limitada, e de seus incômodos, e às vezes perigosos, efeitos colaterais, e de suas altas taxas de vício.

Nós também tivemos as mesmas quatro décadas de experiências com antidepressivos modernos. Essas drogas incluem quatro tipos, começando com 1) os ADPs inibidores da monoamina oxidase (IMAOs) e, em seguida, 2) os ADPs tricíclicos, e, ao longo dos últimos vinte anos, 3) os inibidores seletivos da recaptação da serotonina (ISRSs), intensamente comercializados, e, finalmente, 4) os ADPs atípicos. Não obstante essas diferenças categóricas e a maciça promoção que as companhias farmacêuticas fazem de suas drogas individuais, numerosos testes terapêuticos têm mostrado que nenhuma dessas diferentes categorias ou tipos de antidepressivos é melhor do que outra, e que nenhuma marca individual é melhor do que qualquer outra marca.[335-345, 523]

Promoção de Drogas

As companhias farmacêuticas que fabricam drogas psiquiátricas são um grande negócio. Embora, ao longo do tempo, elas tenham produzido alguns medicamentos eficientes, tais como os antibióticos e os diuréticos, as companhias farmacêuticas em geral não são dirigidas por clínicos, elas não fazem o juramento hipocrático, e não parecem atuar sempre no interesse prioritário das pessoas doentes. Elas funcionam, na maior parte dos casos, como qualquer outro grande negócio. Seu único regulamento, freqüentemente obedecido com sucesso mínimo, é feito por agências limitadas do governo federal. A maior parte dos tipos de drogas psiquiátricas que elas têm produzido foi descoberta por acidente, como é mostrado na Tabela 10.1. A maioria dessas drogas é não-específica em sua ação. Isto é, elas tendem a apresentar efeitos de espectro amplo, tanto positivos como negativos, benéficos e tóxicos. A maioria dos testes clínicos das companhias farmacêuticas é limitada à duração de apenas algumas semanas, e, não obstante, elas e os seus representantes recomendam regularmente que os pacientes tomem os seus medicamentos a longo prazo, com freqüência sem pleno conhecimento das conseqüências tóxicas e prejudiciais que surgem apenas mais tarde (lembre-se da talidomida).

Por Trás dos Bastidores

Por trás dos bastidores, muitos psiquiatras nas faculdades das escolas de medicina e nas companhias de testes, e outros que dão conferências e realizam *workshops* a respeito de farmacêuticas psiquiátricas, são pagos pelas companhias farmacêuticas para realizar grande parte das suas pesquisas e ajudar a promover seus produtos.[47a, 68b] Um levantamento recente de cem autores de *diretrizes de práticas clínicas*, que oferecem diagnóstico específico e consultoria de tratamento para médicos, enfermeiras e clínicos associados revelou que 87 por cento dos autores foram pagos por companhias farmacêuticas e/ou eram ex-funcionários ou consultores dessas companhias.[149] Poderia isso representar o que os advogados chamariam de conflito de interesses? Há trinta anos, a ética médica provavelmente não teria permitido esse tipo de comportamento. Embora essa informação seja revelada apenas num grau mínimo para a maior parte das contínuas audiências de educação às quais os porta-vozes se dirigem, ela não é publicada nos artigos de periódicos médicos em que eles escrevem a respeito dessas drogas, e não é geralmente conhecida do público em geral. Quando este livro estava indo para o prelo, alguns periódicos de medicina, aparentemente instigados pelos críticos, começaram a exigir tal revelação dos autores de seus artigos publicados.[149, 182, 187, 288, 469, 470, 498, 543, 618, 686, 740] Outro estudo constatou que *mais da metade* dos membros do *comitê de consultoria* da U.S. Food and Drug Administration (FDA) é paga por companhias farmacêuticas que têm interesse nas decisões da FDA.[187, 226] Esses tipos de decepções podem resultar em importantes implicações e advertências para toda a medicina e a psiquiatria.[47a, 68b, 165a]

Com relação aos testes clínicos de cada droga, não há exigências impostas pelo governo ou por qualquer outra autoridade que obrigue a companhia farmacêutica a relatar quaisquer resultados negativos para os clínicos ou para o público. Em vez disso, eles tendem a relatar apenas resultados positivos. Agindo de maneira semelhante às companhias de tabaco, muitas companhias farmacêuticas tendem a negar ou a minimizar os efeitos tóxicos de suas drogas, como é mostrado em alguns exemplos nas Tabelas 10.1, 10.2 e A.13 (no Apêndice). Elas amenizam esses efeitos tóxicos de várias maneiras, inclusive chamando-os de "efeitos colaterais", quando eles, na verdade, indicam com freqüência a *toxicidade* da droga. Um dos efeitos mais importunos da maior parte dos ADPs, de alguns antipsicóticos, e de todas as drogas benzodiazepinas é uma *síndrome de privação dolorosa* e freqüentemente *confusa*, *prolongada* e *incapacitante*. As companhias farmacêuticas tendem a negar a existência de tal privação, alegando, em vez disso, que os sintomas são simplesmente uma "reemergência" das queixas originais. Depois de serem pressionadas durante anos para revelar essa informação como uma advertência para os clínicos e farmacêuticos, elas finalmente começaram a listar advertências superficiais. Eu mostro algumas dessas advertências no Apêndice A.13 na página 214.

As companhias farmacêuticas tendem a atribuir às drogas os seus nomes não pelas suas propriedades químicas, mas apenas tendo em vista propósitos de *marketing*. Elas criam nomes genéricos e comerciais, ou marcas, que geralmente nada têm a ver com a estrutura química da droga. Mais decepções: elas também podem disfarçar os nomes de algumas drogas para ganhar mais dinheiro com elas, inclusive quando a sua patente para algum medicamento expirou. Por exemplo, o Serafem, para o tratamento de problemas pré-menstruais sérios (distúrbio disfórico pré-menstrual) é, na verdade, apenas o Prozac (fluoxetina); e o Zyban, para ajudar as pessoas a parar de fumar, é simplesmente o Welbutrin (bupropion).

Mesmo que se tenha mostrado que muitas drogas antidepressivas diferem apenas muito pouco, em eficiência, do placebo (pílulas de açúcar),[339, 435a, 446-8, 523-8, 721], as companhias farmacêuticas têm com freqüência exagerado essa diferença pequena e, com freqüência, insignificante em suas propagandas dirigidas aos médicos e a outros clínicos em periódicos de medicina. E dezessete anos mais tarde, quando expira a patente para um determinado medicamento, elas podem mudar suas alegações promocionais originais. Por exemplo, em 1984, a Lilly lançou o Prozac (fluoxetina) como uma das primeiras drogas antidepressivas ISRSs "eficientes".

Tabela 10.1. Muitas Drogas Psiquiátricas Foram Descobertas Acidentalmente *(compilado a partir da ref. 749)*

Categoria e Protótipo da Droga	Usada pela Primeira Vez	Acidental (Uso Original)	Efeitos (Constatados Mais Tarde)	Efeitos Tóxicos (exemplos)
Antipsicóticos: *Clorpromazina* (Thorazine)	1954	Tinturas; anti-histamínico	Antipsicótico	Disquinésia tardia
IMAOs: *Iproniazid*	1956	Tuberculose	Antidepressivo (ADP)	Crise HT, dores de cabeça (tiramina)
Tricíclicos: *Imipramine* * (Tofranil)	1958	"Hipnótico" — na verdade, com freqüência, estimulante	Sedação, ADP, estimulação	Vários efeitos tóxicos
Benzodiaze-pinas: *Clordiazepoxide* (Librium)	1960	Psicóticos sedados	Outros sedados	Vício, dissociação, disfunção
Lithium	1970	Epilepsia, artrite, pedras nos rins	Antimaníacos	Requer monitoração do nível sanguíneo
ISRSs: *Fluoxetina* (Prozac)	1984	Sedação, antiansiedade	Sedação, ADP/ estimulação	Acatisia, anorgasmia, aumento de peso, etc.

* Constatado inicialmente em animais experimentais para ↓ dopamina, norepinefrina e serotonina.
HT = hipertensiva, ADP = antidepressivo, IMAO = inibidor da monoamina oxidase

Ao longo dos dezessete anos seguintes, em associação com *marketing* e promoções maciços, essa companhia ganhou bilhões de dólares com suas vendas para os consumidores de produtos para a saúde que acreditam cegamente nas palavras dos médicos, que lhes dizem que ela é eficiente para diminuir os sintomas de depressão. No final de 2001, quando expirou sua patente sobre os direitos exclusivos para fabricar e vender a fluoxetina como Prozac, eles pareceram mudar o seu tom. A essa altura, os representantes da Lilly publicaram evidências de que o Prozac *não era melhor do que um placebo* (pílula de açúcar) para tratar a depressão.[249, 299a, 725] Por quê? Porque não apenas a sua patente sobre o Prozac havia expirado, mas também porque agora eles tinham um novo antidepressivo (de nome genérico duloxetina) para comercializar e vender aos clínicos e ao público, um ADP que era "mais eficiente". Como poderia o público interpretar esse tipo de comportamento? Poderia a companhia já estar sabendo disso o tempo todo? Como esse conhecimento foi aprovado pelos acadêmicos que conduziram os testes clínicos para a Lilly? E como, e por que, ele foi aprovado pela agência governamental que originalmente aprovou o licenciamento do Prozac?

Minha Experiência Clínica

Minha própria experiência clínica inclui: 1) escutar mais de quatrocentos (uma estimativa conservadora) de meus pacientes recontarem as suas experiências de ter "depressão", para a qual outros clínicos lhes prescreveram um ou muitos ADPs — e, com freqüência, uma série deles — a maior parte sem sucesso, e 2) prescrever, eu mesmo, esses medicamentos para mais de duzentos de meus pacientes (também uma estimativa conservadora). (Minha abordagem sempre foi a de procurar, em primeiro lugar, a causa dos sintomas da depressão para a qual o paciente poderia chamar a atenção, com ou sem a minha assistência, ou a de outros, para ajudá-los a aliviar a sua dor.)

Imprevisibilidade

Com base nessa experiência, eu observei que cerca de um terço dos meus pacientes relataram ter experimentado um aceitável alívio de seus sintomas de depressão *por algum tempo*; outro terço teve algum alívio, embora não ideal, por algum tempo; e o terço final relatou não ter obtido alívio. Eu digo "por algum tempo" porque eles, geralmente, relataram que a maior parte de seu alívio durava apenas algumas semanas ou meses, e então os sintomas voltavam — embora um pequeno número de pacientes dissesse que eles foram ajudados durante um ano

Tabela 10.2. Efeitos Adversos de Drogas Psiquiátricas

Droga	Efeito Adverso	Relatório da Companhia Farmacêutica
Fluoxetina (Prozac) (pode também se aplicar a outros **ISRSs**)	Estimulação, agitação, mania (dividido nesses 3 efeitos para fazer a % parecer mais baixa?)	9% (*versus* 3% para placebo, isto é, uma diferença três vezes maior)
ISRSs (inibidores seletivos da recaptação da serotonina; veja a Tabela 10.1)	Acatisia (estimulação e agitação séria e dolorosa)	Raros
	Suicidalidade e homicidalidade* (habitualmente associadas com a acatisia)	Inexistentes a raros
	Disfunção sexual, anorgasmia, perda de desejo/ ereção	5%
	Aumento de peso	Raros
	Síndrome de privação, dolorosa e freqüentemente incapacitante	Raros
Benzodiazepinas, outros ADPs, Antipsicóticos**	Síndrome de privação, dolorosa e freqüentemente incapacitante	Raros, se é que houve algum (relatórios iniciais)
	Câncer, doença do pulmão e do coração, vício, morte prematura	Negaram a existência de quaisquer riscos à saúde
RESUMO **Várias Drogas Psiquiátricas Comuns**	**Numerosos efeitos adversos**	**Negaram ou minimizaram os efeitos adversos**

* Pode também ocorrer com algumas drogas antipsicóticas.

** ADP = droga antidepressiva.

*** Veja a edição de fevereiro de 2003 da revista *Consumer Reports* para informações atualizadas a respeito de propagandas de medicamentos problemáticos.[165a]

Selecionadas: Diferenças Entre Relatórios de Companhias Farmacêuticas e Relatórios Independentes

Relatórios Independentes	Comentários
25 a 30% (3 vezes maior que o número de relatórios das companhias farmacêuticas)	Uma alta porcentagem, apesar de que também *se ministrou a grande número* de sujeitos drogas antiansiedade durante os testes
9% (uma diferença muito grande)	Esta superestimulação em geral ocorre nas primeiras semanas de uso do ISRS
Risco (0,25 a 4+ vezes), com alto risco para a fluoxetina. O estudo prospectivo de Jick mostrou...	... uma associação comum, mesmo quando controlada por fatores tais como uso prévio de ADP e/ou suicidalidade[396]
70 a 80% (*uma diferença 16 a 18 vezes maior*)	Como poderia ter ocorrido essa diferença acentuada?
Comum	Alta % de usuários se queixam de aumento de peso
Comum	Algumas companhias farmacêuticas estão finalmente admitindo que é real. (Tabela A.13)
Comum	Minimizado durante um longo tempo, apesar da advertência feita no relatório de Hollister em 1978
Clara prova dessas conseqüências tóxicas	O comportamento de algumas companhias farmacêuticas é semelhante
Mostra que há problemas significativos	**As companhias farmacêuticas não tendem a nos fornecer advertências precisas*** **

ou mais. Muitos relataram apenas um alívio *parcial* de seus sintomas, e sua qualidade de vida total não melhorou de maneira significativa. Muitos deles prosseguiram tentando um ADP diferente, que teve quase o mesmo efeito um terço/um terço/um terço descrito acima. Seus históricos freqüentemente incluíam o fato de terem tentado uma série de vários ADPs diferentes, até oito ou dez, em sua maior parte tricíclicos e ISRSs, e, desde 1990, principalmente esses últimos. É claro que muitos deles pararam de tomar um ou mais ADPs devido aos seus efeitos incômodos, ou até mesmo a efeitos colaterais intoleráveis.

Os ADPs são imprevisíveis em suas ações, resultados e efeitos tóxicos. Diferentes pessoas podem reagir de modos totalmente opostos à mesma droga. Por exemplo, eu vi uma pessoa ficar totalmente sedada com paroxetina (Paxil), e outra se sentir excessivamente estimulada com a mesma droga e a mesma dose. Eu tenho visto resultados semelhantes produzidos por outras drogas ADPs. E, com relativa freqüência, quando elas funcionam, as pessoas tendem a se beneficiar só até um certo ponto com essas drogas, quando isso acontece. O caso seguinte é um resumo de uma paciente a quem eu ajudei em sua recuperação.

> ***Estudos de Casos* 10.1:** Margaret era uma mulher divorciada de quarenta e seis anos de idade. Ela cresceu numa família perturbada, na qual vivenciou repetidos abusos físicos, mentais e emocionais. Ela apresentava um longo histórico de episódios recorrentes de grande depressão, com um forte componente de ansiedade. Ao longo dos anos, consultou vários clínicos diferentes e foi diagnosticada com depressão. Ela foi tratada ao longo do tempo com oito diferentes medicamentos antidepressivos, a maior parte dos quais havia exercido pouco ou nenhum efeito duradouro sobre seus sintomas de depressão. Avaliando com maior minúcia, eu constatei que ela satisfazia aos critérios de diagnóstico *DSM-IV* para o DEPT. Quando ela, voluntariamente, deixou de ingerir os medicamentos antidepressivos que tomava na ocasião, ficou mais ciente do seu histórico de traumas de infância e dos efeitos que isso causara, inclusive a sua ansiedade e a sua depressão. Lentamente, ela começou a expressar essas experiências dolorosas para pessoas de confiança, e, ao longo dos poucos meses seguintes, seu estado de ânimo começou a melhorar. Atualmente, ela ainda está trabalhando num programa de recuperação em grupo e na terapia individual.

A história de Margaret representa uma experiência comum que eu tenho observado entre sobreviventes de traumas de infância. Depois do trauma, eles desenvolvem uma ou mais condições ou distúrbios dolorosos, tais como depressão, uma doença de ansiedade, o DEPT, um vício ou problema semelhante, e freqüentemente procuram auxílio junto a clínicos em medicina física ou em doença mental na sua comunidade. Esses clínicos se concentram na apresentação das queixas e fazem um diagnóstico limitado baseado no *DSM* ou em outros critérios de diagnóstico.[611-613] Influenciados pelas companhias de seguro-saúde, eles então prescrevem ou recomendam uma forma limitada de tratamento, tal como o uso de drogas ou, com freqüência menor, uma breve psicoterapia. Eles tendem a não associar os problemas presentes da pessoa com os seus traumas passados, e por isso podem perder uma oportunidade importante para fazer uma intervenção terapêutica eficiente, que eu descrevo nos dois capítulos seguintes.

Depois de ter entendido parte da dinâmica acima, o psiquiatra J. Douglas Bremner descreveu a sua experiência. Ele disse:

> *Perguntei para alguns dos meus colegas psiquiatras mais experientes de Yale se eles sentiam ou não que o abuso na infância era um tópico importante para ser pesquisado por um psiquiatra. Eles me deram as suas opiniões de que o abuso na infância não era muito comum, e de qualquer modo não era um tópico importante ... Então eu perguntei aos outros psiquiatras e assistentes sociais da clínica psiquiátrica do hospital VA [Veterans Administration] se eles estariam dispostos a colher dados de seus pacientes para um histórico de abuso na infância, a fim de participarem dos meus estudos que utilizam a formação de imagens do cérebro para criar imagens que lhes permitam examinar os efeitos do abuso sobre o cérebro. Eles achavam que não podiam perguntar aos seus pacientes a respeito de algo que ocorrera em sua infância. Isso porque se os seus pacientes tivessem sofrido abuso, esse assunto os deixaria muito mais transtornados, e por isso os psiquiatras e os assistentes sociais teriam problemas em lidar com eles. Eu me ofereci para coletar informações sobre qualquer pessoa que viesse à clínica por problemas de abuso, e aceitar como meu paciente pessoal qualquer pessoa que ficasse extremamente abalada em conseqüência dessa exploração. Foi fascinante constatar que os resultados do procedimento de exploração foram exatamente o oposto dos temores dos meus colegas. Os pacientes que tinham históricos de abuso ficaram extremamente gratos pelo fato de que, por fim, seus psiquiatras estavam finalmente concebendo como avaliá-los de maneira adequada enquanto pacientes.*

Às vezes, uma tentativa com drogas antidepressivas pode ser indicada e pode ser útil para alguns sobreviventes de traumas de infância, mas as ADPs não deveriam constituir o principal recurso de auxílio no tratamento. Aqui, o enfoque principal deveria ser na conexão gradual cognitiva e experimental com a dor presente na pessoa e em questões relativas aos seus traumas do passado, o que é realizado de modo mais eficaz utilizando-se os recursos de auxílio para a recuperação descritos no próximo capítulo. Nesse contexto, quando elas são eficazes, as drogas ADPs podem mitigar a dor que, de outra maneira, seria dispersiva e incapacitante, de modo que a pessoa possa trabalhar de maneira mais construtiva sobre a cura com base nos efeitos traumáticos de longa duração.

Para a minoria de pessoas com depressão e que cresceram numa família saudável, as drogas ADPs ou a psicoterapia individual — ou uma combinação de ambas — podem ser eficazes para amenizar os seus sintomas. Eu também ajudei algumas dessas pessoas. No entanto, sabendo como são comuns os traumas de infância, e que a emersão de lembranças completas de traumas pode ser lenta, mesmo com relação a elas eu tenho um ouvido aberto para essa possibilidade. O nosso erro pode ter sido supor que não exista ligação entre os traumas do passado e doenças mentais subseqüentes.

Quando eu li a abrangente revisão da situação atual do nosso entendimento a respeito dos ADPs, feita pelo pesquisador independente Charles Medawar, de Londres, eu notei que o seu resumo, e os de outros pesquisadores, corroborava o que eu havia observado em minha experiência clínica: as drogas ADPs não são tão eficientes quanto gostaríamos que fossem e/ou quanto as companhias farmacêuticas gostariam que nós acreditássemos.[523] Por exemplo, com relação aos ADPs, ele escreveu: "...os pacientes geralmente respondem (alguns muito bem e outros menos) em cerca de 50-70% dos casos."[523] O psiquiatra pesquisador John Greden disse: "... até 70 por cento de pacientes tratados por depressão não estão encontrando alívio satisfatório em seus sintomas depressivos."[313] Neste capítulo e no seguinte, eu resumirei algumas das descobertas mais salientes de Medawar e de outros pesquisadores. Eu recomendo que qualquer pessoa interessada nesse tópico leia os seus artigos originais, sendo que alguns deles estão disponíveis na Internet.

História Recente das Drogas Antidepressivas

Durante os últimos quarenta anos, as políticas de *marketing* e de prescrição dessas e de outras drogas foram desenvolvidas e gradualmente incrementadas de mãos dadas com "...a abordagem biológica da psiquiatria — que trata a doença mental como um distúrbio da química do cérebro geneticamente influenciado — [que] tem sido um sucesso esmagador" [697] ou então um malogro sutil.[409]

Na década de 1950, os inibidores da monoamina oxidase (IMAOs) foram descobertos e desenvolvidos a partir da constatação de que alguns pacientes com tuberculose que tomavam o medicamento antibiótico *iproniazid* experimentavam um estado de ânimo elevado [759] (Tabela 10.1). Essa descoberta levou as empresas farmacêuticas e alguns acadêmicos a procurar por mais lucros teorizando sobre uma possível base bioquímica para a depressão e desenvolvendo drogas para tentar o seu tratamento, pois eles especulavam que a depressão poderia ser causada por uma carência de noradrenalina (também chamada de norepinefrina) no cérebro; e posteriormente, se pensou que ela fosse causada pela carência de um outro neurotransmissor, a serotonina (5-hidroxitriptamina). Desconhecidas de muitos clínicos e de outras pessoas, ambas as teorias foram finalmente refutadas.[339, 523, 759]

Até a década de 1980, se pensava que até 80 por cento dos casos de depressão eram autolimitadores. Essa observação pode estar relacionada com o fato de que, na década de 1960, algumas empresas farmacêuticas começaram uma lenta campanha de *marketing* para encontrar pacientes "deprimidos" — aos quais se deveria naturalmente prescrever suas drogas ADPs patenteadas.

O psiquiatra e autor Frank Aid disse: "Até certo ponto, foi necessário que a Merck [uma empresa de medicamentos na década de 1960 e em anos posteriores] instruísse os médicos a fim de comercializar a doença [a depressão] de maneira que eles soubessem o que prescrever para essa doença, isto é, a droga da Merck [amitriptilina/Elavil]" (*Ayd in Healy*[345]). Esse processo continua até hoje. As empresas farmacêuticas desenvolvem drogas psicoativas e em seguida ensinam os médicos a utilizá-las. Com a pressão exercida pelos braços das companhias de seguros, que oferecem assistência médica, outros profissionais comumente "compram" esse processo. Como exemplo, psicólogos estão atualmente fazendo *lobbies* junto a agências governamentais para que estas lhes permitam prescrever drogas psiquiátricas. Como disse o psiquiatra Ashley Wazana, da Universidade McGill: "A cauda parece estar acenando para o cão."[345] Hoje, as companhias farmacêuticas estão violando ainda mais as diretrizes éticas ao comercializar as suas drogas para o público por meio de comerciais de TV com freqüência enganosos.[165a]

Como todos os bons homens de negócio, para manter-se à tona e financeiramente bem, as companhias farmacêuticas procuravam por mais e melhores drogas. Quando descobriram mais tipos de drogas antidepressivas tricíclicas nas décadas de 1960 e 1970, e as ISRSs na década de 1930, elas foram intensificando gradualmente a sua campanha de *marketing* para tentar convencer os clínicos e o público de que a depressão era comum e, naturalmente, que essas pessoas aflitas precisavam de suas drogas.

Ao longo do tempo, as companhias farmacêuticas apresentaram todo um enredo para justificar a necessidade médica de tratar da agora grande população de "deprimidos", que elas mesmas adotavam e promoviam, com qualquer um, ou com uma combinação, dos seus próprios ADPs ou drogas sedativas benzodiazepinas de longo prazo. Apoiados em evidências mínimas, parece que eles planejaram, acreditaram nela e comercializaram a idéia de que a depressão era um distúrbio cerebral bioquímico transmitido geneticamente. Depois de mais de quarenta anos de experiências e pesquisas clínicas, nós agora sabemos que grande parte desse enredo foi, até certo ponto, embelezada pelas companhias farmacêuticas em comum acordo com alguns acadêmicos, e com outras pessoas nas agências governamentais e nas profissões que oferecem ajuda terapêutica. Parece que a maior parte do que eles promoveram não é verdade.

Eu descreverei mais problemas com as drogas antidepressivas no capítulo seguinte.

11. As Drogas Antidepressivas Funcionam? Mais Preocupações

Droga *Versus* Placebo: Inclinações Tendenciosas e Problemas

A partir de numerosos testes clínicos, as diferenças terapêuticas da eficácia das drogas ADP em comparação com a do placebo não são grandes nem expressivas. Mesmo assim, com a crescente crença na "base biológica" da depressão, e com a promoção dessa suposição, e descontando os fatores placebo que atuam nesses testes, o intenso *marketing* e as políticas sutis parecem ter sobrepujado os dados, de tal maneira que a prescrição de ADPs, desde pelo menos o início da década de 1980, tornou-se rotina. O psiquiatra clínico e pesquisador David Healy disse: "Quase qualquer pessoa que esteve infeliz por qualquer razão poderia agora ser diagnosticada como depressiva. Foi a essa altura que, creio eu, os psiquiatras involuntariamente entregaram a agenda para a indústria farmacêutica."[345]

Mas os problemas, com freqüência ocultados ou negligenciados, se desdobraram. Infelizmente, os *testes* originais de drogas de muitas companhias, por exemplo, têm apresentado a propensão para exibir várias *inclinações tendenciosas* importantes.

1. Muitos de seus pacientes testados também *tomavam outras drogas psicoativas ao mesmo tempo* que um ADP estava sendo "testado" neles. Em vários estudos, 25 por cento desses pacientes de "testes" também estavam tomando, ao mesmo tempo, drogas benzodiazepinas. Medawar observa que o *único* estudo que não permitiu o uso de outras drogas, foi o *único* dentre quatro estudos de testes a *não* encontrar *diferença* estatisticamente *significativa* entre os resultados de tratamento pela fluoxetina (Prozac) e pelo placebo.[523] Isso significa que em cada um dos outros três (isto é, em 75 por cento

desses testes de fluoxetina [Prozac]), *permitiu-se que outras drogas contaminassem os resultados* — e que esses testes não foram, portanto, adequadamente conduzidos, não se constituindo, pois, em testes "limpos".

2. Uma segunda falha foi que em todos os quatro testes fundamentais sobre a fluoxetina (Prozac), os investigadores utilizaram o que é chamado de período de *lavagem* (*washout*) *de placebo* para *excluir as pessoas que, já de início, respondem ao placebo.* Nesse procedimento manipulativo, *todos os sujeitos dos testes* receberam placebo na primeira semana, e cada um daqueles cuja classificação na Escala de Depressão de Hamilton caiu abaixo de 80 por cento do seu valor original foi [impropriamente] excluído.[523] Os investigadores poderiam argumentar que "metade" dos sujeitos eliminados teriam, de qualquer maneira, recebido fluoxetina. Mas nós não sabemos isso por um motivo, o de que muitas companhias farmacêuticas, com freqüência, variam as suas razões droga/placebo (eu cheguei a ver razões de 4/1). Então, por que adulterar procedimentos experimentais comprovados e introduzir uma tal inclinação tendenciosa, e potencialmente de grande peso, na credibilidade de qualquer teste importante com drogas?*

---

* Originalmente, no início da seqüência de quarenta anos de testes de farmacêuticas ADPs adequadamente conduzidos, Smith e seus colaboradores descobriram que a taxa de resposta média para o melhoramento por placebo era de 46 por cento (*versus* 61 por cento) para drogas ativas. Mas, posteriormente, essas lavagens de placebo, com freqüência ocultas, reduziam a taxa de resposta efetiva ao placebo em cerca de 13 por cento (uma cifra potencialmente significativa), de 46 por cento para 33 por cento.[709a] Cerca de trinta anos depois, em 1998, Kirsch e Sapirstein calcularam as intensidades (*sizes*) (isto é, a eficiência) do efeito médio para mudanças na depressão entre 2.318 pacientes aos quais fora aleatoriamente ministrado medicamento antidepressivo ou placebo em dezenove testes clínicos duplo-cego. Eles constataram que a intensidade do efeito para medicamentos ativos que *não são considerados antidepressivos* era tão grande quanto para aqueles classificados como antidepressivos, e em ambos os casos esses "placebos inativos" produziam melhoramentos que exerciam, no mínimo, 75 por cento do efeito da droga ativa. Um exame mais cuidadoso das intensidades pré- e pós-efeito, isto é, das diferenças entre indivíduos deprimidos designados para grupos de controle que não receberam tratamento ou que estavam na lista de espera, sugeriu que cerca de um quarto da resposta à droga é causado pela administração de um medicamento ativo, *metade é efeito placebo*, e a *quarta parte* restante é causada por outros fatores não-específicos. O psicólogo pesquisador Irving Kirsch (1998) disse: "Qual é a proporção da resposta ao medicamento antidepressivo que é duplicada pela administração de placebo? Sapirstein e eu calculamos essa cifra e encontramos um resultado de cerca de 75 por cento (Kirsch & Sapirstein, 1998). Os dados obtidos por Joffe e colaboradores (1996) indicam para essa cifra o valor de 65 por cento. A estatística da companhia farmacêutica chegou a uma estimativa de 71 por cento (Kirsch, 1998). Esse dados, todos eles provenientes de fontes publicadas, indicam que, na melhor das hipóteses, o efeito farmacológico do medicamento antidepressivo situa-se entre 25 e 35 por cento da resposta total à droga."[446-448]

3. Uma terceira falha potencial é que os testes com os ISRSs realizados antes de 1990 *duravam*, tipicamente, apenas cerca de *seis semanas*, e mais recentemente apenas *oito semanas*. Dificilmente esse tempo poderia ser considerado suficiente para as companhias farmacêuticas oferecerem aos clínicos dados fundamentais para que eles pudessem tomar decisões esclarecidas sobre se deveriam prescrever um ADP durante um período de vários meses ou mais longo — o qual as companhias farmacêuticas e os seus porta-vozes recomendam (algumas sugerem que as pessoas deprimidas tomem suas drogas por um ano e até por toda a vida).
4. Uma quarta falha é que o *procedimento duplo-cego* (no qual nem o pesquisador nem os sujeitos sabem se estes ingeriram a droga ou o placebo) é, *com freqüência, bloqueado ou invalidado* quando a pessoa experimenta um ou mais *efeitos colaterais* da droga, o que potencialmente *diz* para o pesquisador e para o sujeito que este de fato *ingeriu a droga ativa.*
5. Um quinto problema potencial envolve a inerente *inclinação tendenciosa para a motivação* da companhia farmacêutica que desenvolve a droga. Uma companhia farmacêutica precisa gastar vários milhões de dólares para desenvolver uma nova droga, à medida que esta passa por numerosas etapas trabalhosas que são exigidas para a concessão da licença. O enorme custo do projeto de cada nova droga que não resulte num produto licenciado e bem-sucedido pode ser uma drenagem financeira dos seus cofres, e assim há naturalmente uma grande pressão para produzir resultados "positivos" a partir dos seus testes. Poderia acontecer que os pesquisadores que eles pagam, dentro e fora da companhia, às vezes encontram resultados positivos porque os seus salários e concessões dependem disso? Outra variação dessa influência pode envolver o clássico *Princípio da Incerteza* de Heisenberg, segundo o qual o experimentador, inerentemente, influencia os resultados do experimento, e que, pelo simples ato de *observar*, essa influência ocorre de maneira desconhecida.
6. Uma sexta inclinação tendenciosa potencial é que os investigadores e repórteres podem *relatar ou interpretar erroneamente* a Escala HAM-D (Escala de Depressão de Hamilton, utilizada quase universalmente em testes farmacêuticas ADPs) de um sujeito. Como disse o psiquiatra clínico e pesquisador Bruce Greyson: "A escala 'padrão ouro' para medir a depressão nos estudos sobre drogas é a Escala de Depressão de Hamilton [HAM-D], e a maior parte dos estudos sobre drogas utiliza como critério para melhoramento uma diminuição de 50 por cento na classificação de um paciente. Na HAM-D, um paciente com 7 pontos é geralmente considerado deprimido, e com 15 pontos ele está seriamente deprimido; desse modo, se um

paciente ingressar num estudo sobre a droga com uma classificação HAM-D de 32, e depois de 4 semanas usando Prozac sua classificação é reduzida para 16, isto é computado como um tratamento bem-sucedido porque a classificação do paciente caiu em 50 por cento, mesmo que a sua classificação ainda continue na faixa 'seriamente deprimido'!"[317]

Essa inclinação tendenciosa potencial pode ser associada com a maneira como as companhias farmacêuticas, os pesquisadores e hoje, provavelmente, a maioria dos psiquiatras e outros profissionais que oferecem ajuda terapêutica definem "melhoramento". Greyson acrescentou: "Com o advento do *DSM-III* e, em seguida, do *DSM-IV*, os psiquiatras se livraram da tarefa de ter de identificar a depressão com a maneira como o paciente se sente e passaram a defini-la com as suas listas de sintomas do tipo 'cardápio chinês'. Por isso, agora, para estar deprimido você precisa ter pelo menos cinco sintomas, dos quais apenas um é se sentir triste; os outros são: diminuição de interesse pelas atividades, mudança de peso, alteração do sono, mudanças psicomotoras, sentimentos de inutilidade ou de indignidade, diminuição da concentração e pensamentos recorrentes sobre a morte (como é mostrado na Tabela 2.3 na página 29). Isso significa que se os antidepressivos corrigem a sua insônia, restauram o seu apetite e dão a você mais energia, eles podem, por definição, fazer com que você não fique mais deprimido, mesmo que você ainda se sinta como um morto requentado. E há uma profusão de dados para mostrar que os antidepressivos fazem apenas isto: eles ajudam a corrigir os assim-chamados 'sinais vegetativos de depressão' — a redução do sono, do apetite, da energia, da libido, etc. — mas não o ajudam, necessariamente, a se sentir melhor."[317]

David Healy disse que quando as companhias farmacêuticas testam os seus antidepressivos, elas geralmente medem não apenas a depressão (por meio de escalas como a HAM-D), mas também a qualidade de vida relatada. Porém, embora elas sejam rápidas em publicar as classificações melhoradas para a depressão, quase nunca tornam públicos os dados sobre a qualidade de vida, pois na verdade os antidepressivos não melhoram a qualidade de vida e, em alguns casos, eles a pioram.[339, 344]

Quando combinadas com essas seis sérias inclinações tendenciosas potenciais e, com freqüência, reais, as informações resumidas neste livro mostram que os ADPs são, como um todo, na melhor das hipóteses, apenas uma pequena porcentagem de pontos melhores do que o placebo. De maneira mais realista, eles são *quase equivalentes* ao placebo em sua eficiência para ajudar a melhorar a depressão. Além disso, o seu lado negativo é que eles são *caros*, como é mostrado na Tabela 12.3 no próximo capítulo, têm *efeitos colaterais incômodos* (Tabela 10.2 na página 122), e, embora raramente, em especial se estiverem envolvidos em interação com drogas e em overdoses, podem ser fatais.[39, 339, 396]

Análise de Testes de Drogas *Versus* Placebo

Evidências ainda mais fortes talvez provenham de recentes análises independentes dos numerosos testes clínicos de drogas que foram previamente conduzidos ou patrocinados pelas próprias empresas farmacêuticas. Por exemplo, o psiquiatra pesquisador Arif Khan e colaboradores avaliaram os testes de tratamento para nove drogas *antidepressivas* aprovadas pela FDA entre 1985 e 2000 sobre 10.030 pacientes deprimidos que participaram em cinqüenta e dois testes que avaliavam noventa e três braços de tratamento de uma droga nova ou prévia.[435a] Eles também examinaram treze testes de drogas *antiansiedade* aprovadas pela FDA sobre 8.340 pacientes ansiosos entre 1985 e 2000 que participaram em quarenta testes que avaliavam setenta e cinco braços de tratamento de uma droga nova ou prévia. Sua notável descoberta foi que *menos da metade* (48 por cento, 45/93) dos braços de testes de tratamento com drogas *antidepressivas* mostrou superioridade com relação ao placebo. Entre as drogas antiansiedade, a mesma porcentagem de 48 por cento (36/75) apresentou superioridade sobre o placebo. Esses dados mostram que tratamentos com drogas convencionais para a depressão e a ansiedade são superiores ao placebo em *menos da metade do tempo.* Portanto, em mais da metade dos testes (52 por cento), a resposta aos antidepressivos e ansiolíticos era *indistinguível* do *placebo.* Esses resultados replicam relatórios anteriores, feitos por pesquisadores independentes, sobre a pequena diferença entre as drogas antidepressivas e o placebo.[435a, 446, 448, 721] Eles também apresentam sérias dúvidas quanto à proposta de que os controles de placebo podem ser abolidos em testes clínicos. Com base nesses dados, se novos antidepressivos e ansiolíticos foram testados contra o tratamento "padrão" em vez do placebo, cerca de metade dos testes produzirá resultados inválidos.[435a]

O Prozac (fluoxetina) precisou de sete testes para se descobrir dois que mostravam superioridade sobre o placebo, e o Paxil (paroxtina) e o Zoloft (sertralina) exigiram ainda mais.[456a] Esses poucos estudos de testes de drogas analisadas são, portanto, os resultados mais positivos que as empresas farmacêuticas poderiam completar a fim de submeter suas constatações mais favoráveis às novas drogas para aprovação pela FDA. Desse modo, o estudo de Khan e colaboradores não foi capaz de examinar os cinco estudos negativos que mostraram que o Prozac não era melhor do que o placebo porque sua empresa farmacêutica aparentemente não os submeteu à FDA.[456a]

O mesmo se aplica aos outros fabricantes de medicamentos. De fato, as empresas farmacêuticas têm as exigências mais ínfimas que a Food and Drug Administration estabeleceu como adequadas para mostrar a "eficiência" de qualquer nova droga ADP. Sua única exigência é que se produzam dois estudos controlados por placebo, randomizados e do tipo duplo-cego que mostrem uma melhoria de 50 por cento na Escala de Depressão de Hamilton ao longo de cinco a oito semanas de ingestão farmacêuticas e que excedam significativamente a eficiência antidepressiva do placebo, que, com freqüência, é de apenas alguns pontos porcentuais. Por exemplo, dois resultados de estudos que se avizinham do sucesso de 55 por cento para os receptores da droga, em comparação com 45 por cento para os receptores de placebo, possivelmente garantiriam a aprovação da FDA, mesmo que esses estudos tivessem falhado em mostrar qualquer vantagem da droga seis vezes anteriormente.

Para a maior parte das pessoas que as ingerem, as drogas antidepressivas não funcionam bem. Uma droga ADP ideal reduziria especificamente os sintomas de depressão sem causar incômodos ou efeitos colaterais tóxicos. Mas não existe atualmente uma tal droga ideal. A despeito das alegações em contrário das companhias farmacêuticas, esses ADPs tendem a apresentar efeitos amplos e não-específicos, muitos dos quais induzem as pessoas a parar de ingeri-las, tais como sedação excessiva, estimulação excessiva, ganho de peso e anorgasmia — para nomear apenas alguns dos mais comuns. No campo da medicina, nós chamamos esses efeitos de "espingarda" (*shotgun*), indiscriminados, em oposição a um tipo de efeito de bala única. O psiquiatra clínico e pesquisador Thomas Moore disse: "Drogas antidepressivas são como um touro numa loja de porcelanas" (Moore *in* Healy, 2002). [345] O psiquiatra de Harvard e autor Joseph Glenmullen disse: "O funcionamento normal do cérebro é prejudicado pelas drogas antidepressivas" (*in* Healy[345]). Quando funcionam, para algumas pessoas elas podem ser tão eficazes em doses inferiores às recomendadas quanto o são nas doses recomendadas (especialmente em pessoas mais velhas), fato que nós aprendemos ao longo do tempo com muitas das drogas ADPs. Neste livro, eu não afirmo que nós não deveríamos usá-las de maneira alguma. Eu acredito que para algumas pessoas elas podem ajudar até um certo ponto, mesmo que para a maioria daqueles que as usam elas não funcionam tão bem quanto nós gostaríamos que o fizessem.

Riscos e Benefícios

Outra maneira de olhar para esse problema é comparar o risco relativo de tomar uma droga com o seu benefício potencial. Durante pelo menos trinta anos, médicos e outros profissionais da saúde estiveram cientes da importância de pesar essas duas realidades-chave. Embora eles tenham falado sobre razões risco-benefício e, mais recentemente, sobre a análise risco-benefício, eu ainda não encontrei uma descrição ou uma discussão clara para drogas psiquiátricas usadas habitualmente.

Com base em minha experiência de trinta anos nos campos da medicina do vício e da psicologia do trauma, eu estimei as razões risco-benefício das drogas psiquiátricas de uso comum e também não comum (ver Tabela 11.1). Eu também baseio essas informações no meu conhecimento da literatura (por exemplo, nas referências 39, 74, 339, 523, 676, para nomear algumas). A partir dessa visão geral, os leitores podem fazer suas próprias investigações e tomar suas próprias decisões considerando as suas situações pessoais e as de outras pessoas, situações nas quais qualquer uma dessas drogas poderia estar envolvida.

No meu trabalho clínico, vi muitos pacientes que desperdiçaram dinheiro e tempo tentando a ajuda de drogas antidepressivas, que passaram por dolorosos períodos de desabituação, e, é claro, também vi muitos outros que sofreram os efeitos tóxicos de antidepressivos, grande parte dos quais obteve pouco ou nenhum alívio dos seus sintomas depressivos. Vi também inúmeros pacientes ficarem viciados em estimulantes e benzodiazepinas, freqüentemente prescritos para pessoas deprimidas e ansiosas, que vivenciaram dolorosos períodos de desabituação e comportamentos de sair à procura de drogas. Ao contrário, eu nunca vi um paciente viciado em barbituratos, na droga antiansiedade buspirona ou nos principais tranqüilizantes, embora eu saiba que especialmente estes últimos são, com freqüência, tóxicos.

Baseando-se em sua extensa carreira clínica e de pesquisa sobre a depressão e as drogas ADPs, David Healy disse: "Com o uso crescente dessas drogas, tem havido um enorme aumento do número de pessoas que estão deprimidas. Isso não é o que se supõe que deva acontecer quando os tratamentos funcionam... A capacidade que elas têm para serem vendidas a nós ultrapassa de longe a sua capacidade para nos ajudar. É nesse ponto que os antidepressivos tornam-se parte do problema da depressão em vez de serem parte da solução."[345] O psiquiatra Joseph Glenmullen disse: "Eu não creio que exista uma epidemia de depressão, mas existe uma epidemia de prescrição de drogas antidepressivas."[345]

Talvez o seu maior prejuízo tenha a ver com a maneira como as drogas antidepressivas têm sido usadas durante os seus mais de quarenta anos de existência. Com freqüência excessiva, esse uso tem permitido às profissões que oferecem ajuda, e que as recomendam e as prescrevem, *negligenciar* muitas vezes o que parece a causa mais comum da depressão, ou associada à depressão: um histórico de trauma, e, mais comumente, de *traumas de infância repetidos.* Parece que essas experiências traumáticas estão entrelaçadas numa rede de outros fatores sutis e evidentes que podem preceder a depressão ou agravá-la. Esses fatores podem incluir: 1) a presença de outros distúrbios "co-mórbidos"; 2) uma dieta ou nutrição deficiente a mínima; 3) uma falta de exercícios regulares; 4) uma exposição excessiva às mídias televisionadas, cinematográficas e impressas que habitualmente retratam uma distorção negativa do nosso potencial e da nossa realidade humanos; 5) um sistema educacional obsoleto e, com freqüência, ineficiente; 6) um sistema religioso que, com freqüência, não é nutritivo para os nossos espíritos e 7) traumas contínuos e estressores significativos na vida adulta da pessoa.

Mesmo que as drogas ADPs tenham se tornado atualmente um suporte principal no tratamento de sintomas depressivos, há, pelo menos, doze outros meios de ajudar no tratamento, o que é parte da razão pela qual eu dei a este livro o subtítulo de "Alternativas para a Cura". Eu discuto essas possíveis alternativas no próximo capítulo.

Tabela 11.1 Análise da Razão Risco-Benefício das Drogas Psiquiátricas Comuns. A Razão Ideal é tão Próxima de Zero quanto Possível

(razões estimadas pelo autor 2002)

Droga	Razão R/B Estimada	Risco	Benefício
Antidepressivo ISRS*	Média (ver também Tabela 10.2)	• 25-80% de efeitos adversos incômodos, inclusive acatesia e suicídio/homicídio; • 33-86% têm uma síndrome de desabituação	Em média, a maioria delas é apenas 2-10% melhor do que o placebo na redução dos sintomas da depressão em 50%
Benzodiazepina Sedativa**	De média a alta	• Alta taxa de vício • Bloqueia sentimentos saudáveis e de aflição • Alta taxa de desabituação e longa incapacidade potencial	Excelente para o medo severo agudo (ansiedade). Por quanto mais tempo ela é tomada, menos eficaz (tolerância à droga) ela é em reduzir o medo
Buspirona (Antimedo/ ansiedade)***	Baixa	Baixo Risco	Cerca de 80% são ajudados
Principais Tranqüili-zantes****	De média a alta	• Disquinesia tardia • Síndrome de desabituação	Ajuda a abrandar algumas funções psicóticas Ajuda na família e no ambiente de trabalho
Placebo†	Zero	O mais baixo risco	33-70% são ajudados na depressão [446-8, 523-6]

Comentários

* Dos 2/3 das pessoas que recebem alguma ajuda, 1/3 é ajudado parcialmente e 1/3 experimenta uma ajuda maior. Com freqüência, a ajuda dura apenas poucos meses. O terço restante das pessoas não experimenta nenhuma ajuda.

** Se usadas, o são por apenas alguns dias, para se evitar efeitos que envolvam riscos. Para medo progressivo sério (ansiedade), a buspirona mais auxílios psicológicos, sociais e espirituais (ver Tabela 12.1) podem ajudar.

*** Abranda o medo (ansiedade); ajuda muitos com DEPT e pânico. Cara (como também o é a maior parte das drogas).

**** Ver *The Truth about Mental Illness* para comentários adicionais.

†Mostra como é deficiente o funcionamento de muitas drogas.

12. Alternativas para Curar a Depressão

A depressão é complexa. Dependendo da(s) causa(s), uma pessoa com depressão pode responder melhor a um ou mais dos seguintes auxílios de recuperação, enquanto outra com a mesma condição pode se beneficiar com outros. No entanto, a maior parte das pessoas encontrará ajuda usando uma combinação de vários deles. Procurar a combinação correta para si mesmo também é, com freqüência, fortalecedor, e pode ser, em si mesmo, outro tipo de auxílio no tratamento.

Atacando a Causa

Atacar a causa mais provável de qualquer problema e tratar dela deveria ser um "dado" para todos os problemas que se apresentam na medicina, na psiquiatria, na psicologia e em outras profissões relacionadas com a saúde (veja a Tabela 12.1). Mas, de algum modo, para a depressão e alguns outros distúrbios mentais e físicos, muitos clínicos que, por um lado, são bem-treinados e bem-intencionados, por outro lado tendem freqüentemente a utilizar uma abordagem do tipo "um tamanho que se ajusta a todos". Promovida e apoiada pela indústria de drogas e habitualmente imposta pelo negócio dos cuidados médicos gerenciados, como é descrito ao longo deste livro, essa abordagem estereotipada consiste em prescrever uma ou mais drogas ADPs, com — embora mais freqüentemente sem — algumas breves sessões de psicoterapia (se o paciente estiver com sorte).

Se os clínicos usarem esse tipo de abordagem não-específica para cada problema e distúrbio entre todos os pacientes e clientes que eles trataram, eles não apenas estiveram praticando uma assistência à saúde abaixo dos padrões, mas provavelmente estiveram prejudicando alguns dos seus pacientes e, desse modo, arriscando-se a serem processados por exercer a profissão de maneira inadequada. Mas a maior parte dos consumidores dos serviços à saúde não está ciente da importância de se fazer um *diagnóstico diferenciado*, que inclua uma consideração

Tabela 12.1 Auxílio no Tratamento para a Depressão: Algumas Diferenças Clinicamente Significativas

estimativas do autor e de outros pesquisadores

(compilado e expandido com base em referências citadas no texto)

Auxílio	Eficiência Estimada	Aceitabilidade	Toxicidade	Custo
Diferenciando a causa	++-++++*	De regular a boa	Depende de outros auxílios utilizados	Depende dos métodos
Companhia Positiva	+-++++	Boa	Baixa	Geralmente baixo
Psicoterapia individual	+-++++	Varia	Geralmente nenhuma para baixa	Moderado para alto
Terapia de Grupo	+-++++	De baixa a boa	Baixa	Baixo para moderado
Biblioterapia	0-+++	Comum	Rara	Baixo
Parar de fumar	+-++	Varia	Nenhuma	Baixo
Exercícios regulares	+-+++	De regular a boa	Baixa	Baixo
Nutrição, dieta	+-++	De regular a boa	Baixa	Baixo
Recuperação de co-morbidade	+-++++	De regular a excelente	Baixa	Varia
Restrição do sono	+-++	De regular a excelente	Baixa	Baixo
Exposição à luz matinal	+-++	De regular a excelente	Baixa	Baixo
Espiritualidade	+-++++	De boa a excelente	Baixa	Baixo

* Potencial para ser eficiente: 0 = Nenhum; + = 25%; ++ = 50%; +++ = 75%; ++++ = 100%.
Em geral, o resultado depende da motivação, da persistência e do trabalho vigoroso do indivíduo, combinados com o conhecimento e as habilidades do(s) clínico(s) e da conformidade entre eles. Esse processo não pode ser apressado.

cuidadosa de todas as suas opções causais e terapêuticas, especialmente na área da saúde mental.

Qualquer uma das seguintes situações ou problemas ou uma combinação deles pode ser um fator no agravamento e, às vezes, na causa dos sintomas da depressão, como eu mostro ao longo deste livro. Elas podem incluir: 1) um histórico de traumas significativos durante a infância ou num período posterior da vida, 2) um grande estressor recente (por exemplo, um trabalho importante, uma discórdia pessoal ou num relacionamento), 3) uma grande mudança recente (por exemplo, mudança ou perda de trabalho, separação, divórcio, mudança geográfica, nascimento de um bebê, incapacidade, perda de uma pessoa amada), 4) uso excessivo de álcool ou de outras drogas psicoativas, legais ou não, 5) algumas drogas prescritas (por exemplo, alguns anti-hipertensivos, tais como propranolol, bloqueadores H_2 para úlceras no estômago, anticoncepcionais orais e corticosteróides), e 6) doença física debilitante. Devido ao fato de serem tão comuns e acessíveis no trabalho do tratamento e da recuperação, neste livro eu me concentrei nos estressores, e especialmente nos traumas. Se os fatores acima são eliminados ao longo do tempo, um fator familiar ou genético pode ser considerado (embora nós não possamos mudar nossos genes — mesmo que um defeito genético real venha a ser comprovado).

Chegar a um diagnóstico e a um plano de tratamento mais precisos pode levar de poucos até muitos minutos extras, ou uma ou duas sessões extras para avaliação, ou até mesmo mais. Mas fazer isso pode, em última análise, poupar tempo e problemas tanto para o clínico como para o paciente a longo prazo, e geralmente leva à prescrição ou à recomendação de um tratamento mais apropriado e efetivo.

Companhia Positiva

Na virada do século vinte, Kraepelin prescreveu para a depressão a remoção do paciente de um ambiente humano negativo e a sua submersão na companhia de pessoas felizes (seguras, "para cima", otimistas, confiáveis).[381] Meyer acrescentou uma versão relacionada de psicoterapia do tipo "senso comum", caracterizada por "...traços bondosos, humanos, e um perscrutador uso prático do histórico da vida do paciente e de sua situação atual... [dedicando] cuidadosa atenção ao ... ambiente da [pessoa] e à maneira como o paciente poderia... ser mais bem-servido por ele". Meyer também voltou a atenção para o sono e a nutrição, a terapia ocupacional, a hidroterapia e a recreação, seguindo um regime de trabalho, repouso e jogo, socialização e discussão com clínicos.[381]

Mas por que esses modernos pioneiros recomendariam uma tal abordagem para aquilo que algumas pessoas atualmente acreditam que seja um problema biológico-genético? Poderia ocorrer que eles tivessem observado ou suspeitado que o trauma era um fator causal e/ou percebido que uma tal prescrição realmente ajudaria as pessoas a se recuperarem de modo mais efetivo? Quase um século depois, a psicoterapeuta e autora Susan Forward e Craig Buck em seu livro *Toxic Parents* (Pais Tóxicos) descreveram pessoas tóxicas, inclusive pais. Com essa expressão eles se referem a pessoas que — geralmente sem intenção — física, sexual, mental e/ou emocionalmente maltratam seus filhos.[271a] Mas pode não se tratar simplesmente de pais-problema. Pode ser de toda a família e do ambiente doméstico que as pessoas precisam se livrar para se recuperarem. Por exemplo, no estudo ACE, sobre experiências de infância adversas, Felitti e colaboradores notaram que 59 por cento de uma população clínica geral relataram ter vivenciado traumas de infância. Cerca de 19 por cento dos entrevistados relataram que havia uma pessoa com doença mental na família.[254] Pode um pai (ou mãe) mentalmente doente — por exemplo, com depressão — provocar um impacto em seu filho(a) de tenra idade, de modo que criança adote algumas ou muitas das atitudes, estados de ânimo e comportamentos que ela viu modelados em seu pai (ou mãe)? O estudo ACE e outros sugerem isso.[434] Não são apenas as nossas famílias perturbadas que podem prejudicar as crianças. Nossas mídias de televisão e cinema constantemente nos bombardeiam com programas que são, em sua maior parte, estúpidos e, com freqüência, violentos.[568] Os shows de notícias e os jornais tendem a só fazer cobertura do negativo. Essa exposição constante ao negativo é provavelmente um fator importante na origem de uma parte do nosso *stress.*

Em meu trabalho ajudando sobreviventes de traumas durante mais de vinte e cinco anos, eu percebi o quão difícil pode ser para eles aceitar um relacionamento seguro — por exemplo, um daqueles normalmente encontrados na maioria dos cenários de psicoterapia individual e de grupo. No entanto, é esse o lugar para eles se sentirem seguros o suficiente para se arriscarem a ser reais e a expressarem seus eus verdadeiros, enquanto se curam dos dolorosos efeitos do trauma.

Terapia ou Aconselhamento Individuais

A terapia individual pode ser uma boa maneira para começar a cura da depressão. Idealmente, o clínico avaliará a pessoa com relação à causa mais provável dos seus sintomas e problemas, suas opções de tratamento e o melhor curso de tratamento e de recuperação. É importante que haja uma confortável relação de conformidade entre paciente e clínico. Se há um histórico de trauma infantil e se a pessoa deprimida quer trabalhar sobre ele, é importante que o terapeuta tenha uma base de conhecimentos e de habilidades nessa área a partir da qual ele possa guiar seus pacientes. Um dos principais componentes da cura tanto na terapia individual como na terapia em grupo está no processo de contar a nossa história do que aconteceu e de expressar a nossa dor para pessoas confiáveis ao longo do tempo.[170, 360, 371, 582-3, 798] Eu descrevo alguns exemplos de estudos que mostram a eficácia da terapia individual e em grupo no próximo volume.

O psiquiatra Paul Fink disse que terapeutas de orientação psicodinâmica se aprofundam mais na abordagem da causa ao considerar a possibilidade de um conflito inconsciente que pode impulsionar a depressão.[261a] Em vez de reconhecer nos eventos conscientes ou reais a *única* causa, eles exploram esses eventos para saber se eles também podem estimular ou desencadear questões mais profundas. Por exemplo, em pacientes deprimidos que foram traumatizados há freqüentemente raiva reprimida contra o perpetrador do abuso e contra o pai (ou mãe) que não os protegeu ou acreditou neles quando eles pediram ajuda. Eles habitualmente se sentem culpados e envergonhados com a sua raiva. Muitos experimentaram perdas sérias, e sua depressão também pode ser ativada pelo medo do abandono por outras pessoas importantes nas suas vidas.

Os terapeutas podem abordar as causas de maneiras diferentes. Alguns estão satisfeitos em descobrir eventos importantes do passado. Outros vão mais fundo, procurando o significado da ligação entre a depressão e os traumas de infância e outros traumas. Descobrir essas conexões pode ser essencial para acabar com as depressões recorrentes, que podem ser estimuladas pelo trauma e por "eventos" a ele relacionados. Os exemplos incluem: o aniversário de uma morte, um feriado específico, uma fantasia passageira de querer matar alguém, ou outros eventos singulares que poderiam, de outro modo, ser considerados "irrelevantes". Num dos casos, uma mulher bem-sucedida fica deprimida nos principais feriados. Seu tio a violentara repetidamente desde quando ela tinha seis anos de idade até os dezesseis anos, toda vez que ele a visitava nesses feriados. Seu ódio por ele tornou-se então manifesto, e também nas subseqüentes depressões ansiosas nas épocas de feriado. Sua depressão a impedira de atuar sobre a sua raiva. Esse tipo de análise pode ajudar as pessoas a fazer as conexões apropriadas, e a obter um entendimento cognitivo e emocional profundo sobre a sua dor, e finalmente se libertar dela.[261a]

A psicoterapia pode abordar esse problema e garantir que a pessoa entenda como a sua participação ativa ajuda na sua recuperação em todos os níveis, mais a importância de um tratamento subseqüente apropriado. Independentemente de qual seja o seu tipo — psicodinâmico, cognitivo, comportamental ou interpessoal — as sessões *regulares* de terapia são, com freqüência, especialmente úteis. Pelo menos dez sessões semanais constituem o número ideal para se começar o processo de recuperação, a fim de assegurar que a pessoa siga o plano de recuperação, e determine se ela está sendo beneficiada por ele. Alguns pacientes se lançam num "vôo para a saúde" (que os faz sentir súbita e inadequadamente melhores) para evitar a terapia. Fink disse: "Num caso que eu tive no início de minha carreira, uma pessoa foi prematuramente dispensada e se matou. Terapeutas experientes sabem como reconhecer e impedir isso. Outras mudanças recomendadas no estilo de vida, bem como uma tentativa com drogas ADPs, são habitualmente secundárias para a psicoterapia e também podem ser difíceis de se realizar. Por exemplo, parar de fumar, exercitar-se e tratar a co-morbidade podem ajudar, mas isoladas podem não ser suficientes para aliviar a depressão." [261a]

Terapia de Grupo

A terapia de grupo tem-se revelado um recurso eficiente para ajudar as pessoas a se curarem da depressão. Alguns clínicos recomendam a terapia de grupo como um tratamento de escolha para adultos sobreviventes de traumas, muitos dos quais têm depressão ou outros distúrbios como um problema evidente. Tratando de inúmeros sobreviventes de traumas, tanto em terapia individual como de grupo, eu tenho notado que com ou sem drogas ADPs, muitos experimentam uma melhoria da sua depressão ao longo dos primeiros meses do seu trabalho de recuperação (alguns também podem piorar por algum tempo, apenas para melhorar gradualmente mais tarde). Sentindo-se melhor temporariamente, há uma tentação de interromper a terapia. Mas a cura dos efeitos do trauma geralmente leva vários anos de contínuo trabalho de recuperação. Aqui, o enfoque do grupo é crucial. Para sobreviventes de trauma "deprimidos", o enfoque mais eficaz do grupo é ajudar os membros a relacionarem suas dores, distúrbios e questões atuais com seus traumas recentes e especialmente com os passados. Um grupo de educação não é uma psicoterapia de grupo, embora possa ser útil se ensinar a respeito dos efeitos do trauma e como se curar deles. A eficiência de uma terapia de grupo geral está em algum lugar entre um grupo de educação e um grupo com enfoque no trauma (Estágio Dois da recuperação). A expressão "com enfoque no trauma" significa abordar todos os efeitos do trauma da pessoa, inclusive suas necessidades de limites saudáveis e outras habilidades da vida.[296]

Biblioterapia

Ler a respeito do que é a depressão e do que são outros distúrbios, de como eles se desenvolvem e como lidar com eles pode ajudar.[803] Inúmeros livros estão disponíveis. Eu listei uma seleção limitada nas referências,[170, 171, 179] e há muitos

Tabela 12.2. Estimativas de Co-Morbidade: A Co-Ocorrência de Distúrbios

(veja também os capítulos 2 e 3 da referência 655a, e a 643)

Distúrbio	Depressão	Distúrbios de Ansiedade	Dependência Química	DEPT	Distúrbios da Personalidade	Esquizofrenia	Problemas Médicos
Depressão	———	**Mais da metade**	**Comum 9-98% (depressão secundária)**	**Até 80%**	**Comum**	**Comum**	**Comum**
Ansiedade	Mais da metade	———	Comum (ansiedade primária e secundária)	Usual no DEPT	Comum	Usual	Comum
Dependência Química	9-98% (depressão secundária)	Comum (ansiedade primária e secundária)	———	Comum	Até 65%, em especial no DPAS e no DPL	10-15%	Comum
DEPT	Até 80%		Comum	———	Comum		Comum
Distúrbios da Personalidade	Comum	Comum	Até 65%, em especial no DPAS e no DPL	Comum	———		
Esquizofrenia	Comum	Usual	10-15%	Comum		———	
Problemas Médicos	Comum		Comum	Comum			———

DEPT = distúrbio de *stress* pós-traumático, DPAS = distúrbio de personalidade anti-social, DPL = distúrbio de personalidade limítrofe outros livros úteis que não estão incluídos aqui. *Advertência*: Alguns livros sobre a depressão e outros distúrbios mentais podem ter um enfoque estreito, descrevendo apenas uma teoria sobre causa genética e biológica, omitindo o trauma como um fator comum e recomendando drogas como o tratamento escolhido. Livros e artigos desse tipo, inclusive alguns encontrados na Internet, podem ser contraproducentes, pois podem implicar que, de algum modo, as pessoas aflitas tenham algo de inerentemente errado com elas, o que pode piorar sua já baixa auto-estima e desviá-las do caminho que as levaria a descobrir e abordar as causas mais prováveis da sua dor.

Parar de Fumar

Uma vez que se mostrou que o hábito de fumar cigarros e outros produtos do tabaco agrava a depressão, e pode às vezes causá-la, é possível que parar de fumar ajude a reduzir os sintomas e a gravidade da depressão.[216, 254, 811] Assim como acontece quando um alcoólico ou uma pessoa dependente de drogas param de beber e de se drogar, os efeitos benéficos de parar de fumar podem demorar um certo tempo para se manifestar, algumas semanas ou mais depois que o fumante completou um período de abstinência da nicotina e do seu comportamento de fumante que, com freqüência, é emocionalmente doloroso.

Exercícios Regulares

Para muitas pessoas, o exercício regular é um antidepressivo natural e pode funcionar estimulando a liberação de endorfinas no corpo, do qual elas são um dos analgésicos naturais. Fazer exercícios regularmente pode exigir de nós uma grande autodisciplina e motivação interior. Para ser mais eficaz, nós deveremos nos exercitar, provavelmente, no mínimo três vezes por semana. Se o empenho durante o exercício for suave, ele deveria ser praticado quase diariamente. Todos esses exercícios deveriam ser feitos até o limite de tolerância física individual da pessoa. Finalmente, o benefício maior tende a vir do exercício aeróbico. Embora os exercícios regulares funcionem de maneira mais eficaz para uma melhoria a curto prazo,[339] sua eficiência a longo prazo, mesmo sendo promissora, ainda não foi adequadamente avaliada.[477]

Figura 12.1. Diagrama de Venn da Co-Morbidade
Comum Estimada Entre Sobreviventes de Traumas de Infância

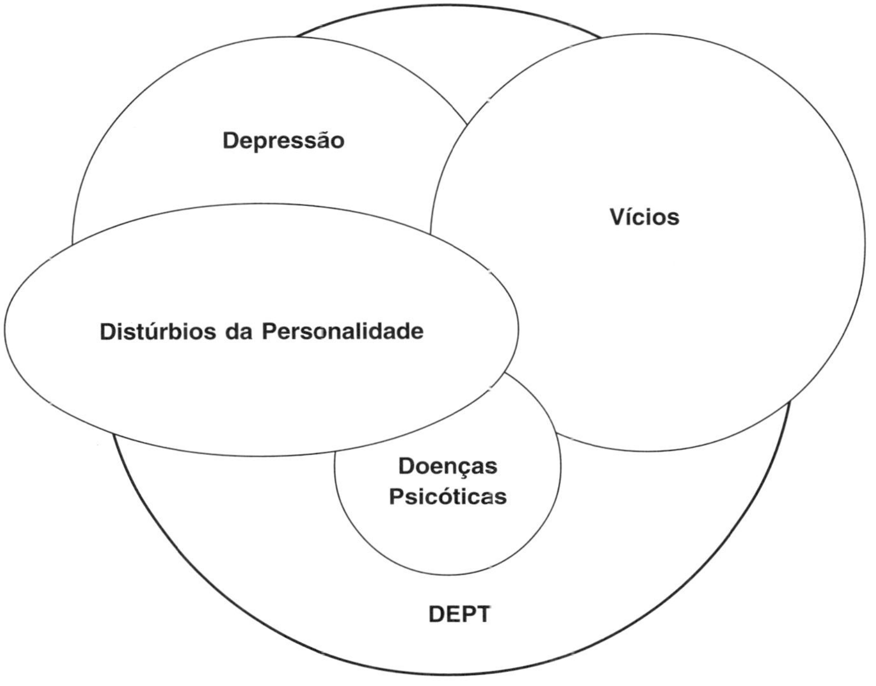

A **ansiedade/distúrbio de ansiedade** é comum entre todos esses cinco distúrbios.
Os distúrbios **dissociativos** também compartilham da co-morbidade com eles.
O trauma de infância é a *base comum* de todos eles.

Recuperação com Relação à Co-Morbidade

Inicialmente, na década de 1960, a co-morbidade era definida como dois ou mais distúrbios presentes na mesma pessoa ao mesmo tempo. Mais tarde, ela passou a significar sua ocorrência em qualquer época durante a vida de uma pessoa. A depressão ocorre, com freqüência, na presença de outros distúrbios mentais ou físicos, cujos exemplos mais comuns eu mostro na Tabela 12.2. Às vezes, a depressão pode surgir como um *resultado* deles. Por exemplo, quase *todas* as doenças mentais ou físicas debilitantes, ou que ofereçam risco de vida, também podem romper as nossas capacidades a tal ponto que nos sentimos, de algum modo, arrastados para o desencorajamento ou o desespero. Perder o nosso funcionamento físico ou mental pode provocar rupturas, e ser angustiante e extenuante e, portanto, "depressivo". Em vez de reconhecer uma tal dor emocional como parte natural do processo de aflição que ocorre quando sofremos uma grande perda, nós — e as pessoas ao nosso redor — podemos erroneamente chamar isso de "depressão", quando na verdade pode não ser. O que talvez nós precisemos fazer é, em vez disso, conversar com pessoas de confiança sobre sentimentos e preocupações relativas às nossas perdas atuais ou potenciais. Mas fazer isso pode parecer uma tarefa demasiadamente dolorosa, consumidora de tempo ou não-confiável. Aparelhados com a estrutura mental que nos faz acreditar que, na sua maioria, os sentimentos mais dolorosos são "depressão", podemos adotar esse rótulo sem considerar outras possibilidades e alternativas. Embora alguns estudos tenham mostrado que a cura é mais difícil quando há mais co-morbidades, eu constatei que isso pode depender mais do *tipo* de distúrbio co-mórbido presente e do fato de o trauma de infância ser ou não seriamente abordado numa seqüência de *etapas sensatas*, que eu examino no Capítulo 14.

É natural desenvolver os sintomas da depressão quando perdemos uma parte importante da nossa capacidade para funcionar mental, emocional, física, social ou financeiramente. Esse tipo de perda pode *resultar do fato de* termos um distúrbio físico ou mental, como, por exemplo, DEPT, esquizofrenia, alcoolismo ou um derrame. É comum a "depressão" se encontrar presente entre pessoas com todos os tipos de condições debilitantes. Por exemplo, relatou-se a ocorrência de sintomas de depressão em até 80 por cento de pessoas com DEPT, 65 por cento com esquizofrenia, 50 por cento ou mais com alguns distúrbios de personalidade e em mais da metade (com um amplo espectro que vai de 9 a 98 por cento) de pessoas com alcoolismo e outras dependências químicas.[420, 655a]

A depressão pode ser uma conseqüência de intoxicações e abstinências repetidas ou contínuas dos dependentes do álcool ou de outras drogas. Alternativamente, pessoas podem beber álcool ou ingerir drogas para automedicar a depressão.[643] (A depressão também pode resultar do fato de se ter vivido ou de se viver com um viciado no passado ou atualmente.) Para ilustrar mais extensamente a co-morbidade, eu mostro um exemplo dos inter-relacionamentos entre vários distúrbios na Figura 12.1.

A co-morbidade é um "selo de qualidade" para indicar traumas na infância repetidos. Quanto mais *sério* é o trauma, mais *jovem* a pessoa era quando foi traumatizada, e quanto *mais durou* a repetição, mais comum é a co-morbidade resultante. Subseqüentemente, quanto mais a existência do trauma *não for confirmada* e *não for impedida* por outras pessoas ao redor da criança, maior é a probabilidade de a co-morbidade vir a se tornar mais séria.[66-7, 263-4] Finalmente, quanto mais os efeitos do trauma forem tratados com "Band-Aids", tais como dar exclusivamente antidepressivos ou outras drogas psicoativas a um deprimido sobrevivente de trauma, mais provável será que a co-morbidade se entrincheire nele. A pessoa é então, em geral, deixada confusa, envergonhada e desesperançada. O caminho para a pessoa romper esse círculo vicioso é fazer um histórico completo do trauma e, se possível, ligar a depressão, ou qualquer outro distúrbio co-mórbido que estiver presente, ao trauma, e começar a abordar a sua dor a partir dessa perspectiva.

Ao longo deste livro e do próximo, eu apresento cerca de trezentos artigos publicados e apoiados em base de dados que descrevem as associações e os efeitos dos traumas. Na maior parte desses artigos, a co-morbidade, enquanto presença concorrente de dois ou mais distúrbios que estão associados com um histórico de trauma de infância, foi uma constatação *replicada*. Esse resultado era verdadeiro mesmo entre os vários estudos *prospectivos*, que enfatizavam a estreita relação entre trauma e co-morbidade. A co-morbidade era mais comum e apresentava um maior número de distúrbios quanto maior fosse o *grau* de *severidade* do trauma, quanto *mais jovem* era a criança quando sofreu o trauma, quanto mais vezes ele foi *repetido*, e finalmente *não-atacado* (isto é, ignorando a existência do trauma, os sentimentos da criança e a necessidade de protegê-la contra ele). Esses distúrbios estavam comumente associados com a ocorrência subseqüente de um alto grau de co-morbidade múltipla. Em seu recente livro *The Trauma Model: A Solution to the Problem of Comorbidity in Psychiatry (O Modelo de Trauma: Uma Solução para o Problema da Co-Morbidade na Psiquiatria)*, o psiquiatra clínico e pesquisador Colin Ross descreve com mais detalhes a estreita relação entre distúrbios mentais comuns e menos comuns e o trauma de infância.[643]

Alcoolismo/Dependência Química e Depressão

O alcoolismo e outras dependências químicas têm uma relação especial com a depressão, no sentido de que, para muitas pessoas aflitas, o abuso prejudicial de substâncias químicas tende a causar ou agravar a depressão. Tem-se demonstrado essa relação apontando-se para o resultado comum de uma diminuição, ou mesmo do desaparecimento, dos sintomas depressivos quando a pessoa pára de usar álcool ou outras drogas durante um período de uma a várias semanas. (Uma questão relacionada é que membros de *famílias* de alcoólicos freqüentemente tornam-se deprimidos. Isso levanta a questão de se saber se a depressão é genética na sua transmissão ou se, em vez disso, as pessoas desenvolvem sintomas de depressão associados com o fato de terem vivenciado os traumas de uma família com membro alcoólico ativo ou dependente de drogas. Meus colegas Rob Anda, Vincent Felitti, outros pesquisadores e eu mostramos recentemente que não é o alcoolismo parental em si mesmo que causa a depressão, mas as experiências adversas na infância que estão associadas a ele.[10]

Outras pessoas com dependência química podem beber ou usar drogas em excesso, em parte, *porque elas estão deprimidas*. O psiquiatra clínico e pesquisador Martin Keeler disse que "... um diagnóstico preciso de depressão só pode ser feito quando o paciente não está intoxicado nem experimentando a abstinência de álcool [ou de outra droga]..." [420] Uma observação relacionada, e mais geral, é a de que a dependência química ativa pode imitar e freqüentemente *imita muitos distúrbios mentais*, de modo que muitos clínicos que trabalham no campo dos vícios seguem a abordagem de Keeler quando seus pacientes, no começo do processo de abstinência, manifestam sintomas ou sinais de doenças mentais. A experiência clínica mostra que quando esses outros problemas ou distúrbios co-mórbidos são atacados e tratados apropriadamente, a depressão e outros distúrbios mentais podem melhorar em um grau ou outro. Se um clínico prescreveu uma droga psicoativa quando esse paciente começou a parar de beber ou de se drogar, um observador pode presumir que a droga causou a melhora, quando uma causa mais provável seria a sua abstenção do álcool ou de outra droga que provoca vício. Se o distúrbio mental não melhorar com até duas semanas de abstinência, nós podemos supor que se trata de um distúrbio separado e procurar outras causas, e então tratá-lo em conformidade com isso.

Com base nos fatos acima, nós podemos construir o seguinte diagrama:

Distúrbios mentais e/ou físicos ←——→ **Outros distúrbios mentais e/ou físicos**

Devido ao fato de que esses distúrbios co-mórbidos podem interagir uns com os outros como foi descrito acima, e também de outras maneiras, pode ser difícil se curar da co-morbidade. Para complicar ainda mais o quadro, embora ao mesmo tempo, paradoxalmente, o simplifique, tem-se a relação do trauma com a doença mental e física. O seguinte diagrama, embora muito simplificado, pode nos ajudar a entender melhor as relações da co-morbidade:

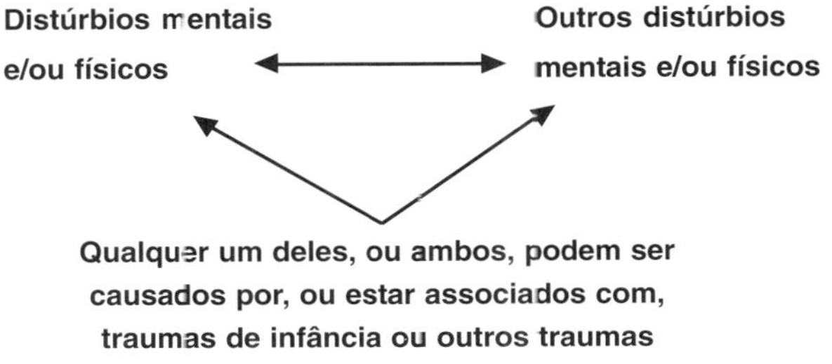

Restrição do Sono e Terapia da Luz Matinal

A restrição ou privação do sono tem sido utilizada durante anos na Europa para o tratamento da depressão. Alguns a chamaram de o mais eficiente dos tratamentos isolados, embora seu lado negativo seja que o seu efeito antidepressivo é transitório, durando em geral não mais do que alguns dias.[249] O tratamento pela luz matinal consiste em expor a pessoa à luz do dia, de manhã, durante trinta a sessenta minutos, o que também tem um efeito antidepressivo eficaz, embora igualmente transitório. Inicialmente utilizado para o "distúrbio disfórico afetivo sazonal" ("*winter blues*" ou "SAD"), ou "depressão de inverno", tem sido recentemente utilizado para tratar e possivelmente impedir a depressão. [211a] Quando combinados, esses dois métodos baratos e eficientes podem ajudar a acelerar a recuperação de uma pessoa reduzindo o desconforto dos seus sintomas depressivos. Como a maior parte dos auxílios para a recuperação citados acima, esses estão prontamente disponíveis para a pessoa deprimida (ou para serem sugeridos a ela pelas pessoas que a cercam), pois podem ser usados sem prescrição médica. É interessante constatar que alguns programas de tratamento de pacientes internados nos Estados Unidos começaram a incorporar esses métodos à sua abordagem de tratamento, acreditando que eles possam ter um efeito aditivo ou mesmo "incentivador" para ser utilizado simultaneamente com drogas antidepressivas.[249] Os pacientes que utilizam esses métodos sentem-se melhores, encorajados e freqüentemente motivados para retornarem às suas vidas diárias produtivas.

Tabela 12.3. Auxílio no Tratamento da Depressão com Drogas e Eletroconvulsivos: Algumas Diferenças Clinicamente Significativas

de acordo com estimativas do autor e de outros pesquisadores com base nas referências 74, 75, 339, 381

Auxílio	Eficiência Estimada	Aceitabilidade	Toxicidade	Custo
Drogas ADPs	+-+++ (a toxicidade pode limitar a eficiência)	Moderada; com freqüência depende da eficiência, dos efeitos colaterais e do custo	De baixa a alta	De moderado a alto
Tratamento por eletrochoque (TEC) ou tratamento eletroconvulsivo	+-++ (uma alta toxicidade pode limitar a eficiência)	Os pacientes são freqüentemente encorajados ou "empurrados" para recebê-lo, de modo que, na melhor das hipóteses, ele é apenas semivoluntário	Alguns ou muitos danos à memória, cognição e motivação (depende do número de "tratamentos" por choque)	Causa danos cerebrais [75]

* Potencial para ser eficaz: 0 = nenhum; + = 25%; ++ = 50%; +++ = 75%; ++++ = 100%.

ESPIRITUALIDADE

A espiritualidade diz respeito ao nosso relacionamento com o nosso eu, com os outros e com o Universo (Poder Mais Elevado, Deus/Deusa/Tudo-o-Que-É), e é muito mais do que isso. Embora muitos aspectos da religião sejam uma parte dela, a espiritualidade contém e transcende as religiões organizadas. Portanto, a espiritualidade é como um guarda-chuva, e cada caminho religioso ou crença é um raio desse guarda-chuva. Se nós temos um relacionamento amoroso e nutritivo com o Deus do nosso entendimento, é provável que possamos usar esse relacionamento para que ele nos ajude a nos curar. A prece, a meditação, o trabalho com os Doze Passos, outras práticas espirituais e mais outras são escolhas cujo uso nós podemos considerar.[17, 219, 786]

Um motivo de preocupação é que alguns aspectos da religião organizada podem ser traumáticos por si mesmos e, por isso, agravar muitos distúrbios físicos e mentais. Aqui eu me refiro à ênfase excessiva no pecado, na culpa e no medo que algumas religiões podem alimentar. Eu tenho visto, ao longo dos anos, numerosos pacientes fazer esses tipos de observações em sua recuperação. Quando eles, finalmente, conseguem lidar com grande parte de sua culpa, vergonha e medo, e se libertar deles, com freqüência se tornam capazes de usar a espiritualidade e/ou a religião como um eficiente auxílio na recuperação.

Uma vez que a maioria dessas escolhas de auxílio para a recuperação descritas acima são específicas para traumas, elas também podem ser utilizadas como uma vantagem para ajudar a curar outros tipos de "doenças mentais" que estão relacionados com traumas. Outros métodos também podem ajudar aqueles que têm DEPTs simultâneos, inclusive o da dessensibilização e reprocessamento do movimento do olho (DRMO).[675] A neuroterapia (*biofeedback* de EEG) também pode ajudar uma pessoa a se recuperar da depressão, técnica que eu descrevo no próximo volume.

ELETROCHOQUE

Nos últimos 2.400 anos de história registrada, foi apenas a partir do início da década de 1960 que passamos a utilizar *drogas* mais seriamente para tentar tratar da depressão. Inicialmente considerado bárbaro e recentemente "seguro e eficiente" por aqueles que o administram, o *tratamento por eletrochoque* (TEC, que também é abreviatura para tratamento eletro*convulsivo*) tem sido utilizado para tentar ajudar pessoas gravemente "deprimidas" desde 1940. Mas o que nós sabemos a respeito dele? Em 1998, o psiquiatra pesquisador Peter Breggin revisou 184 artigos e livros sobre o TEC e relatou que "...a maior parte dos estudos controlados sobre a sua eficácia na depressão indica que esse tratamento não é melhor do que o placebo, e não tem efeito positivo sobre a taxa de suicídios... O TEC é um *dano elétrico infligido na cabeça*, produzindo, tipicamente, um delírio com disfunção mental global (uma síndrome cerebral orgânica aguda). Efeitos irreversíveis significativos provocados pelo TEC são demonstrados por muitos estudos, incluindo: 1) Inventários de lembranças de eventos autobiográficos e atuais antes e depois do TEC; 2) Observações subjetivas retrospectivas sobre a memória; 3) Estudos sobre a autópsia de animais e de alguns seres humanos. O TEC causa *neuropatologias graves* e *irreversíveis no cérebro*, incluindo *morte das células*. Ele pode eliminar grandes quantidades de memórias retrógradas embora também produza *disfunções cognitivas permanentes*" [os itálicos são meus].[75]

Essas informações são perturbadoras. Infelizmente, o TEC tem sido usado em proporção crescente na América do Norte, e há tentativas em andamento para promover ainda mais o seu uso no mundo todo como "o antidepressivo mais eficiente". Ele está adquirindo uma importância considerável como meio de se fazer dinheiro. Quem está protegendo os pacientes que não têm conhecimento disso? Minha suposição é que, em sua maior parte, as pessoas submetidas ao TEC são sobreviventes de traumas de infância moderados a severos, e uma abordagem focalizada no trauma pode ser útil — e com certeza é mais segura do que o TEC. Breggin conclui que o "TEC contemporâneo é mais perigoso uma vez que as doses correntes são maiores do que as empregadas em estudos clínicos e de pesquisa anteriores. As mulheres idosas, um grupo especialmente vulnerável, estão se tornando o alvo mais comum do TEC. Devido aos fatos de a razão risco/benefício ser inclinada para a esquerda, de ele ter natureza fundamentalmente traumática, de tantos pacientes serem vulneráveis e incapazes de se proteger, e de os defensores do TEC malograrem em oferecer autorizações bem-informadas aos pacientes — o TEC deveria ser banido".[75]

Muito antes das drogas e do TEC, nós já tínhamos uma experiência acumulada de auxílios de recuperação muito mais seguros e capazes de oferecer apoio e cura sem a necessidade de drogas. Além disso, recentemente aprendemos mais a respeito de muitos desses auxílios, e o aprendemos de diferentes maneiras. Eu mostro um resumo de várias características de doze deles na Tabela 12.1, acrescentando também o tratamento por eletrochoque *apenas para comparação* e para complementar a Tabela 12.3., pois eu não o recomendo.

13. Uma Abordagem Inicial para o Tratamento da Depressão

A depressão e outros distúrbios mentais são difíceis de serem curados. Geralmente, o uso dos auxílios de recuperação selecionados requer persistência, e também é preciso paciência para completar o trabalho.[792-3]

Ao escolher um ou, de preferência, mais de um desses auxílios, a pessoa deveria primeiro determinar qual a provável origem dos seus sintomas depressivos. Ao examinar esses sintomas a partir de uma perspectiva estatística, ou "mais provável", o fator causal mais comum da depressão, ou o elemento mais comumente associado a ela, é o fato de o paciente ter um histórico de trauma de infância ou outros traumas. Uma perda significativa ou um trauma na vida adulta também podem ser fatores causais ou agravantes.

Uma pessoa afetada que não determinou a causa mais provável dos seus sintomas pode cogitar em fazer uma consulta com um profissional que lhe ofereça ajuda terapêutica. Mas, ao fazê-lo, ela pode encontrar uma certa dificuldade em descobrir um clínico capaz de ajudá-la de maneira mais eficiente, incluindo alguém que tenha perícia e experiência suficientes para avaliar e prestar assistência a uma pessoa que tenha um histórico de trauma e manifeste alguns dos seus efeitos. A identificação de um profissional capaz de ajudá-la pode envolver um equilíbrio delicado de fazer perguntas a pessoas conhecidas que são sobreviventes de traumas e se encontram em recuperação e de entrevistar os clínicos que eles possam recomendar. Diferentes tipos de profissionais que oferecem ajuda terapêutica podem conceber e tratar a depressão de maneiras diferentes. Por isso, a pessoa que apresenta sintomas de depressão pode, em última análise, se beneficiar fazendo perguntas aqui e ali e entrevistando alguns profissionais de assistência recomendados.

Outros pesquisadores e eu temos recomendado o uso da psicoterapia como um auxílio para o tratamento. Mas, se for escolhida, até mesmo ela pode apresentar variações, uma vez que se diz que há mais de quatrocentos tipos de abordagem diferentes. Autoridades em "empresas de assistência médica" geralmente não aprovariam nem pagariam por uma psicoterapia de longo prazo apropriada e eficiente para a depressão e outros "distúrbios mentais", mesmo que se tenha mostrado que a psicoterapia é tão eficiente quanto os ADPs (ver também seções no próximo volume).

Tudo o que se disse acima é parte do motivo pelo qual a recuperação, ou a cura, da "depressão" não é uma tarefa simples — o que a indústria farmacêutica e a indústria das empresas de assistência médica nos levariam a acreditar. "Apenas compre e tome as nossas drogas [marginalmente comprovadas] e você ficará bem", ou "Faça o que nós autorizamos..." Dado o nosso conhecimento a respeito da relação entre depressão e trauma, eu esboço uma abordagem racional para avaliar uma pessoa com sintomas da depressão na Figura 13.1 e na Tabela 13.1.

Depressão Branda a Moderada

Baseando-me na minha experiência clínica e no meu conhecimento da literatura, eu esboço sugestões para reduzir os sintomas da depressão, como é mostrado na Tabela 13.1. Para a depressão de branda a moderada, é geralmente mais produtivo descobrir, em primeiro lugar, a(s) causa(s) dos sintomas e sinais, e atacá-las. Uma vez que os vícios, os co-vícios e outros distúrbios são causas comuns da depressão e da ansiedade, sua presença deveria ser seriamente levada em consideração.

O uso de métodos de recuperação antidepressivos sem drogas, inclusive *exercícios regulares* praticados até o limite de tolerância, pode ser muito útil. Além disso, expressar, ao longo do tempo, quaisquer sentimentos dolorosos associados e outras partes importantes da nossa vida interior para pessoas *de confiança* — inclusive, idealmente, para um terapeuta — provavelmente nos ajudará a nos curar. Eu descrevo em outro lugar as características das pessoas de confiança.[793]

Se essas sugestões não ajudarem, reavaliar a causa e, se for apropriado, tentar um ou mais diferentes métodos de recuperação sem droga poderão ajudar. Se ainda não houver melhoramento, consultar um clínico de trauma para uma avaliação, ou uma segunda opinião, que ajude a descartar o trauma como um fator causal, pode ser produtivo. Se ainda não ajudar, reforçar o programa sem droga e, a qualquer momento, considerar o acréscimo de uma droga ADP apropriada podem também ajudar no processo de cura. (Fique atento para os efeitos colaterais e trabalhe em estreita proximidade com um médico que monitore a dose mais eficiente a ser ingerida.)

Depressão Profunda

Pessoas com depressão profunda podem ser suicidas, podem não conseguir trabalhar ou exercer funções, e podem precisar de hospitalização. É aqui que o

Tabela 13.1. Reduzindo os Sintomas da Depressão

(Depois de estabelecer, em primeiro lugar, que o diagnóstico da depressão é claro)

Depressão Branda a Moderada

1. Descubra a(s) causa(s) dos sintomas e sinais e ataque essa(s) causa(s). Procure por vícios, co-vícios e outros distúrbios.
2. Use auxílios de recuperação antidepressivos diferentes de drogas, inclusive *exercícios regulares*, que se deve praticar até a tolerância. Expresse quaisquer sentimentos dolorosos associados e outras partes importantes da sua vida interior para pessoas de confiança, inclusive, idealmente, um terapeuta.
3. Se não ajudar, reavalie a causa, e se for apropriado, tente um ou mais métodos diferentes de recuperação sem drogas.
4. Se ainda não ajudar, procure um clínico de traumas para uma avaliação capaz de ajudar a descartar o trauma como um fator causal.
5. Se ainda não ajudar, fortaleça o programa sem drogas acima e, em qualquer momento, considere a adição de uma droga ADP apropriada. (Fique atento para os efeitos colaterais e trabalhe em estreita proximidade com um médico que considere a dose mais eficiente a ser ingerida.)

Depressão Profunda *(isto é, suicida, cujas vítimas não conseguem trabalhar ou exercer funções e podem precisar de hospitalização)*

1. Encontre a(s) causa(s) dos sintomas e sinais e o(s) ataque. Procure por vícios, co-vícios e outros distúrbios.
2. Comece um teste com uma droga antidepressiva, ***mais***...
3. Use métodos de recuperação antidepressivos diferentes de drogas, inclusive *exercícios regulares*, que devem ser praticados até a tolerância. Expresse quaisquer sentimentos dolorosos associados e outras partes importantes da sua vida interior para pessoas de confiança, inclusive, idealmente, um terapeuta.
4. Se não ajudar, reconsidere os números de 3 e 4 da seqüência acima de branda a moderada.
5. Se ainda não ajudar, consulte um terapeuta especializado em prestar assistência a pessoas deprimidas.

---

tratamento com drogas ADPs é indicado desde o início, mesmo que elas possam não funcionar, ou só possam funcionar parcialmente e/ou seus efeitos colaterais possam proibir o seu uso. Um problema óbvio é o efeito retardado dos ADPs, de três ou quatro semanas, que falam em favor de iniciar *concomitantemente*, e com seriedade, o tratamento com *auxílios diferentes de drogas*, uma vez que os seus efeitos benéficos freqüentemente ocorrem mais cedo. Até melhorarem satisfatoriamente, as pessoas com depressão severa também deveriam *procurar um profissional de saúde, idealmente um psicoterapeuta, com maior freqüência*. Por outro lado, todos os princípios para as pessoas com depressão de branda a moderada descritos acima se aplicam igualmente aqui.

Diferenciando a Depressão da Aflição e da Aflição Estagnada

A maior parte da nossa sociedade é orientada para evitar o trabalho sobre a aflição. Por exemplo, os sistemas de saúde mental e outros profissionais que oferecem ajuda terapêutica podem rotular erroneamente pessoas aflitas, afirmando que estão "deprimidas" ou então "mentalmente doentes" quando, na verdade, elas geralmente estão apenas tentando se afligir. Na Tabela 13.2, eu esboço alguns dos principais pontos que devemos levar em consideração ao diferenciar entre estado normal, aflição saudável e aflição decorrente da depressão.

Ao longo dos anos, eu tenho notado uma tendência progressiva numa grande porcentagem dos meus pacientes, dos seus amigos e dos seus clínicos para rotulá-los como "deprimidos". Quando eu os avaliei, constatei que, em sua maioria, eles não eram deprimidos. Em vez disso, a maior parte deles tinha experimentado de várias a numerosas perdas significativas e traumas, embora não tenham sido capazes de se afligir com isso. Nenhum deles havia validado a sua dor chamando-a de *aflição* e suportado expressá-la. Em vez disso, quase todos a chamavam de "depressão" — algo que ela geralmente não é. A experiência deles foi rotulada erroneamente. Ela havia recebido um nome errado.

Aflição e Depressão

A aflição é algo que nós podemos geralmente entender com mais facilidade do que a depressão. Eu posso me afligir se eu sei o que isso é e se eu tenho permissão e apoio para fazer isso. Aflito, eu conservo o meu poder pessoal. Mas se me dizem que eu estou "deprimido", o que eu posso fazer? Eu não apenas devo rotular

Tabela 13.2. Diferenças Entre Aflição e Depressão

Característica	Aflição	Depressão
Suicida	0	+
Diminuição do: sono, apetite, peso e funcionamento	±	+
Sintomas somáticos, choro	±	±
Perdas evidentes	+	± a 0
Insensibilidade	Precoce	Pode estar presente como "aflição estagnada"
Percepção dos sentimentos quando apoiada	Sim, tende a dar a sensação de ser mais real	Tende a ser menor ou nenhuma
Movimento dos sentimentos, não está estagnado, freqüentemente com uma qualidade **doce-amarga**	Sim	Não, estagnado
Mágoa	Movimenta-se	Pode estar estagnada
Conhecimento e aceitação, pelo **terapeuta**, da aflição como sendo diferente da depressão	Sim	Sim ou não
Conhecimento e aceitação, pelo **sistema de apoio**, da aflição como sendo diferente da depressão	Sim	Geralmente não
Resposta às drogas ADPs	± (Resposta à droga não ajuda no diagnóstico)	± (Resposta à droga ajuda no diagnóstico)
Indicação para drogas ADPs	Nenhuma quando está ciente da aflição e recebe apoio	Geralmente
Necessidade de aceitação e apoio	+	+
Potencial para a redução da dor emocional	Bom	Resolução freqüentemente incompleta

erroneamente a minha dor como também devo consultar um médico que reforçará e manterá a atribuição errônea do nome, e prescreverá uma ou mais de uma série de drogas caras, com efeitos colaterais muito intensos e desconfortáveis, e que podem não funcionar muito melhor do que um placebo. Se tudo que eu faço pela minha dor emocional é tomar uma droga ADP, eu posso ter desistido da minha motivação e do meu poder pessoais em favor da química. Embora apenas tomar a droga possa ser uma decisão mais fácil a curto prazo do que recorrer a um ou mais dos métodos de recuperação diferentes das drogas e examinados na Tabela 12.1, eu posso estar perdendo uma oportunidade perseverante de cura e de crescimento.

A aflição tem várias características que podem ajudar a distingui-la da depressão, como é mostrado na Tabela 13.2. Essas importantes diferenças incluem os fatos seguintes:

1. A pessoa aflita não é geralmente suicida.
2. Ao obter dela um histórico completo, vê-se que ela sofreu claras perdas e/ou traumas.
3. Ela pode estar mais ciente dos seus sentimentos dolorosos.
4. Ideal e *eventualmente*, esses sentimentos em geral apresentam algum movimento, ocasião em que eles também...
5. Com freqüência, têm um caráter "doce-amargo", e
6. Ela tem um bom potencial para reduzir a dor emocional de quem a vivencia.

Para diferenciar a aflição da depressão, é de importância-chave o conhecimento, a experiência e a aceitação da aflição como uma entidade distinta da depressão tanto pelo clínico da pessoa como por outras pessoas do seu sistema de apoio.

Com algumas exceções, os sintomas e sinais da aflição e da depressão branda a moderada são quase idênticos, de modo que confiar exclusivamente nos critérios de diagnóstico do *DSM* para separar uma da outra pode ser enganador. A depressão é sugerida por

1. Existência de uma mania de suicídio
2. Uma diminuição mais séria no apetite, perda de peso e redução no exercício das funções (embora esses sinais não sejam sempre diagnosticamente confiáveis)
3. A ausência de perdas ou traumas claros e significativos

Entretanto, uma resposta favorável à ingestão de uma droga ADP não é, por si só, um diagnóstico de depressão.

Às vezes, pode ser difícil diferenciar a aflição saudável normal da aflição que provém da depressão. Por exemplo, algumas pessoas com depressão também são sobreviventes de traumas, e elas podem ter experimentado recentes perdas significativas. Eu suspeito desde há longo tempo que a depressão se comporta como aflição não-resolvida (*ungrieved*), que, de algum modo, ficou "estagnada" ou armazenada dentro de nós, como um abscesso sob a pele que está à espera de ser drenado. Aquilo que *aponta* o abscesso sob a pele talvez se manifeste por muitos dos sintomas da depressão. Por isso, eu às vezes me refiro à depressão dizendo que ela tem uma qualidade de "aflição estagnada" (*stuck grief*). Reenquadrar a "depressão" como aflição estagnada, isto é, como um efeito doloroso, mas não-resolvido, do trauma ou de uma grande perda pode ajudar a facilitar uma expressão e um fluir saudáveis da aflição e da dor. Além disso, muitos dos meus pacientes deprimidos que não respondiam às drogas ADPs têm respondido a um ou a uma combinação de ajuda na recuperação diferente de drogas da Tabela 12.1, na página 140. Por essas e outras razões, em algumas situações pode ser difícil diferenciar essas duas condições comuns. Eu descrevo o processo da aflição em vários dos meus livros, inclusive, em especial, *Healing the Child Within* (Curando a Criança Interior) e *A Gift to Myself* (Um Presente para Mim Mesmo).

* * *

Com essa informação em mãos, nós podemos agora expandir essa abordagem para o tratamento da depressão com origem no trauma a partir de uma perspectiva mais profunda. No próximo capítulo, eu descrevo a importante seqüência, orientada em estágios, da cura da depressão e de outros distúrbios mentais.

Figura 13.1. Depressão: Fluxograma para a Tomada de Decisões

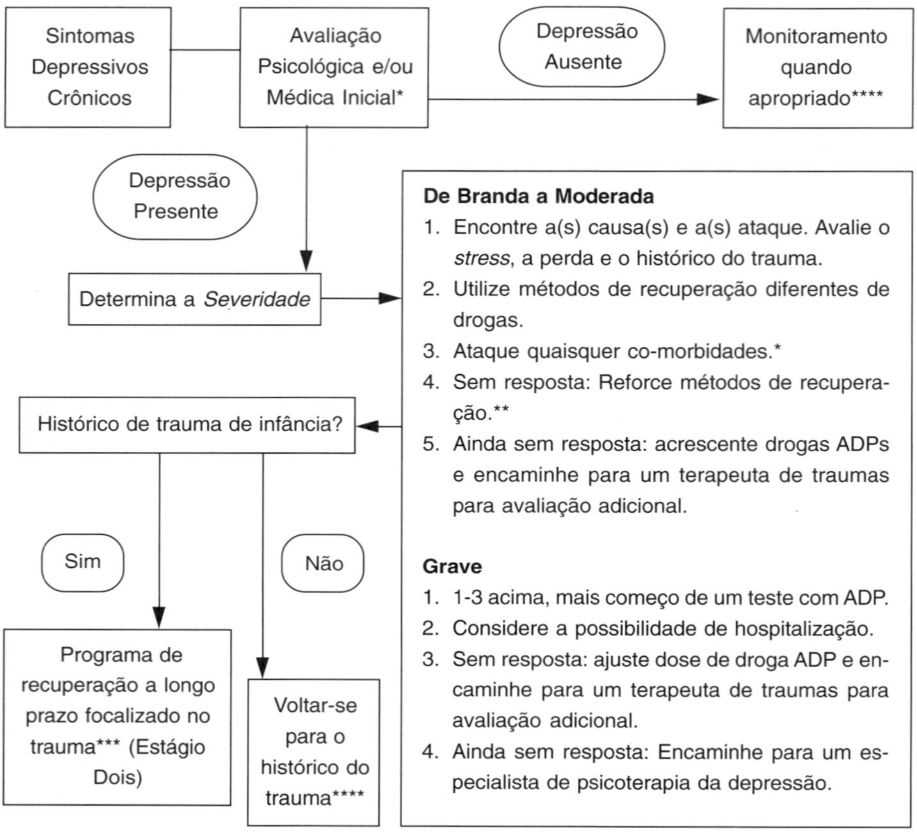

* Exclua formas mais complexas ou co-morbidade com depressão, por exemplo, DEPT, vício, distúrbio dissociativo, problemas físicos sérios e efeitos de traumas de infância.
** Evite usar drogas sedativas de benzodiazepina para tratar a ansiedade, a insônia ou a depressão. A buspirona é uma droga anti-ansiedade aceitável e não vicia.
*** Terapia de grupo a longo prazo, terapia individual, comparecimento em grupo de auto-ajuda, etc.
**** Devido ao fato de que muitos sobreviventes de traumas se esquecem verdadeiramente do trauma (amnésia dissociativa),[7, 8, 103-4] ou podem não ser capazes de nomear com precisão o que lhes aconteceu e que foi traumático, mantenha a mente aberta para o fato de que um número substancial de pacientes pode finalmente se lembrar de um sério histórico de trauma.[798]

14. Os Estágios e o Processo da Recuperação

Se uma pessoa quer se curar da depressão ou de outro distúrbio mental (e alguns físicos), dar um passo para trás e examinar atentamente a recuperação a partir de uma perspectiva mais ampla e mais profunda é uma medida que pode ajudá-la. Ao fazer isso, um auxílio básico está em saber que a recuperação é geralmente bem-sucedida quando abordada em estágios. Em meu trabalho ajudando pessoas com vários problemas e distúrbios mentais e emocionais, eu descobri que é útil usar essa abordagem seqüencial, que às vezes pode ter importância crucial.[151, 174, 360, 479, 793, 797, 798]

Para muitos distúrbios mentais e alguns físicos, nós podemos nos beneficiar prestando atenção à maneira como a dimensão do *tempo* está relacionada com o processo da cura. Embora todos os ferimentos agudos precisem de algum tempo para ser curados, os ferimentos crônicos tendem a levar mais tempo. Para ajudar a atingir uma ação reparadora bem-sucedida e, finalmente, o crescimento, esse *continuum* de tempo pode ser dividido nos seguintes estágios.

Os Estágios da Recuperação

Estágio Zero

O Estágio Zero é a doença ativa, e aqui a recuperação ainda não começou. Ela se manifesta pela presença de qualquer distúrbio ativo, mental ou físico, incluindo a depressão, um vício ou qualquer outro problema. Você vê nesse estágio os sintomas e sinais *e* outros efeitos do que quer que tenha causado a doença. Essa doença ativa pode ser aguda, recorrente ou crônica. Sem a recuperação, a doença pode continuar indefinidamente — a menos que a pessoa fique de algum modo motivada para começar um esforço no Estágio Um. No Estágio Zero, a recuperação ainda não começou, como é mostrado na Tabela 14.1. (Note que essa tabela se lê *de baixo para cima*.)

Estágio Um

Iniciar o tratamento de qualquer distúrbio físico ou mental é o começo do Estágio Um. Ele envolve a participação num amplo programa de recuperação para ajudar na cura do distúrbio do Estágio Zero. É o tipo de processo padrão que nós habitualmente consideramos como "tratamento". Se você é diabético, você trata a diabetes observando a sua dieta, exercitando-se, tomando insulina e assim por diante. Se você teve "depressão", é bastante provável que, com freqüência, apenas tenha recebido a prescrição de uma droga antidepressiva, com pouca ou nenhuma outra investigação ou intervenção. Dependendo da pessoa e do problema, um tal programa de recuperação parcial pode ter menos probabilidade de ser tão bem-sucedido do que um regime mais completo. O Estágio Um é o tratamento convencional dos distúrbios mentais, um tratamento superficial freqüentemente realizado com o uso exclusivo de drogas. Mas, geralmente, essa abordagem limitada não funciona bem. Isso se deve ao fato de que as pessoas ingressam no Estágio Um apresentando um distúrbio que é, em geral, efeito do trauma.

Promovido pela indústria de farmacêutica e também pelas empresas de assistência médica durante pelo menos os últimos trinta anos, o tratamento com drogas é, em geral, fortemente recomendado e prescrito para a depressão e a maior parte dos outros distúrbios mentais. Infelizmente, essa abordagem limitada constitui a parte principal do tratamento que é realizado no Estágio Um atualmente.

Tabela 14.1. Recuperação e Duração de Acordo com os Estágios

Estágio de Recuperação	Condição	Enfoque da Recuperação	Duração Aproximada
3	Humana/ Espiritual	Espiritualidade	Progressiva
2	Efeitos de traumas passados	Programa de recuperação específico do trauma	3-5 + anos
1	Distúrbio do Estágio 0	Doença básica, amplo programa de recuperação	Meses a 3 anos
0	Doença ativa	Geralmente nenhum	Indefinida

Além de receber drogas, uma *minoria* de pessoas também pode receber algum breve aconselhamento (se elas tiverem sorte o bastante de encontrar um profissional de ajuda terapêutica que o ofereça — e se a sua empresa de seguro-saúde e de assistência médica o aprovar). Mas esse aconselhamento é, com muita freqüência, focalizado apenas em seus conflitos atuais, e raramente nos traumas passados. Uma breve terapia pode ajudar, dependendo de quanto trabalho de cura é realizado. Finalmente, as pessoas podem descobrir que sofreram uma experiência traumática na infância e/ou na sua vida adulta, ou despertar para a consciência desse fato, e começar a relacioná-la com a sua subseqüente dor mental e emocional.

Estágio Dois

A motivação típica para iniciar a recuperação no Estágio Um é se sentir muito ferido — dor emocional, dor física ou doença debilitante. Mas, eventualmente, em alguma ocasião durante a recuperação no Estágio Um, ou com maior freqüência depois dele, as pessoas podem perceber que ainda estão feridas. Elas percebem que tudo o que fizeram antes não funcionou tão bem quanto esperavam — que a exclusiva abordagem do Estágio Um não as ajudou o suficiente. Por isso, elas poderão se abrir para a exploração de outras alternativas. É aí que elas também poderão começar uma cura mais substancial — se tiverem sorte o bastante para encontrar um profissional de ajuda terapêutica que conheça o trabalho no Estágio Dois.

A recuperação no Estágio Dois envolve a cura dos efeitos de traumas de infância e posteriores, incluindo o trabalho de lidar com problemas centrais relacionados aos traumas. [793] Uma vez que a pessoa teve uma recuperação estável e sólida no Estágio Um — uma recuperação que tenha durado no mínimo de alguns meses a um ano ou mais — pode ter chegado o momento de considerar o exame atento de algumas dessas questões do Estágio Dois. Alguns distúrbios mentais, especialmente vícios (que freqüentemente causam depressão e ansiedade), distúrbios afetivos graves (depressão e distúrbio bipolar*), alguns distúrbios da personalidade, distúrbios dissociativos e psicoses geralmente requerem um ano ou mais para que a pessoa alcance *estabilidade* suficiente para torná-la capaz de se empenhar no trabalho do Estágio Dois. Um sobrevivente de trauma pode ter crescido numa família

---

* Como foi descrito no Capítulo 5, o distúrbio bipolar (também chamado distúrbio maníaco-depressivo) é uma variação incomum da depressão. Alguns acreditam que é uma doença separada, enquanto outros o vêem como uma parte do espectro dos distúrbios depressivos. Ver notas e dados nas páginas 59 a 61.

doentia, perturbada e desorganizada. Muitos sobreviventes podem ainda estar vivendo num ambiente insalubre semelhante, seja em sua casa, em um ou mais relacionamentos ou no trabalho.

Quanto tempo dura um processo de recuperação típico do Estágio Dois? Para um histórico de trauma que se entrincheirou no indivíduo, como muitos traumas o fazem, pode levar anos até que a pessoa se cure o suficiente para encontrar uma paz duradoura. Para algumas pessoas, esse processo pode levar menos tempo. Não há exigência ou julgamento sobre a duração de tempo que uma pessoa precisa para se recuperar. A recuperação pode durar tanto tempo quanto for preciso. Meus 25 anos de experiência em conduzir terapias de grupo especificamente voltadas para os traumas me mostraram que os seus membros continuamente encontram alívio quando trabalham ou mesmo quando ouvem os outros trabalhando. Em *A Gift to Myself* (Um Presente para Mim Mesmo), eu incluo numerosas diretrizes e exercícios vivenciais para ajudar a facilitar o trabalho no Estágio Dois, e uma seção no final a respeito de como avaliar quando pode ser tempo de interromper a terapia.[793]

É útil fazer um *plano de recuperação* pessoal, um aspecto que eu tenho enfatizado em todos os meus livros anteriores.* Fazer um tal plano de recuperação nos oferece muitas vantagens enquanto nós nos curamos, uma das quais é descobrir a utilidade de nomear as coisas com precisão (ver o capítulo "Naming Things Accurately" [Nomeando as Coisas com Precisão], em meu livro *A Gift to Myself* para detalhes).[793] Por exemplo, em vez de "depressão" considere, se isso for apropriado, chamá-la de *aflição* provocada por grandes perdas e/ou traumas de infância. E, em vez de dizer, "eu mereci isso", considere chamar o que você passou de *abuso* ou *trauma.* Esses tipos de reenquadramento podem ser eficazes quando nos curamos. Fazer isso é importante porque aquilo com que lidamos na terapia é, com freqüência, realmente aflição, ou aflição estagnante, e não um "distúrbio mental". A "depressão" e o "distúrbio mental" envolvem o pensamento do Estágio Zero e do Estágio Um e o reenquadramento da depressão como aflição estagnante — isto é, precisar ficar aflito, mas ser, de algum modo, impedido de fazê-lo — seria pensamento e entendimento do Estágio Dois. Enquanto terapeuta, eu constatei que desse entendimento veio a necessidade de ajudar as pessoas a identificar e a nomear com precisão exatamente aquilo que as está deixando aflitas, ou a cujo respeito elas ficam aflitas, ajudando-as desse modo em sua aflição de uma maneira saudável.

* Eu descrevo como escrever um plano de recuperação pessoal em *A Gift to Myself* e em "My Recovery Plan" (Meu Plano de Recuperação)[798a] (previsto para o outono de 2003). Para obter qualquer um deles, ou uma versão em folheto para cada estágio da recuperação, favor ligar para a Health Communications em 800-441-5569.

E quanto à pessoa que não pode fazer mais terapia por causa das restrições das empresas de assistência médica, das restrições de orçamento, do baixo salário, e assim por diante? Nós fazemos o melhor com o que nós temos. Pessoas que são motivadas para se curar podem ser criativas. Essa é uma das razões pelas quais eu escrevo os meus livros — isto é, para os meus pacientes, de modo que eles possam poupar tempo e dinheiro ao aprender a realizar a cura por si mesmos, embora com a ajuda de outras pessoas de confiança, inclusive alguns terapeutas. Com freqüência, as pessoas vão de um terapeuta para outro, como costumam fazer com as tentativas de relacionamentos íntimos. Algumas podem se ajustar. Outras não. Elas aprendem tanto quanto podem com um professor ou guia e então se dirigem para o próximo.

Estágio Três

O Estágio Três da recuperação envolve a espiritualidade e a sua incorporação na vida cotidiana. Inserir esse vigoroso método de recuperação no fluxo da nossa vida diária é um processo contínuo que dura a vida toda. O Estágio Três consiste em aprender a realizar a espiritualidade. Consiste em expandir a mesma pergunta: "Quem sou eu?" a partir do trabalho no Estágio Dois, uma vez que também nesse estágio ela é uma questão central. No Estágio Três, a pessoa continua a trabalhar sobre o "Quem sou eu?" de uma maneira mais profunda. Mas agora nós também expandimos esta pergunta: "Quem sou eu?" para a próxima pergunta interessante: "O que eu estou fazendo aqui?" e em seguida "Para onde eu estou indo?" Na verdade, o Estágio Três abrange todo o processo, do Estágio Zero para a frente. Tudo o que nós fazemos é espiritual, e por espiritual eu não estou me referindo à religião; eu estou me referindo a *relacionamentos* e a *experiências* com o eu, com outras pessoas e com o Universo ou Deus/Deusa/Tudo-o-Que-É. A espiritualidade se refere a um fazer sentido que pode envolver diferentes níveis de nossa vida.[17] (Ver também página 153).

A espiritualidade é uma ferramenta poderosa. Se a pessoa em recuperação ou o seu terapeuta não entende de espiritualidade, então um dos melhores lugares para se aprender sobre isso é em qualquer dos grupos que trabalham com os Doze Passos, independentemente do enfoque. Muitas pessoas confundem espiritualidade com religião. Mas as religiões são tipos de "marcas", enquanto a espiritualidade é o guarda-chuva genérico que abrange e transcende todas as religiões. A saúde psicológica é um dos seus objetivos. Quanto mais saudáveis nós formos, maior será a facilidade com que poderemos permanecer direta e autenticamente conectados com nós mesmos e com o nosso Poder Superior.

Ter uma ligação espiritual com Deus, isto é, um sentido de conexão com um Poder Superior, pode ser uma associação ou um auxílio para a prevenção do suicídio. Por exemplo, o psiquiatra C. Bruce Greyson e a pesquisadora Barbara Harris Whitfield conduziram pesquisas sobre vinte pacientes deprimidos que tentaram suicídio e foram admitidos na unidade psiquiátrica do Hospital da Universidade de Connecticut. Aqueles que tiveram experiências de quase-morte, na qual eles vivenciaram uma experiência positiva direta e poderosa com o Poder Superior, geralmente não tentaram o suicídio novamente.[317a, 786] Era comum eles então dizerem que tiveram uma sensação de "unidade cósmica". Outros estudos replicaram esses resultados.[635a] Pessoas que tentaram o suicídio e que não tiveram uma experiência de quase-morte, mas que receberam livros para ler sobre isso, desenvolveram alguns dos mesmos efeitos subseqüentes e atitudes positivos. Trabalhar com um programa de Doze Passos pode nos conduzir na mesma direção, como numerosos autores têm descrito e inúmeros indivíduos têm experimentado diretamente.

O Diagnóstico e os Estágios da Recuperação

O *DSM* e outros esquemas e categorias de diagnósticos semelhantes são úteis principalmente nos Estágios Zero e Um. Eles podem ter alguma utilidade na recuperação no Estágio Dois, tal como no caso de alertar os clínicos quando as pessoas podem ter um distúrbio de personalidade ou outro distúrbio que possa exigir atenção especial. Em todos esses estágios, os diagnósticos do *DSM* também são úteis para propósitos de reembolso do seguro, pois a indústria de seguros exige um diagnóstico codificado antes de pagar pela assistência médica. Além dessas considerações, eu acredito que as categorias de diagnóstico do *DSM* não são muito úteis. Elas são inúteis no trabalho de recuperação do Estágio Três e, com exceção das situações acima, na maior parte do Estágio Dois. Mesmo assim, ao longo deste livro e do próximo, eu me refiro a esses diagnósticos rotulados para fins de precisão ao descrever as fortes associações que essas formas de "doença mental" têm com as pessoas com um histórico de traumas de infância e traumas subseqüentes. Faço isso para assinalar o quão próxima a doença mental estava e está dos traumas de infância repetidos e dos traumas posteriores.

Eu não estou sozinho nessas observações e opiniões. Para citar quatro exemplos, Kutchins e Kirk,[464] Caplan,[133] Ross[638],[643] e Bremner[82] descreveram claros problemas e deficiências na formulação e na utilidade do *DSM*. Considerando a relação desse manual com o trauma de infância, Bremner disse:

Essa hipótese de uma deficiência neurológica comum [entre sobreviventes de traumas] poderia explicar por que há uma tal sobreposição entre muitos distúrbios, e por que os clínicos estão frustrados com o atual esquema de diagnóstico. O último meio século de psiquiatria tem sido, em grande medida, absorvido por uma tentativa de forçar os clínicos a aceitar uma abordagem "divisora" do diagnóstico psiquiátrico, a qual levou a divisões cada vez mais refinadas dos diagnósticos psiquiátricos com as sucessivas versões do DSM. Um importante fundamento dessa evolução do diagnóstico psiquiátrico é a ausência de qualquer fundamento teórico para o diagnóstico. Isso foi, em grande medida, uma reação à era anterior, na qual a psicanálise dominou o diagnóstico psiquiátrico e o saturou com um fundamento densamente dogmático e teórico. No entanto, separarmo-nos de qualquer fundamento teórico teve o seu preço. Levou-nos de nossa atual posição absurda de tentar justificar por que múltiplos diagnósticos psiquiátricos — todos eles gerados do dorso do DSM assim como as cabeças da Hidra que brotaram depois que a cabeça única, chamada "neurose de ansiedade", foi decapitada pelos assim-chamados psiquiatras biológicos — são na verdade entidades distintas, quando todas as evidências apontam para o contrário. Esta situação nos tem levado a uma revolução popular, na qual os clínicos que efetivamente vêem os pacientes estão prontos para destruir os computadores que desenvolveram esse esquema idiota e estão forçando os clínicos a concordarem com ele em nome da "consistência do diagnóstico" ou "protocolo de pesquisa". De fato, esses clínicos começaram a ignorar o DSM anos atrás. Contudo, se forem interrogados, eles declamarão o dogma como protestantes desafiados por inquisidores católicos na Espanha durante o século quatorze. O fato é que é tempo de todos nós despertarmos e percebermos a verdade — que esses distúrbios não são realmente distintos, que eles têm uma base comum na neurologia [isto é, são efeitos de traumas], e que nós precisamos adotar uma abordagem mais esclarecida para a sua avaliação e tratamento.[82] (Eu discuto essas idéias mais amplamente no Epílogo.)

Esta é uma observação informativa, uma observação que muitos clínicos conscientes do trauma têm feito com freqüência. Bremner conclui:

Naturalmente, a mais relevante análise racional para nos fortalecer no que se refere ao diagnóstico está no fato de podermos tratar os pacientes com distúrbios psiquiátricos relacionados aos traumas de maneira apropriada. Se somos capazes de diagnosticar corretamente pacientes com trauma [como sobreviventes de traumas], nós podemos aplicar os tratamentos corretos a esses distúrbios. Nós estamos começando a aprender mais a respeito dos tratamentos de distúrbios relacionados aos traumas, e as boas notícias são que alguns tratamentos que nós aprendemos nos poucos anos passados mostram uma promessa considerável para distúrbios tais como o DEPT [as ênfases são minhas].[82]

Isso nos leva a distúrbios mentais diferentes da depressão, constatando-se comumente que são variações dos efeitos do trauma. Na verdade, alguns autores sugeriram que se o *DSM* tivesse de ser reescrito tendo-se em mente uma abordagem mais realista dos efeitos do trauma, ele ficaria muito menor e a maior parte dele passaria a consistir de subcategorias de um diagnóstico comum, tal como a "síndrome pós-traumática, manifestada por *preencher o espaço em branco*".[82, 96, 253, 360, 643, 715, 798] Para preencher essa lacuna conceitual, no próximo livro, o primeiro capítulo é, apropriadamente, dedicado ao DEPT, o que nos fornecerá uma base ainda mais firme a partir da qual poderemos entender os múltiplos disfarces dos efeitos dos traumas repetidos. Eu prosseguirei com esse assunto e também com capítulos sobre os outros distúrbios mentais comuns no volume final, *The Truth about Mental Illness* (A Verdade sobre a Doença Mental).

Epílogo

O trauma de infância causa a depressão? Se nós tivéssemos apenas alguns estudos que examinassem um pequeno número de sujeitos pesquisados e que mostrassem uma ligação entre o trauma de infância e a depressão, a resposta seria não. Mas não é isso o que nós temos.

Na verdade, nós temos exatamente o oposto. Nós temos 1) um grande número de estudos (251), 2) que utilizaram um *grande número* de *sujeitos* pesquisados (159.793 pessoas). Esses estudos foram conduzidos por 3) *muitos pesquisadores diferentes e independentes* que eram 4) de *países diferentes*, e que 5) utilizaram vários *diferentes projetos de estudo* e *diferentes* métodos (por exemplo, retrospectivos, prospectivos, de *index cases* e meta-análises) sobre 6) *diferentes amostras* de pessoas (por exemplo, clínicas, comunitárias e alguns grupos forenses). Além disso, a ligação trauma-depressão foi 7) *replicada* por quase todos esses 251 estudos revisados por colegas pesquisadores. As características desse grande número de estudos conduzidos cientificamente e publicados satisfizeram a todos os critérios para os relatórios de pesquisa de qualidade (como eu resumi na Tabela 4.2, na página 47), incluindo, como é habitual, 8) resultados de *razões de probabilidade de não-ocorrência* altamente significativos, e 9) um padrão de *respostas graduadas* em todos os estudos que procuraram por ele.

O trauma de infância causa a depressão? Com base nos resultados desses relatórios, a resposta é: "Sim, traumas de infância repetidos causam depressão e, como eu mostro no próximo volume, algumas outras doenças mentais comuns e incomuns em um número considerável de pessoas." Dependendo da quantidade de evidências disponíveis, para alguns distúrbios, tais como a depressão e também o abuso e a dependência do álcool e de outras drogas, as evidências são esmagadoras. Para outros, tais como os distúrbios de ansiedade, o DEPT, os distúrbios da alimentação, as psicoses e alguns distúrbios de personalidade, as evidências são fortes. Para outros ainda, tais como problemas de comportamento, incluindo violência e a ocorrência de revitimização e somatização (que não são distúrbios mentais, mas ocorrem comumente em associações com eles), as evidências são consistentes. E para outros, tais como o DHDA em crianças e o DDA em adultos, algumas evidências estão presentes, mas em geral são menos convincentes — talvez por causa dos poucos estudos publicados e do fato de que a maioria dos estudos que tinham por objeto a pesquisa desses distúrbios não procurou por traumas de infância associados. (Eu discuto cada um desses distúrbios com alguns detalhes e descrevo as suas relações com o trauma no próximo livro.) Apresento um resumo do número de estudos de cada tipo publicados até agora e que eu encontrei sobre a depressão e o número de pessoas que foram estudadas na Tabela 5.5, na página 62. Um modo mais gráfico de olhar para esses dados é mostrado no gráfico de barras na Figura E.1 e no diagrama em setores na E.2.

Com base nos dados acima e nas outras informações detalhadas ao longo deste livro, nós podemos agora reenquadrar a depressão em vários (e também a partir desses vários) diferentes níveis e perspectivas. Estes incluem o que se segue.

Depressão: Níveis de Desenvolvimento, Definição e Significado Dimensões Biopsicossociais, Políticas e Espirituais

1) **Perda do eu** — a depressão é um sintoma da perda sutil da existência, da aceitação, do respeito, da honra e do amor do nosso eu verdadeiro (o eu real, a Criança Interior), primeiro pelos outros, em seguida pelo eu. A Criança é traumatizada repetidamente, e, para sobreviver, ela se esconde.
2) **Defesa contra a dor** — uma defesa contra o sentimento autêntico e contra a expressão das emoções (que não são permitidos por muitas famílias), e contra a aflição por perdas significativas e traumas.[143, 476, 798, 816]
3) **Efeitos neurobiológicos** — ruptura e disfunção, devidas ao trauma, de um ou mais sistemas neurobiológicos e órgãos.[82, 194, 198, 203, 584-90, 734-8]
4) **Efeitos de ondulações significativas resultantes** — falta de energia, ânimo, expressão, espontaneidade e criatividade do nosso eu verdadeiro. É também um resultado da frustração acumulada e do eventual malogro do nosso eu falso (ego) em funcionar bem.[143, 798]
5) **Explicação insuficiente** — um grupo de sintomas não-específicos que podem ser causados por qualquer um ou por mais de um complexo de experiências ou fatores associados, causais ou desencadeadores.
6) **Um sintoma** — um grupo de sintomas não-específicos que podem ser causados por qualquer um ou por mais de um complexo de experiências traumáticas ou de outras experiências associadas, causais ou desencadeadoras.
7) **Exploração financeira disfarçada** — um esquema de *marketing* montado pelas companhias farmacêuticas para vender as suas próprias drogas minimamente testadas, patenteadas e normalmente tóxicas, e que não funcionam bem.[523]

Figura E.1 Número de Estudos que Ligam a Depressão ao Trauma de Infância

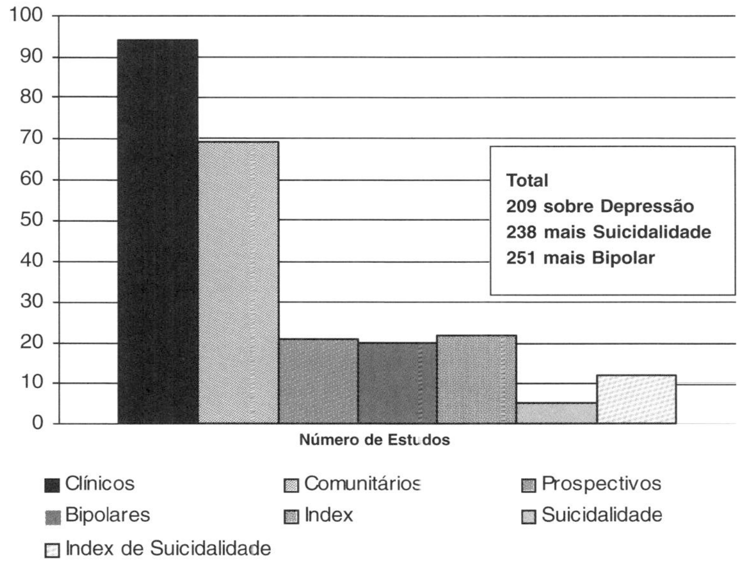

Figura E.2 Número de Estudos que Ligam a Depressão ao Trauma de Infância: Diagrama em Setores dos Dados Acima

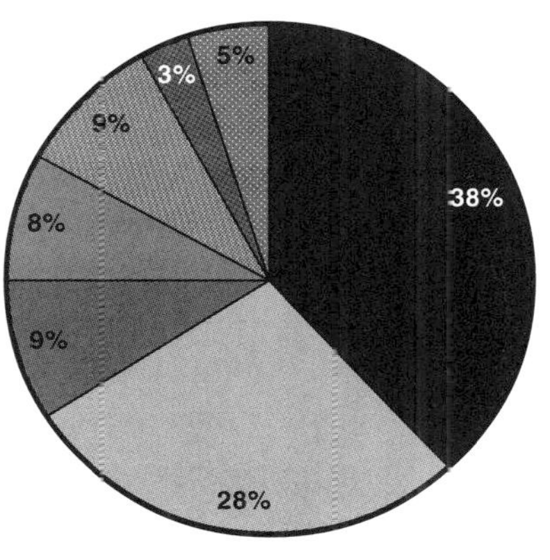

8) **Efeitos existenciais** — dor emocional (tristeza, ferimento, medo, raiva, vergonha, culpa, insensibilidade), sintomas físicos e inércia na vida resultantes de um acúmulo de perdas, ferimentos e traumas (perda ou ausência de: educação saudável por parte dos pais, eu verdadeiro, ambiente seguro e confiável), e uma carência de habilidades ensinadas para a vida (saudáveis: lidar com os sentimentos, os limites, os relacionamentos e o senso de humor); visibilidade psicológica, responsabilidade para consigo mesmo, independência, capacidade para dar e receber amor, e para realizar trabalhos produtivos e significativos, e espiritualidade).

9) **Efeitos coletivos acumulados** — uma nação, cultura e mundo de pessoas feridas, lesadas, entorpecidas, zangadas, distraídas (pela depressão e por vícios e compulsões), drogadas, subnutridas espiritualmente e inibidas criativamente.

Remédio — Encontrar o nosso eu verdadeiro e **curá-lo** com **pessoas de confiança ao longo do tempo.**
Prevenção — Parar de abusar dos nossos **filhos** (e de cada um de nós) e de **negligenciá-los.**

Recomendações

Tendo acumulado todas essas informações, o que podemos fazer com elas? Enquanto leitor, você já pode ter algumas idéias. Talvez nós possamos explorá-las juntos. Sinta-se à vontade para modificá-las da maneira que melhor lhe convier. Com base nos meus trinta e cinco anos de experiência como médico (dos quais os últimos vinte e quatro anos como psicoterapeuta) e em minhas pesquisas nas áreas da doença mental e dos traumas de infância, eu ofereço as seguintes conclusões e recomendações.

1. Idealmente, cada pessoa que tenha os sintomas de depressão descritos neste livro deveria submeter-se a uma triagem por um clínico adequadamente treinado, experiente e licenciado, e que tenha instrução sobre os efeitos do trauma de infância.
2. Se houver um histórico de trauma, o médico pode considerar a possibilidade de oferecer assistência à pessoa numa seqüência orientada por estágios, como é descrito no capítulo 14.
3. A pessoa interessada e o seu clínico podem considerar o uso do fluxograma ou da árvore de decisões mostrados neste livro na página 162 como possíveis diretrizes.

4. Um histórico de traumas de infância repetidos, com ou sem uma retraumatização quando adulto, pode ser considerado apropriadamente como sendo um agravante, e até mesmo como um possível fator causal na gênese da depressão. Essa consideração pode ter implicações significativas para o tratamento e a recuperação da pessoa.
5. Entre várias dessas implicações, a prática de ligar as duas experiências do trauma de infância e/ou do trauma atual e a depressão, agora e em subseqüentes terapias e situações orientadas para a recuperação, pode ser curativa.
6. Esse processo de cura pode ocorrer de maneira mais bem-sucedida utilizando-se um programa holístico (*wholistic*) de tratamento e recuperação focalizado no trauma e orientado em estágios.
7. O programa é geralmente mais facilitado utilizando-se um plano suplementar de recuperação pessoal, por escrito, idealmente realizado pela pessoa interessada e revisado pelo seu clínico. Para facilitar esse processo, eu incluí uma cópia do *My Recovery Plan for Stage Two Recovery* (Meu Plano de Recuperação para o Estágio Dois de Recuperação) no Apêndice B.
8. Todo esse processo não pode ser apressado, e geralmente leva muito tempo.

Eu desejo a você o melhor na sua recuperação, e se você for um clínico, em ajudar outros a se curarem.

Charles L. Whitfield, M.D.
janeiro de 2003
Atlanta, GA

Continuação das Evidências

Depois que eu entreguei o manuscrito final deste livro para publicação, dentro de apenas dois meses, eu encontrei mais vinte e cinco relatórios de estudos baseados em dados e publicados relacionando a depressão com traumas de infância e posteriores. Eu os resumi na Tabela E.1. Também encontrei vários outros estudos relacionando a suicidalidade com traumas anteriores.[664] Esses estudos expandem o número total, e já esmagador, de 251 estudos para mais de 276 estudos publicados, baseados em dados e revisados por colegas pesquisadores.

Essas descobertas adicionais mostram que:

1) Há provavelmente ainda mais estudos que eu não descobri, e que
2) Haverá um número progressivo de novos relatórios desse tipo no futuro.

Eu também encontrei seis estudos adicionais que relacionam a baixa autoestima com o trauma (como foi discutido no Capítulo 6, com as mesmas implicações (por exemplo, referências[24, 25, 275, 365, 374, 746a].

A Internet facilita o trabalho de ficar atualizado com novos estudos graças a programas de busca tais como o PubMed (um serviço gratuito do governo dos Estados Unidos que dá acesso à Biblioteca Nacional de Medicina), o Science Direct e o Ovid (ambos relativamente caros, e acessíveis somente por assinatura), além de permitir checar regularmente cada sumário de periódicos para cada novo número tão logo ele é publicado.

Nós somos ricos em informações. O lado negativo disso é que as suas fontes estão espalhadas por numerosos periódicos e livros difíceis de serem encontrados sem outros recursos, e geralmente obscurecidos dentro de uma vasta literatura de estudos e artigos que nem examinam nem abordam o trauma. Este problema é, em parte, o que me motivou a escrever este livro.

Eu espero que ele tenha sido útil para você.

Tabela E.1 Depressão e Trauma de Infância: Continuação das Evidências

Ano/Autor	Características do estudo	Depressão/ Suicídio/TI	Outros efeitos do trauma	Comentários
1980 Surtees e Ingham	19 depressivos, 45 psicoses afetivas*	↑ *stress* recente, perda	*Mais 6 DPs mistos e esquizoafetivos	*Index case study*
1981 Finlay-Jones e Brown	164 mulheres traumatizadas, 164 controles	↑	↑ ansiedade	Apenas traumas recentes
1983 Ageton acompanhamento por 3 anos	2.221 garotas adolescentes com ASI	↑	problemas de comportamento, delinqüência	3-4x revitimização Prospectivo
Herman	40 mulheres deprimidas	↑	↑ co-morbidade	*Index*
1989 Fromuth e Burkhart	582 homens universitários com TI *versus* controles	↑	↑ obsessivo-compulsivo...	Hostilidade, psicoticismo
Seng	105 adolescentes, a maioria com ASI	↑	↑ AS/DQ, problemas de comportamento/ na escola	
Bryer *et al.*	36 mulheres agressoras	3x TI		*Index*
1990 Davidson e Smith	14 distúrbios afetivos, 14 de ansiedade, 9 DPs, 4 AS/DQs, 3 com bulimia	84% TI	17/54 DEPT	*Index*
Metcalfe *et al.*	100 homens pacientes internados/ externos de clínicas psiquiátricas	Tinham DBs ↑ AS	Psicóticos tinham ↑ ASI	*Index*
1991 Bagley e Shewchuck	60 estuprados e TI jovens *vs.* 320 controles	↑	↑ ansiedade, AS/DQ, hiperatividade	Problemas de comportamento, ↓ auto-estima
Bagley	750 mulheres com TI *vs.* controles	↑	↑ sintomas de DEPT	↓ auto-estima
1992 Frazier e Cohen	82 mulheres com TI *vs.* controles	↑	↑ DA, AS/DQ, raiva, revitimização	↓ auto-estima
1993 Dubowitz *et al.*	93 crianças com ASI *vs.* 80 controles	↑	↑ comportamento hiperativo, esquizóide	↑ DA (obesos)

Tabela E.1 Depressão e Trauma de Infância *continuação das evidências*

Ano/Autor	Características do estudo	Depressão/ Suicídio/TI	Outros efeitos do trauma	Comentários
1994 Rodgers	5.362 pessoas com TI *vs.* controles	↑		Acompanhamento por 41 anos Prospectivo
Brown e Moran	404 mulheres com TI *vs.* controles	↑, e curso mais longo	Outros estressores atuais	Prospectivo durante 3 anos
Higgins e McCabe	199 estudantes universitários, TI *vs.* controles	↑	↑ problemas sexuais	↓ auto-estima
Collings	284 homens universitários	↑	↑ ansiedade, fobia	↑ DOC, psicoticismo, somatização
1995 Buist e Barnett	50 mulheres deprimidas	54% TI	Todas com depressão pós-parto	*Index*
Oakley-Browne *et al.*	777 mulheres com TI *vs.* controles	↑		
Oakley-Browne *et al.*	65 deprimidos *vs.* 81 controles	4x TI		*Index*
Ullman e Siegel	155 mulheres com TI *vs.* controles	↑	↑ revitimização, problemas físicos, visitas a hospitais/médicos	Comunitário
1996 Portegijs	39 deprimidos, 40 com distúrbios de ansiedade, 51 somatizados	2,4 — 2,8xTI 1,2 — 2,3x 2 — 2,8x		*Index*
1999 Saunders *et al.*	2.008 mulheres jovens ASI/estupro *vs.* Controles	2,5x	2-5,1x AS/DQ, 3,1-3, 4x DEPT	
2001 Kirkengen	34 pacientes médicos com ASI	↑	↑ ansiedade, 29/34 DAs graves, 23 revitimizados	26 hospitalizações em clínica psiquiátrica
2002 Harkness e Wildes	76 mulheres deprimidas	↑ TI	↑ distúrbio de ansiedade	*Index*
25 Estudos 1980-2002	**14.246 pessoas com TI e controles**	**↑ -3x TI ou até 84% TI**		**9 *index cases* 6 clínicos/ 7 comunitários 3 prospectivos**

Figura E.2 Baixa Auto-estima e Trauma de Infância: Continuação das Evidências

Ano/Autor	Características do estudo	Auto-estima do trauma	Outros efeitos	Comentários
1987 Tong *et al.*	49 crianças com ASI *vs.* controles	↓ auto-estima	↑ agressão, problemas de comportamento, e na escola	
1991 Hunter	52 adultos com ASI	↓ auto-estima	↑ relacionamento, imagem do corpo...	↑ problemas de identidade sexual

Apêndice

Tabela A.1. Linha do Tempo de Eventos Selecionados

(Atualizado e expandido a partir

Data	Evento
1896	Freud e Janet acreditam nos históricos de traumas dos seus pacientes
1900-1985	Algumas publicações a respeito do trauma como causal ou associado com distúrbio mental subseqüente. Teoria Edipiana de Freud. Idealização da família
1940	Começa o tratamento por eletrochoque
1940 (década)	Contínuos relatos e relatórios a respeito do DEPT sob nomes diferentes [798]
1946-1962	Primeiras descrições dos efeitos de abuso físico de crianças
1952	*DSM-I* (primeira edição)
1960 (década)	Começa a ênfase na psiquiatria biológica. Recursos novos e não comprovados: teorias, sedativos, antidepressivos e antipsicóticos
1962	*DSM-II* (segunda edição)
1973	Leis contra abuso de crianças são aprovadas
1980	*DSM-III* (terceira edição); o DEPT é incluído [7]
1985	O número de relatórios sobre os efeitos dos traumas começa a aumentar, e eles são publicados na literatura científica clínica
1990	A psiquiatra biológica está agora entrincheirada. Começa o movimento da anti-recuperação
1978-94	Livros a respeito do trauma como elemento causal de distúrbios mentais/físicos
1994	*DSM-IV* (quarta edição) 8
1997-2003	↑ dados a respeito do trauma como causal/associado com distúrbios físicos e mentais

Relativos à Doença Mental e ao Trauma

das referências 103 e 798)

Comentário

Os pacientes contam histórias, expressam a sua dor e melhoram (teoria do trauma/sedução e realidade)

A retração de Freud com relação ao que se disse acima em 1897-8 e nos anos seguintes prepara o palco para a negação, por outros pesquisadores, dos efeitos do trauma, propagando o mito da "família" como sempre ideal e sacrossanta[798]

Um tratamento do tipo faca de dois gumes (veja texto) dá continuidade à negação do dano cerebral[75]

Descrições de aflições associadas

Veja, por exemplo, Caffey (1946), Silverman (1951-3) e Kempe (1962)[798]

106 diagnósticos listados. Nenhum *input* vindo da indústria farmacêutica

A indústria farmacêutica, e a psiquiatria e medicina acadêmicas iniciam e dão apoio a essa ênfase[335-345]. A indústria farmacêutica começa a "educar" os médicos

182 diagnósticos listados. Descrições gerais de distúrbios

Começo da proteção de crianças que sofreram abusos e negligências

265 diagnósticos listados. Descrições mais específicas de distúrbios

Cresce o movimento pela recuperação; aumento do número de livros sobre auto-ajuda. As empresas de assistência médica promovem, cada vez mais, o tratamento por meio de drogas

Críticas superficiais dos efeitos dos traumas, inclusive a hipótese da "memória falsa" (ainda não comprovada)

Veja referências ... por exemplo, Brown e Harris 1978[108] e Herman 1992[360]

307 diagnósticos listados, alguns aparentemente criados pela indústria farmacêutica[133, 339, 345, 464]

Por exemplo, o estudo ACE[254], McCauley *et al.*,[218] e mais de 276 outros (veja texto)

Tabela A.2. Possíveis Resultados de Traumas Não-resolvidos*

Problemas	Características
Vida	O trauma muda uma vida normal (por exemplo, pode alterar: crenças, pensamentos, sentimentos, decisões, escolhas, expectativas, comportamentos; relacionamentos; vulnerabilidades; e acontecimentos da vida). O eu falso dirige a vida
Relacionamento	Escolha de amigos que foram ou que se sentem vitimizados (em vez de amigos saudáveis); perda de amigos; irritabilidade/agressão/briga; revitimização; retiro; isolamento; problemas limítrofes[797]
Pensamento	Problemas de memória e de focalização; inibição da imaginação, da criatividade e da capacidade de fazer escolhas; confusão; retardamento no processamento das informações
Saúde Mental	DEPT crônico ou complexo; problemas com álcool/outras drogas; e também do comportamento, estado de ânimo, ansiedade, somatoforma, alimentação, sono, controle dos impulsos, personalidade, distúrbios dissociativos e/ou psicóticos, inclusive depressão
Dor emocional diminuidora/ entorpecedora	Um estilo de confusão, de distração de si mesmo, ou de outros; mau uso ou abuso de álcool ou de drogas; diversos níveis de dissociação; questões básicas de recuperação
Regressões na Idade	Regressões na idade comuns, às vezes com *flashbacks* e ab-reações; dissociação, com freqüência levando a revitimização
Repetições (do trauma)	Perigosa exposição a riscos; restabelecimentos de aspectos do evento, tais como promiscuidade ou prostituição depois do molestamento, ou sentir-se chocado e exaurido toda vez que a adrenalina aumenta; provocação de ataques
Autopunição	Provocação de ataques contra si mesmo ou outras pessoas; baixo cuidado consigo mesmo; escolhas disfuncionais repetidas nos relacionamentos, com resultados problemáticos; automutilação; isolamento; suicidalidade
Indisposições ou enfermidades somáticas repetidas	Dores aqui e ali (por exemplo, dores abdominais ou outras dores no corpo, inclusive dores nas costas, dores de cabeça); resposta imunológica reduzida; doenças funcionais e orgânicas; incapacidade; ↑ visitas ao consultório médico

* Expandido a partir de Nader 2001; Felitti *et al.*1998, Walker *et al.* 1999, McCaulley *et al.* 1997 e outros.

Tabela A.3. Depressão e Trauma de Infância: 96 Estudos Clínicos

Ano/Autor	Características do estudo	Depressão/ Suicídio/TI	Outros efeitos do trauma
1937 Bender e Blau	16 crianças com ASI	38% (6/16) deprimidas	↑ problemas de comportamento
1942 Sloane e Karpinsky	5 ASIs, incesto	80 (4/5)	Todos promíscuos
1972 Lukianowicz	26 meninas com ASI, incesto	↑	↑ ansiedade, DPs, promiscuidade, prostituição
1974 NIAAA Booz, Allen e Hamilton	50 filhos de alcoólicos intensamente entrevistados	↑	↑ AS/DQ, promiscuidade e gravidez adolescente, etc. A maioria cresce muito depressa
1975 Benward e Densen-Gerber	Entrevistas com 118 pacientes mulheres internadas com DQ, 52 ASI *vs.* 66 controles	1,5x deprimidos (ASI *vs.* não-ASI)	↑ comportamento anti-social, ASI descrito como causativo
1977 Browning e Boatman	14 ASI, incesto	↑	↑ ansiedade, hiper-sexualidade, fugas
1975 Molnar e Cameron	18 ASI, garotas adolescentes	↑	↑ fugas
1979 Tsai *et al.*	90 mulheres (30 cada: clínicas, não-clínicas, controles)	↑	MMPI: ↑ Hs, Pd, Pa, Pt & Sc* ↑ habilidades sociais,família e função sexual
1981 Anderson *et al.*	155 ASI, garotas adolescentes	↑	↑ ansiedade, DAs, problemas na escola
1981 Frank *et al.*	50 vítimas de estupro	↑ (drogas psicotrópicas pioram)	↑ drogas AS/DQ
1983 Wolfe e Mosk	71 TIs, 35 controles, 6-16 anos de idade	↑	↑ esquizóides, somáticos, agressivos, delinqüentes, hiperativos
1985 Lindberg e Distad	17 sobreviventes de incesto	100% deprimidos, 47% suicidas	100% DEPT, 2/17 AS/DQ (12% = 2 x gen pop)
1986 Friedrich *et al.*	85 ASI, crianças de 3-12 anos, clínicos, forenses	↑	↑ ansiedade, somatização, agressão, delinqüência, hiperatividade, etc.

Tabela A.3. Depressão e Trauma de Infância: 96 Estudos Clínicos (continuação)

Ano/Autor	**Características do estudo**	**Depressão/ Suicídio/TI**	**Outros efeitos do trauma**
Bagley e Dann	65 ASI, garotos adolescentes *vs.* 220 controles na mesma unidade Tx	↑	
Putnam *et al.*	96 pacientes com TI	70-90%	↑ sintomas psicóticos, AS/DQ, DAs, DPs
Sloan e Leichner	5 mulheres com ASI na unidade de DA	↑ (3/5)	↑ problemas sexuais
Gorcey *et al.*	41 ASI 56 controles	↑	Todos pacientes externos de clínica psiquiátrica
1987 Bryer *et al.*	66 mulheres pacientes internadas de clínica psiquiátrica	↑	50+% revitimizadas quando adultas, ↑ ansiedade, paranóia, Sx psicóticos
Beck e van e der Kolk	12 mulheres psicóticas cronicamente hospitalizadas	3x Histórico de ASI	6x distúrbios médicos, 3x abuso de drogas/DQ
Livingston	13 crianças com ASI com idade média de 10 anos	77% (10/13)	Características psicóticas comuns
Sansonnet-Hayden *et al.*	17 ASI de 54 adolescentes em hospitais psiquiátricos	↑ 71% na depressão suicidalidade	
1988 Briere	133 mulheres *vs.* 61 controles idade média de 27 anos	↑	↑ dissociação (2x), AS/DQ (4-9x), revitimização (8x), sono, problemas sexuais
Briere *et al.*	40 ASI, crise ctr. 40 controles	↑	↑ dissociação, insônia, ansiedade, ira
McLeer *et al.*	31 crianças idade média de 8 anos	↑	48-75% DEPT
Schaefer *et al.*	36 TI 64 controles	↑	↑ ansiedade, DOC, paranóide, psicoticismo
1989 Stein *et al.*	51 mulheres	↑	↑ AS/DQ e ansiedade/fobia
1989 Morrow e Sorell	101 garotas adolescentes de baixo SSE	↑, resposta graduada	↓ auto-estima

Tabela A.3. Depressão e Trauma de Infância: 96 Estudos Clínicos (continuação)

Ano/Autor	Características do estudo	Depressão/ Suicídio/TI	Outros efeitos do trauma
Einbender e Friedrich	46 meninas que sofreram ASI, de 6-14 anos de idade *vs.* 46 controles	↑	↑ agressão, problemas sociais, hiperativas, esquizóide-obsessivas, problemas na escola, somáticos e sexuais
1990 Jacobson e Herald	40 ASI, 100 pacientes internados em clínica psiquiátrica	↑	↑ psicose, AS/DQ
Sweet *et al.*	65 homens com TI *vs.* 65 controles pacientes ext. de clín. psiquiátrica	↑	↑ ansiedade, fobia, DPL
1990 Elliot e Tamowski	17 crianças com ASI *vs.* 17 controles	↑ sintomas (não significativos, em comparação com crianças que sofreram abuso físico)	Um em apenas 2 estudos não mostram NDS (tendência do controle?)
Goodwin *et al.*	20 mulheres com TIs graves	90% (18/20)	↑ DEPT, AS/DQ, dissociativa
Hooper	60 mulheres com ASI 358 controles	2x	↑ neurose
1991 Felitti	131 ASI *vs.* 100 controles	2,6x	3,7x VCM, 1,6 problemas gastrointestinais e dores de cabeça 1,6 — 4,2x distúrbios da alimentação
Brown e Andersen	166 pacientes	↑ + suicídio	2x distúrbios da alimentação, AS/DQ
Kaufman	56 crianças de 7-12 anos de idade, todas com TI	2-4x	
Wozencraft *et al.*	65 crianças com AS	↑	
Bifulco *et al.*	21 mulheres com ASI *vs.* 215 controles, aleatório	5,1x	
Kaufman	56 crianças com TI	12x (estimativa)	
Kiser *et al.*	40 TI	↑	↑ ansiedade, problemas de comportamento

Tabela A.3. Depressão e Trauma de Infância: 96 Estudos Clínicos (continuação)

Ano/Autor	**Características do estudo**	**Depressão/ Suicídio/TI**	**Outros efeitos do trauma**
Brown e Garrison	132 ASI (incesto) 250 controles	4-6x	20x ansiedade, 2-6x DA, 30-38 AS/DQ, 6x promiscuidade, 2x enxaquecas
1992 Pribor e Dinwiddie	2 mulheres com TI	4-9x	6x AS/DQ, 6-15x ansiedade/fobia
Walker *et al.*	14 mulheres com grave ASI com dor pélvica crônica *vs.* 86 controles	4,8-10,6x	47x pânico, 6x fobia, 23x somatização, 1,7-5,9x AS/DQ, 2-2,5x disfunção sexual, 7,6x dor pélvica crônica
Famularo *et al.*	61 crianças com TI 35 controles	3,2-12x	↑ ansiedade, AS/DQ, problemas de comportamento, DP, DEPT
1993 Handwerker	355 mulheres 2/3 com TI	2-4x	
Moeller, Bachman e Moeller	354 mulheres abusadas (ASI, AF, AE) *vs.* 314 controles em prática ginecológica [Encontrados 16 defeitos de pais; 8% talvez mulheres]	2x/6,4x	AS (2,5x álcool, 18x drogas), 2x obesidade, fadiga, SPM, 3x problemas ginecológicos, 3x alta tensão, 1,5x ansiedade, 6,2x vítima de crimes, 2,3x auto-estima, 3x pessimismo
Mueuzenmaier *et al.*	78 pacientes externos de clínica psiquiátrica 65% com TI	↑	↑ AS/DQ, psicose, revitimizados, moradores de rua
Swett e Halpert	71 de 88 mulheres ASI/AFI *vs.* 17 "sem abuso". Todas em unidade psiquiátrica	↑ ("não significativo", mas "controles" eram também pacientes internados em clínica psiquiátrica = alto risco)	↑ ansiedade, hostilidade e psicoticismo, mais DPL, PAS, DP e DP esquizóide
Mullen *et al.*	298 ASI 294 controles ↑ disfunção familiar	2,6 + 5,2x (2-74x suicídio)	↑ DA, ansiedade, AS/DQ, ↑ disfunção familiar, pacientes externos e internados em clínica psiquiátrica
1994 Goldberg *et al.*	201 pacientes	↑	↑ dor crônica (A depressão é uma conseqüência natural esperada)
Rowan *et al.*	47 adultos sobreviventes de ASI	↑	69% DEPT

Tabela A.3. Depressão e Trauma de Infância: 96 Estudos Clínicos (continuação)

Ano/Autor	**Características do estudo**	**Depressão/ Suicídio/TI**	**Outros efeitos do trauma**
Bartholow *et al.*	1.001 homens com TI *vs.* controles	↑	↑ AS/DQ, problemas de identidade sexual
1995 Vize e Cooper*	180 pacientes externos e internados em clínicas psiquiátricas	3x	3x bulimia 4,4x anorexia nervosa
Stern *et al.*	84 crianças de 5-15 anos com AS, 84 controles	2 + x	3 + x comportamento sexualizado, ↓ auto-estima
Windle *et al.*	802 alcoólicos com TI *vs.* controles	↑	↑ ansiedade, PAS
Mancini *et al.*	205 com distúrbios de ansiedade 23-45% TI	↑	
Mennen e Meadow	135 garotas de 6-18 com ASI avaliado	↑	↑ ansiedade ↓ auto-estima
Lanz	77 ASI *vs.* 164 controles, todas adolescentes solteiras e grávidas [tendência dos controles?]	↑	↑ ansiedade, AS, delinqüência ↓ auto-estima, apoio, relacionamentos familiares
Brodsky *et al.*	60 mulheres com DPL internadas em clínica psiquiátrica 50% (30/60) ASI/AF	↑	↑ dissociação (50%) Tx psiquiátrico, automutilação
1996 Toth e Cichetti	52 abusados, 49 controles	↑	↑ problemas escolares e sociais, abuso emocional importante
Kumar *et al.*	111 adolescentes com TI internados em clínica psiquiátrica *vs.* controles	Nenhuma diferença dos controles (tendência dos controles?)	↑ comportamentos sexuais impróprios
Ellason *et al.*	69 de 106 AS/DQs tinham Hx de TI	↑	↑ DEPT, DP, dissociação
1997 Pillay e van der Veen	100 crianças com TI	↑ (mais se a revelação for protelada)	↑ DEPT
Moisan *et al.*	60 meninos com AS (30 negros, 30 latinos)	↑; [30% dos ofensores eram mulheres]	↑ ira, desesperança e somatização

Tabela A.3. Depressão e Trauma de Infância: 96 Estudos Clínicos (continuação)

Ano/Autor	Características do estudo	Depressão/ Suicídio/TI	Outros efeitos do trauma
Ferguson e Dacy	55 mulheres com ASI 55 controles	↑	↑ ansiedade e dissociação
Caspar e Lyubomirsky	61 com bulimia e com ↑ ASI, 92 controles	↑	
1997 Pharris *et al.*	1.157 adolescentes *vs.* controles	↑ Sx de depressão	↑ pensamentos e comportamento suicidas
McCauley *et al.*	424 de 1.931 mulheres com ASI e/ou AFI	↑ 1,6x	↑ AS e distúrbios médicos, revitimização
Ellason e Ross	144 sobreviventes de TI	↑	↑ dissociação, psicose
Moyer *et al.*	65 adolescentes com ASI 136 controles	↑	↓ auto-estima
1998 Felitti *et al.*	9.508 pacientes do estudo ACE, TI *vs.* controles	4,6-12,2x	2-10,3 autodestruição 4,7-10,3x AS/DQ e outras co-morbidades
Kaplan *et al.*	99 pacientes adolescentes *vs.* 99 controles	2,9-9x	13-15 AS/DQ 2-3x DHDA
Classen *et al.*	27 mulheres com ASI	↑	↑ ansiedade ↓ auto-estima
Ackerman *et al.*	204 crianças com TI	↑	↑ ansiedade, fobia, DEPT, DHDA, comportamento, DP
Kinard	150 crianças com TI 148 controles	↑	Pouco entendimento com os sujeitos da avaliação e negação?
1999 Grilo *et al.*	70 Hx de abusos *vs.* 93 nenhum	3,5x	2,5x suicidas, 1,9x com Sx de DPL, 2,1x AS, 1,8x violentos
Dickinson *et al.*	252 mulheres com TI *vs.* controles	↑	↑ DEPT, ansiedade, fobia, DA, somatização
Fondacaro *et al.*	86 ASI, 125 controles detentos em prisão	↑	↑ AS/DQ, ansiedade, DEPT, pânico, DOC, DPAS, esquizofrenia

Tabela A.3. Depressão e Trauma de Infância: 96 Estudos Clínicos (continuação)

Ano/Autor	Características do estudo	Depressão/ Suicídio/TI	Outros efeitos do trauma
Brown *et al.*	81 abusados, 553 controles, crianças e adolescentes	3-4x	8,4x tentativas de suicídio repetidas em ASI
Pelletier e Handy	40 TI, 20 controles	↑	↑ problemas de comportamento
Gold *et al.*	187 adultos com ASI	↑ depressão	↑ ansiedade, comportamento agressivo e impulsivo, somatização, psicoticismo
Harmer *et al.*	46 mulheres, a maioria com TI, *vs.* população em geral	↑	↑ problemas de educação pelos pais
2000 Kendal-Tackett *et al.*	65 ASI/AFI *vs.* 65 controles	3x	↑ cirurgias, sintomas
Anderson *et al.*	45 pacientes internados com bulimia, todos com TI	84%	58% DP, 22% AS/DQ
Pelcovitz *et al.*	89 adolescentes com TI 96 controles	↑	↑ ansiedade, DEPT, DDO
2001 Reynolds *et al.*	45 crianças de 5-11 anos de idade testemunharam violência doméstica, nenhum controle	↑ depressão	↑ DEPT, DHDA, distúrbio de conduta ↓ auto-estima
Hurt *et al.*	119 crianças com TI	↑	↑ ansiedade ↓ auto-estima
Bulik *et al.*	30 gêmeos idênticos, 1 com bulimia	1,5x	↑ AS/DQ (4x), 6x ansiedade sugerida causa ambiental
2001 Johnson *et al.*	89 adultos com ASI	60% deprimidos	78% DEPT 22% distúrbio dissociativo
2002 Frias Armenta	150 mulheres com TI *vs.* controles	↑	↑ ansiedade, AS/DQ, PAS, abusam dos próprios filhos
Saigh *et al.*	151 crianças com TI *vs.* controles	↑	↑ ansiedade, distúrbio do pensamento, somatização
Cecil e Matson	57 adolescentes com TI 192 controles	↑	↑ auto-estima

Tabela A.3. Depressão e Trauma de Infância: 96 Estudos Clínicos (conclusão)

Ano/Autor	Características do estudo	Depressão/ Suicídio/TI	Outros efeitos do trauma
King *et al.*	2.698 homens com TI *vs.* controles	2,4x	↑ ansiedade 1,7x, danos a si mesmo 2,6x
Johnson *et al.*	167 crianças com TI	↑	↑ ansiedade, ira
Runyon e Kenny	98 crianças com TI	↑	
2003 Thompson *et al.*	51 TI, 21 vítimas adultas de estupro, 25 controles	2,3x	3x ansiedade, 2x AS/DQ, 7x DEPT, ↑ distúrbios da alimentação
SUMÁRIO			
96 Estudos Clínicos 1937-2003	**29.292 pacientes e controles (a maioria com abuso sexual, alguns com físico, provavelmente todos com psicológico)**	**1,6 a 12,2x ↑ para 12x nos suicidas**	**Co-morbidade aumentada e geralmente múltipla. Um tipo de abuso ocorre comumente junto com outros tipos de abuso**

VCM = visita a consultório médico, ASI = Abuso Sexual na Infância, AFI = Abuso Físico na Infância, AEI = Abuso Emocional na Infância, Sx = Sintoma(s), TI = Trauma de Infância, AS/DQ = Abuso de Substâncias/ Dependência Química, DP = Distúrbio de Personalidade, DID = Distúrbio de Identidade Dissociativa, DOC = Distúrbio Obsessivo-Compulsivo, PAS = Personalidade Anti-Social, DPAS = Distúrbio de Personalidade Anti-Social, DPL = Distúrbio de Personalidade Limítrofe, NDS = Nenhuma Diferença Significativa, Hx = Histórico, x = vezes (fator de risco ou aumento sobre o controle ou a população em geral), DDO = Distúrbio Desafiador Oposicional, Tx = tratamento, DA = Distúrbio da Alimentação, DHDA = Distúrbio de Hiperatividade de Deficiência da Atenção, ↑ = aumento, MMPI = Inventário de Minnesota de Personalidade Multifásica, SPM = Síndrome Pré-Menstrual

Tabela A.4. Depressão e Trauma de Infância: 70 Estudos Comunitários

Ano/Autor	Características do estudo	Depressão/ Suicídio	Outros efeitos do trauma
1984 Bagley e McDonald	57 meninas com TI 30 controles	2x	↑ problemas sexuais ↓ auto-estima
Sedney e Brooks	51 ASI 51 controles	↑	
1986 Bagley e Ramsay	82 mulheres com ASI 285 controles	2x + 3,7 suicidas	4x baixa estima, 5x provocam danos em si mesmas
Gold	191 pessoas com TI *vs.* controles	↑	
Bagley e Ramsay	45 ex-prostitutas (73% ASI) *vs.* controles (27%)	5x (80 *vs.* 16%) Todas as ex-prostitutas sofreram graves abusos quando crianças	10x baixa auto-estima (71 *vs.* 7%) (citado em Bagley e Young 1989/90)
Kilpatrick	285 ASI *vs.* 216 controles	↑ relacionamento gradual ↑ revitimização	Permaneceram com parceiro com DQ quando adultos ↓ auto-estima
Herman *et al.*	205 mulheres com ASI	↑	50% de efeitos substanciais
Fromuth	383 mulheres universitárias com ASI *vs.* controles	↑ ± ↓ apoio dos pais como um dos fatores principais	↑ ansiedade, paranóia, psicoticismo, somatização
1987 Conte e Scheurman	369 crianças com ASI, 318 controles	↑	↑ ansiedade, pânico, problemas de comportamento, somatização ↓ auto-estima
Briere e Runtz	152 mulheres adultas em centro de crise de saúde (67 ASI [44%] *vs.* 85 controles)	Problemas mais comuns apresentados (33/23%) (outros: problemas relacionados 27%, ansiedade 14%)	↑ AS (2,6x alcoolismo, 9x drogas), 2x ansiedade, 2x ira, provocam danos em si mesmas, problemas sexuais, tensão muscular
1987 Gorcey *et al.*	41 sobreviventes de ASI,* 56 controles	↑ *(Alguns pacientes clínicos)	↑ ansiedade, problemas sexuais
1988 Briere e Runtz	41 mulheres estudantes universitárias com ASI *vs.* 237 controles	↑	↑ ansiedade, dissociação, distúrbios médicos

Tabela A.4. Depressão e Trauma de Infância: 70 Estudos Comunitários

Ano/Autor	Características do estudo	Depressão/ Suicídio/TI	Outros efeitos do trauma
Stein *et al.* (estudo LA Epidem. Catchment Area)	2.683, apenas ASI evidente *vs.* controles	3+x	2-10x distúrbios de ansiedade, 2x AS, 9x esquizofrenia, 5x DOC, 3,8x PAS, 2,2x qualquer distúrbio mental
Burnam *et al.* continuação do estudo LAECA	432 ASI *vs.* 2.693 controles	↑ abusados com idade mais tenra = mais distúrbios mentais	↑ AS, distúrbios de ansiedade, DOC. Não: ↑ manias, esquizofrenia, PAS
Dimock	25 homens com ASI	↑ em todos	
Mullen *et al.*	99 ASI/AFI *vs.* 215 controles adultos ↑ depressão	Aqueles abusados quando adultos também são afetados ↑ ansiedade	Fobia
Peters	71 ASI 48 controles	↑	↑ AS/DQ, hospitalização psiquiátrica
Murphy *et al.*	120 ASI, 81 adultos vítimas de AS, 184 controles	↑	
1989 Rew	34 ASI/55 estudantes de enfermagem	↑	↓ auto-estima
Mechanic e Hansell	288 adolescentes com TI 507 controles	↑	↑ ansiedade, somatização
Shapiro *et al.*	53 mulheres de 5-18 anos 32 controles	↑	Suspeita de dados relatados insatisfatórios
Morrow e Sorell	101 garotas adolescentes de baixo SSE	↑ Resposta gradual à severidade do trauma**	↓ auto-estima
1990 Hooper	60 ASI *versus* 358 controles	2x	↑ neuroses
Knowles e Schroeder	199 filhos abusados de alcoólicos 601 controles	↑	↑ ira, saúde deficiente, somatização
Winfield *et al.*	1.157 mulheres com TI *vs.* controles	↑	↑ AS/DQ, DEPT, distúrbio de pânico

Tabela A.4. Depressão e Trauma de Infância: 70 Estudos Comunitários

Ano/Autor	Características do estudo	Depressão/ Suicídio/TI	Outros efeitos do trauma
Greenwald *et al.*	54 enfermeiras com ASI 54 controles	↑	↑ ansiedade, fobia, DOC, paranóide, psicoticismo, somatização
1991 Kiser *et al.*	40 ASI/AFI	↑	↑ ansiedade, problemas de comportamento
Saunders *et al.*	399 ASI 3.699 controles	↑	↑ Relatório final em 1999
1992 Wind e Silvern, mulheres executivas	122 ASI/AF *vs.* 137 controles	↑	↑ trauma Sx/DEPT, como experiências negativas quando adultos
Toth *et al.*	153 crianças de baixo SSE 46 abusadas, 35 negligenciadas, 72 controles	↑	↑ comportamento agressivo ↓ auto-estima
Bushnell *et al.*	39 mulheres com ASI 262 controles	2,1x (também prospectivo)	1,2x AS, 1,5x distúrbio da alimentação
Scott	167 sobreviventes de ASI 2.964 controles	↑	AS 2,1 — 5,2x, fobia 3,4x, 2,4x qualquer distúrbio afetivo
Yama *et al.*	139 estudantes universitárias: (46 mulheres com ASI *vs.* 93 controles)	↑	↑ ansiedade e disfunção familiar
Gross e Keller	260 estudantes universitários, TI *vs.* controles	↑	↓ auto-estima
Saunders *et al.*	131 ASI 260 controles	↑	
1994 Bagley *et al.*	116 homens de 18-27 anos com ASI *vs.* 634 controles, amostra aleatória	↑	
Fox e Gilbert	253 mulheres universitárias com TI *vs.* controles	↑	↓ auto-estima

Tabela A.4. Depressão e Trauma de Infância: 70 Estudos Comunitários

Ano/Autor	Características do estudo	Depressão/ Suicídio/TI	Outros efeitos do trauma
1995 Elliot e Briere	113 ASI 385 controles	↑ depressão Muitos Sx = lembranças recuperadas recentemente	↑ ansiedade, ira/irritabilidade, dissociação, problemas sexuais, comportamento redutor de tensão, ↓ auto-estima
1996 Mullen *et al.*	107 abusados (53 AS, 39 AF, 57 AE) *vs.* 390 controles	3,7x 5-18x tentativas de suicídio	2-3x AS, 3,2 DA, 3x problemas sexuais e gravidez precoce; 7,2x sempre hospitalizados
1994 Pelcovitz *et al.*	27 adolescentes com AFI *vs.* 27 controles	10x depressão	↑ problemas de comportamento, distúrbios do pensamento
1995 Mancini *et al.*	205 pacientes com distúrbios de ansiedade consecutivos (23-45% AFI/ASI)	↑ depressão	↑ ansiedade
Andrews *et al.*	101 mulheres com TI *vs.* controles	2,9x	
1996 Davidson *et al.*	67 AS (1/3 < 16 anos de idade) 2.851 controles	3/10x depressão/suicídio	3-4x DEPT 2x ataques de pânico
Duncan *et al.*	104 AFI 3.904 controles	2-4x	5-10x DEPT, 2-3,4x AS/DQ, 4x problemas legais
Fergusson *et al.*	106 ASI *vs.* 919 controles	5,5x ASI por contato 7x por intercurso sexual	Ansiedade 4x contato e 4,2x intercurso sexual
Toth e Cicchetti	52 crianças com TI 40 controles	↑ (muito ↑ se tiver ASI e relacionamento "confuso" com a mãe)	Tipos de abuso isolados (ASI, AF, não raro)
Whitfield e Stock	100 adultos com ASI 88 mulheres, 12 homens	7x (57%)	14x DID, 40% DA, 1/3 machucam a si mesmos, 3x psicoses, 7x DEPT, 6x AS
1997 Flisher *et al.*	665 crianças e adolescentes com 9-17 anos de idade 26% (172) AF	↑	↑ ansiedade, conduta rebelde e diminuição das capacidades
Fergusson e Lynskey	1.265 crianças com AF entrevistadas, algumas com ASI	↑, e ↑ suicídio	↑ ansiedade de modo gradual

Tabela A.4. Depressão e Trauma de Infância: 70 Estudos Comunitários

Ano/Autor	Características do estudo	Depressão/ Suicídio/TI	Outros efeitos do trauma
Styron e Janoff-Bulman	232 estudantes universitários com TI	↑	↑ dificuldades de relacionamento Problemas de afeto na maioria deles
Moyer *et al.*	65 garotas adolescentes com ASI 136 controles	↑	↓ auto-estima
Kessler *et al.*	5.877 pessoas com TI *vs.* controles	↑	↑ ansiedade, AS/DQ, problemas de comportamento
1998 Ackerman *et al.*	127 apenas com ASI, 43 apenas com AFI, 34 com ambos 7-13 anos de idade	↑ depressão e bipolar	↑ ansiedade, fobia, DHDA, rebelde operacional, distúrbio de conduta, DEPT, DOC, esquivo
1998 Alexander *et al.*	92 mulheres com ASI	↑	↑ DEPT; enfoque em distúrbio do afeto
Blumenthal *et al.*	326 estudantes universitários com TI *vs.* controles	↑	↑ ansiedade, ± DEPT
Kent e Waller	236 mulheres com TI *vs.* controles	↑	↑ ansiedade, sintomas de DA, dissociação
1999 Fondacaro e Holt	86 ASI *vs.* 125 controles, reclusos em prisões	↑ (41 % dos ASI não acreditavam que foram abusados)	↑ ansiedade, pânico, AS/DQ, DEPT, DOC, DPAS, psicoses
Liem e Boudewyn	145 ASI *vs.* 542 controles, estudantes universitários	↑	↓ auto-estima
Bensley *et al.*	4.790 estudantes com ASI *vs.* controles	↑	↑ AS e comportamento anti-social
Armsworth *et al.*	36 mulheres com ASI *vs.* 35 controles	3-9x, + 2x suicídio	1,9-5x ansiedade 13x hospitalização em clínica psiquiátrica 2-11x Distúrbio da Alimentação
Zuravin e Fontanella	105 ASI 408 controles	Cerca de 3x depressão	

Tabela A.4. Depressão e Trauma de Infância: 70 Estudos Comunitários

Ano/Autor	Características do estudo	Depressão/ Suicídio/TI	Outros efeitos do trauma
2000 Kendler *et al.*	1.411 mulheres gêmeas, 30% ASI	2-5,7x	↑ AS, ansiedade, pânico, bulimia; ASI é *causa* de diversos distúrbios psiquiátricos
Krantz e Ostergren	128 mulheres com AF/ASI 263 controles	↑	↑ ansiedade e sintomas somáticos, especialmente musculoesqueléticos
Harter e Taylor	333 estudantes universitários	↑	↑ ansiedade, paranóia, psicose, hostilidade
Neumark-Sztainer *et al.*	9.943 adolescentes com TI *vs.* controles	1,6-2,4x	Co-morbidade com distúrbios da alimentação
2001 Cecil e Matson	57 adolescentes com ASI *vs.* 192 controles	↑	↑ aflição familiar, abuso físico e emocional
MacMillan *et al.*	7.016 pessoas com TI *vs.* controles	1,8-3,3x	2x ansiedade, 1,4-2,3x AS/DQ, 2,5-5,3x comportamento anti-social
Lipman *et al.***	305 TI 1.166 controles	2,1x	2,1x ansiedade 3,2x AS/DQ
2002 Nelson *et al.*	1.991 pares de gêmeos	1,9x	1,9x ansiedade, 1,7-3x AS/DQ, 2x nicotina, 2,5-6,6x distúrbio da conduta, 3,6-26x revitimizados
2003 Thompson *et al.*	97 mulheres com TI *vs.* controles	2,3 x	↑ AS/DQ, 7x DEPT, 3x ansiedade
70 Estudos Comunitários 1985-2003	**69.724 sobreviventes de traumas e controles**	**Depressão ↑ para 10x Suicidalidade ↑ para 18x**	**↑ Co-morbidade**

* Outras disfunções familiares são fatores que influenciam o abuso.
** Histórico de TI foi uma associação consistente e significativa com problemas dos adultos mesmo quando controlados.

Para abreviaturas, ver o final da Tabela A.3, na página 192.

Tabela A.5. Associações Entre Depressão e Trauma de Infância: 22 Estudos Prospectivos

Ano/Autor	Características do estudo	Depressão/ Suicídio
1984 Bagley e McDonald	57 garotas abusadas (20 ASI) separadas da mãe *vs.* 30 não-abusadas Acompanhadas durante 8 anos	2x alto correlacionado ao longo de acompanhamento por 8 anos
Bagley *et al.*	149 mulheres com ASI *vs.* 471 controles, prospectivo	↑ para 10
1986 Bagley e Ramsey	82 ASI, 285 controles	↑
1989 Mechanic e Hansell	288 adolescentes com TI, 507 controles	↑
1991 Bifulco *et al.*	25 ASI, 261 controles	↑
1995 Stern *et al.*	84 crianças com ASI, 84 controles	↑
1995 Leifer e Shapiro 1 ano	64 garotas com ASI de 5-16 anos de idade	↑
1996-99 Widom *et al.*	1.575 crianças acompanhadas durante 20 anos* Acusação do abuso documentada (5 relatórios)	↑ + suicídio
1996 Fergusson *et al.*	1.000 crianças com ASI acompanhadas anualmente até os 18 anos de idade	↑ + suicídio
1997 Fergusson *et al.*	1.265 crianças com AF acompanhadas anualmente até os 18 anos de idade	↑ + suicídio
1996 Silverman *et al.*	375-519 crianças, acompanhamento durante 17 anos, idades 5, 9, 15, 18, 21; com 21, avaliação retrospectiva do abuso	
1998 Putnam *et al.*	164 garotas: 77 com ASI, 15 outros abusos, 77 controles; acompanhadas durante ↑ 2 anos x 20 anos até idade adulta jovem	↑

Tabela A.5. Estudos Prospectivos *(conclusão)*

Outros efeitos do trauma	Comentários
2x ↓ auto-estima e problemas sexuais ↑ neuroses relacionadas com separação da mãe, abuso físico e negligência	Vulnerável e desesperançado, sem tratamento para recuperação, envolve-se em repetidos relacionamentos abusivos
70-80% daquelas com ↓ apoio social são deprimidas e freqüentemente suicidas (citado *in* Bagley e Young 1989/90)	↑ do *stress* na infância, ASI e ↓ auto-estima e do apoio social = alto risco para depressão e suicídio
↑ ansiedade, psicose ↓ auto-estima	
↑ ansiedade, somatização	
↑ ansiedade, AS/DQ	
↑ problemas de comportamento ↓ auto-estima	
↑ ansiedade, problemas comportamentais	Sem diferença entre favorecer cuidados ou não
↑ ansiedade, AS, agressão, violência, comportamento anti-social	↑ DEPT (520 negligenciados, 110 AF, 96 ASI, 543 controles emparelhados)
↑ ansiedade, AS, agressão, violência, comportamento anti-social	Os efeitos tiveram uma relação gradual com a seriedade do trauma
↑ ansiedade, AS, agressão, violência, comportamento anti-social	Os efeitos tiveram uma relação gradual com a seriedade do trauma
	↑ Co-morbidade (múltipla)
↑ ansiedade, AS, dissociação, somatização, DHDA, hiperssexual, parceiros mais velhos, problemas de desenvolvimento**	Ver também Trickett *et al.* 1994

A tabela A.5 continua na página seguinte

Tabela A.5. Estudos Prospectivos *(conclusão)*

Ano/Autor	Características do estudo	Depressão/ Suicídio
1997 Ellason e Ross	54/135 TI pacientes com DID	↑
1997 Tebbutt *et al.*	84 crianças *vs.* controles (1/4 garotos) com ASI acompanhados por @ 0, 18 meses e 5 anos	↑ (43%, isto é, 4,3x a incidência em adultos de 8%)
1996 Boney-McCoy e Finkelhor	1.433 crianças e adolescentes de 10-16 anos de idade, nacional, acompanhados por 15 meses	↑
1999 Wosniak *et al.*	260 crianças e adolescentes, TI *vs.* controles	↑
Swanston *et al.*	68 crianças com ASI, 84 controles, acompanhados por 5 anos	↑ ansiedade, AS/DQ, DA, somatização
Bagley *et al.* "Estudo Calgary"	565 adolescentes acompanhados desde o nascimento	↑
2000 Cameron	72 mulheres, 51 para todos os 5 levantamentos realizados ao longo de 12 anos de acompanhamento	7x (60%; 32% um pouco deprimidas; 47% suicidas)
2001 Johnson *et al.*	593 pais biológicos e seus filhos foram acompanhados e avaliados durante 18 anos	↑
2002 Kendler *et al.*	1.942 gêmeas adultas TI *vs.* controles, 9 anos de acompanhamento	↑, desenvolvimento complexo (ver Figura 5.2)
Lansford *et al.*	585 crianças, ASI *vs.* controles 12 anos	↑
RESUMO		
22 Estudos 1984-2002	**11.009 sujeitos ↑ para 7x e controles** acompanhados desde um até mais de 20 anos	**Depressão/ suicídio ↑ para 10x**

DID = Distúrbio de Identidade Dissociativa

Tabela A.5. Estudos Prospectivos *(conclusão)*

Outros efeitos do trauma	Comentários
↑ ansiedade, sintomas psicóticos	↑ outros traumas durante o acompanhamento Necessidade de tratamento mais vigoroso e desde idade mais precoce
↑ de problemas comportamentais (46%) ↓ da auto-estima (43%)	O trauma parece causal de sintomas psicológicos
↑ DEPT (outros problemas não foram examinados)	
↑ AS/DQ ansiedade	
↑ ansiedade, problemas de conduta e de comportamento	
77% de ansiedade; 88% de ↓ auto-estima; 82% de DA; 78% de problemas sexuais; 63% de DEPT; 75% de problemas ginecológicos; 67% de dores de cabeça/maxilar	Com tratamento focalizado no trauma houve uma melhora substancial nesses distúrbios e sintomas ao longo do tempo
↑ de outros distúrbios psiquiátricos	Os distúrbios estavam associados com comportamento mal-adaptado dos pais, mas não com distúrbios psiquiátricos dos pais
↑ ansiedade, DEPT, dissociação; problemas de comportamento, escolares e de pensamento	
Co-morbidade alta e múltipla	**Relacionamento gradual com a seriedade do trauma. Um: melhoria substancial com tratamento focalizado no trauma**

Tabela A.6. Depressão/Suicídio e Trauma de Infância: 11 Estudos de Casos Selecionados

Ano/Autor	Características do estudo	Trauma de Infância
1979 Rosenfeld	18 mulheres pacientes de clínicas psiquiátricas com distúrbios mistos, inclusive distúrbios de personalidade, revisão de tabelas	6/18 (33%) de incestos relatados. 5/6 (83%) de distúrbio de personalidade histérica (3) e neurose histérica (2)
1987 Hallstrom	60 mulheres deprimidas *vs.* 400 controles	↑ de abuso físico (AF)
Jacobson e Richardson	32 pacientes internados deprimidos	↑ (81% do total relatado)
1989 Anales e Torgeson	298 pacientes externos de clínica psiquiátrica, em sua maioria deprimidos	↑ de trauma de infância
Coons *et al.*	14 deprimidos	↑ TI (36%)
Jabson	11 deprimidos	↑
Morrison	311 pacientes com distúrbio afetivo primário	16% de ASI
1992 Carlin e Ward	22 deprimidos, 11 mulheres pacientes internadas em clínica psiquiátrica com distúrbio bipolar *vs.* 89 controles	44% de ASI, 46% de ASI
Kuyken e Brewin	58 mulheres deprimidas	60% (35/58) com TI
1993 Wurr e Partridge	43 deprimidos	56% de ASI
1998 Levitan *et al.*	653 deprimidos 8% de 8.116 avaliados no levantamento	↑ TI
1975-1998 11 estudos	**8.931 sujeitos**	**↑ de trauma de infância**

Tabela A.6. Depressão/Suicídio e Trauma de Infância: 11 Estudos de Casos Selecionados (continuação)

Outros efeitos do trauma	Comentários
Nenhuma avaliação objetiva além das interações clínicas psiquiátricas	Publicado antes que o DEPT se tornasse um diagnóstico aceito na psiquiatria
Sentiam-se malcompreendidos pelos pais, especialmente pelas mães	
	Sem controles. Comparados com outros pacientes psiquiátricos
20-93% tinham sintomas de DEPT	(o estudo estava atento para a amnésia dissociativa)
↑ trauma quando adultos (revitimização)	
Menor % de ASI relatada para a depressão	
Usou MMPI	% do abuso provavelmente subestimado
Forte relação com abuso bipolar e físico em todos e ASI em mulheres	
Constatações variadas, como a do trauma quando adulto	

Alguns pesquisadores têm examinado o modelo do trauma-doença a partir de um outro ângulo: considerando a pessoa com uma doença ou condição como *index case* e procurando evidências clínicas, isto é, descobertas no histórico e/ou em laboratório, de traumas de infância. Eu resumo alguns desses relatórios nesta tabela.

Tabela A.7. Depressão e Trauma de Infância: 4 Estudos Concluem que o Trauma é *Causal*

Ano/Autor	**Características do estudo**	**Depressão/ Suicídio**
1975 Benward e Densen-Gerber	Entrevista de 118 mulheres com DQ pacientes internadas 52 ASI *vs.* 66 controles	1,5x deprimidas (ASI *vs.* não-ASI)
1996 Boney-McCoy e Finkelhor	1.433 crianças e adolescentes de 10-16 anos de idade, nacionais, acompanhados durante 15 meses	↑ (a maioria dos outros problemas não foi examinada)
1999 Kendler *et al.*	1.898 gêmeas aflitas *vs.* controles	3,5-4,5x
1999, 2000 Kendler *et al.*	1.411 gêmeas, 30% com ASI	2-5,7x
1975-2000 13 autores	**4.752 sujeitos. Um estudo prospectivo e um sobre gêmeos pela equipe de pesquisa genética**	**↑ para 5,7x**

DQ = dependência química

Tabela A.7. Depressão e Trauma de Infância: 4 Estudos Concluem que o Trauma é *Causal* (continuação)

Outros efeitos do trauma	**Comentários**
↑ de comportamento anti-social	Um dos primeiros relatórios sobre ASI baseados em dados e que o descreveram como *causal*
↑ DEPT	O trauma parece *causal* de sintomas psicológicos
Aparentemente não foram procurados outros efeitos	A aflição recente é 2/3 *causal* para o início da depressão
↑ AS, ansiedade, pânico, bulimia	O ASI é *causa* de diversos distúrbios psiquiátricos
↑ AS, ansiedade, pânico, DEPT, bulimia, comportamento anti-social	**Todos os autores usam *causal* de uma maneira clara e firme**

Veja também Brown e Harris (1978)[108] para trauma e causalidade

Tabela A.8. Depressão e Trauma de Infância: Revisões de Meta-análise/Literatura de 110 Estudos*

Ano/Autor	Características do estudo	Depressão/ Suicídio/TI	Outros efeitos do trauma	Comentários
1995 Jumper	Meta-análise de 18 estudos sobre ASI de 1978-81, 3.546 sujeitos	↑	Múltiplas co-morbidades e revitimização	↓ auto-estima
1993 Bemporad e Romano	Resume 17 relatórios da literatura européia*	Dois sugerem que o trauma de infância pode ser uma importante causa da depressão em adultos	Outros problemas de relacionamento na infância e problemas circunstanciais podem ser fatores	Trauma de infância pouco avaliado; 2 que o foram são resumidos (1987, 1989)
1996 Newmann *et al.*	Meta-análise de 38 estudos sobre ASI/ depressão/ outros distúrbios, 11.162 sujeitos	↑ associação com co-morbidades	Sintomas eram efeitos de traumas, e não defeitos do caráter	
2002 Paolucci *et al.*	Meta-análise de 37 estudos sobre ASI/ depressão/ suicídio	↑	↑ associação com co-morbidades	Alta dificuldade para invalidar esses resultados

* Outras revisões da literatura incluem referências 50, 112, 233 e 421.

Tabela A.9. Suicídio e Trauma de Infância:

Ano/Autor	Características do estudo	Depressão/ Suicídio/TI	Outros efeitos do trauma
1988 Briere	133 ASI *vs.* 61 controles	2x (suicídio letal)	↑ dissociação (2x), AS/DQ (4-9x), revitimização
Caviola e Schiff	150 adolescentes AS/AF num centro para Tx de DQ *vs.* 60 CDE & 60 controles	↑ tentativas e ideação de suicídio	
1989 Langevin *et al.*	Hx em ASI em ofensores sexuais *vs.* não abusados	↑ ideações 2x tentativas	
1989 Briere e Zaidi	35 ASI *vs.* 75 controles	↑ suicidalidade	
1990 Byne *et al.*	15 DPLs 14 esquizofrênicos, a maioria com TIs sérios	↑ suicidalidade	↑ AS/DQ, ansiedade, problemas de comportamento, urinar na cama
1991 Brown e Anderson	166 pacientes com AF & ASI *vs.* controles (pacientes internados)	↑ suicidalidade [tendência do controle?]	2x distúrbios da alimentação, ↑ AS/DQ
1992 Wallen e Berman	217 AS/DQs TIs *vs.* controles	↑ suicidalidade	↑ revitimização
1993 Mullen *et al.*	298 ASI 252 encobertos 191 evidentes	20-7x	↑ revitimização
Shaunesey *et al.*	40 adolescentes com TI, pacientes internados em clínica psiquiátrica, 77 controles (pacientes internados em clínica psiquiátrica não abusados)	↑ tentativas e ideações	[tendência do controle?]
De Bellis *et al.*	20 garotas com ASI *vs.* 22 controles	↑ tentativas e ideação de suicídio	
Gould *et al.*	De 292 pacientes médicos 73 adultos com ASI 218 controles	6,4x tentativas de suicídio	
1994 Yellowlees e Kaushik	44 mulheres com ASI 88 controles	3,4x tentativas	3-46x AS/DQ 6,4 x revitimizados

22 Estudos Clínicos

1995 Smith *et al.*	89 adultos com ASI acompanhamento durante 9 meses	↑ suicidalidade	↑ ansiedade, visitas a médicos
1995 Bryant e Range	182 estudantes universitárias com TI *vs.* controles	↑ suicidalidade	
1998 Molnar *et al.*	775 moradores de rua e fugitivos de 12-19 anos de idade; abusados *vs.* controles	1,9-4,3x tentativas de suicídio entre ASI	↑ filhos de pais alcoólicos e/ou crianças de lares de pais adotivos
Schrier *et al.* (comunitário)	7.884 adolescentes com TI *vs.* controles	↑ suicidalidade	↑ riscos sexuais, bulimia e comportamento violento
1999 Armsworth *et al.*	36 ASI (incesto) *vs.* 35 controles	2x suicidas	↑ depressão, DAs, ansiedade
Lipshitz *et al.*	64 suicidalidade 35 controles	32-61% com TI	Possível propensão do controle
Gladstone *et al.*	40 mulheres com ASI 130 controles Todas deprimidas	↑ suicidalidade	↑ DPL, danos contra si mesmas, visitas a clínicas psiquiátricas, ↓ auto-estima
Grilo *et al.*	70 adolescentes com TI 90 controles	↑ suicidalidade	↑ sintomas semelhantes aos do DPL
2001 Dube *et al.*	17.337 membros de organização de manutenção da saúde	2-5x suicidalidade Forte relacionamento gradual	Depressão e AS/DQ fortemente associados
Romans *et al.*	254 ASI 223 controles	↑ suicidalidade	↑ ansiedade, distúrbio do pânico, DA
Molnar *et al.*	5.877 pessoas com TI *vs.* controles	2-11x	Forte ligação, especialmente com o ASI
22 estudos 1983-2001	**34.911n pessoas com TI e controles**	**↑ até 74 vezes na suicidalidade, incluindo tentativas e consumações**	**↑ Co-morbidade**

AF= abuso físico; AS= abuso sexual; AE = abuso emocional; DA = distúrbio da alimentação

Tabela A.10. Suicídio e Trauma de Infância: 7 Estudos de Casos

Ano/Autor	Características do estudo	Depressão/ Suicídio/TI	Outros efeitos do trauma
1985 Deykin *et al.*	159 adolescentes que tentaram 318 controles	3-6x TI refletidos em contatos com o DSS	(DSS= Departamento de Serviços Sociais)
1989 Brent *et al.*	27 adolescentes que consumaram, de 19 anos de idade e mais jovens *vs.* 56 pacientes internados suicidas* (Entrevistas com parentes próximos)	Todos os 27 consumaram o suicídio e não mostraram "nenhuma diferença" *vs.* "controles"* (mais de metade deles sofreu abuso)	* A maioria dos pacientes internados suicidas apresenta a mesma alta incidência de traumas de infância, de modo que não se deveria esperar aqui diferença significativa
1993 Brent *et al.* Prospectivo	49 adolescentes (tentativas [13], ideações [36]) *vs.* 121 controles	Os componentes do grupo "ideações" sofreram mais abusos sexuais na infância	
1993 Van Egmond	150 mulheres sobreviventes de suicídio	50% sobreviventes de ASI	Hx de ASI: são comuns novas tentativas
1994 Brent *et al.*	67 que consumaram, 19 anos de idade e menos *vs.* 67 controles na comunidade	Todos que consumaram tiveram ↑ de AF no ano anterior	Pais, irmãos e irmãs, e amigos entrevistados
Beautrais	85 que tentaram *vs.* 90 controles aleatórios	Tentativas 11,7x 35% de ASI com contato 4,4% controles	Tentativas de suicídio sérias do ponto de vista médico Citado em M e F
1995 Shafi *et al.*	20 que consumaram *vs.* 17 amigos próximos	Todos que consumaram apresentavam ↑ de AF, AE ou negligência no ano anterior	Suicídio determinado por médico-legista
1985-1995 7 estudos	**787 Suicidas e controles**	**↑ TI em 6 dos 7 estudos**	**Propensão do controle no estudo de 1995**

Tabela A.11. Revisões da Literatura Sobre Suicídio e Trauma de Infância (Exemplos)

1997 Wagner	Analisa 34 estudos sobre suicídio e fatores de risco na família	Mostra — "Evidências consistentes de que um histórico de AF ou de AS é um fator de risco e algumas evidências de falta de comunicação, perda de alguém que proporcionava cuidados e psicopatologia em parentes de primeiro grau." Diz que a maioria das declarações nesses estudos não é justificada porque os projetos de pesquisa são falhos.
1998 Santa Mina e Gallop	Faz revisão de 21 estudos sobre suicidalidade e 12 sobre danos cometidos contra si mesmo	Mostra que há uma ligação bem-definida entre TI e suicidalidade e outros casos de danos infligidos a si mesmo.

Tabela A.12. Exemplos de Relatórios Publicados Sobre Desabituação de IRSSs

(Agosto de 2002)* *Compilado de* http://www.socialaudit.org.uk/425ssritable.htm

Droga	Relatórios	Datas	"Advertência" da Companhia Farmacêutica
Fluoxetina (Prozac)*	25 publicações/ 402 + (relatórios da OMS)	1988-2002	"Quando as doses são interrompidas, as substâncias ativas da droga persistirão no corpo durante semanas. Deve-se ter isso em mente quando começar ou interromper o tratamento."
Fluvoxamina (Luvox*/ Faverin)	10	1992-2002	"Sintomas, incluindo dor de cabeça, náusea, vertigem e ansiedade, raramente foram relatados depois da interrupção abrupta do uso de [Luvox]/Faverin."
Nefazodona (Serzone*/ Dutonin)**	6	1996-1999	Nenhuma. [Note a discrepância com os relatórios e advertências em todos.]
Paroxetina** (Paxil*/ Seroxat**)	45/2.003	1993-2002	"Sintomas, incluindo tontura, perturbação sensorial (por exemplo, parestesia), ansiedade, perturbações do sono (incluindo sonhos vívidos), agitação, tremor, náusea, suor e confusão têm sido relatados em seguida à interrupção abrupta de [Paxil]/Seroxat. Geralmente, eles são autolimitantes e o tratamento sintomático raramente é garantido. Nenhum grupo de pacientes em particular parece estar em risco mais alto desses sintomas; por isso se recomenda que quando o tratamento com ADPs não seja requerido por mais tempo, deve-se considerar a descontinuação gradual por diminuição progressiva da dose ou por dosagem por dias alternados."
Sertralina (Zoloft*/ Lustral**)	17/585+	1994-2002	"Casos raros de reações de desabituação foram relatados."

* Há inúmeros outros casos relatados na Internet (por exemplo, procure "*SSRI* [ou o nome de uma droga específica] *withdrawal*" (desabituação).** SmithKline Beecham aparentemente sabia, na década de 1980, que muitos voluntários *saudáveis* experimentaram sintomas de desabituação com a paroxetina (Paxil).[523] *** Alguns relatórios individuais estão incluídos em relatórios da OMS (Organização Mundial de Saúde) e outros. + Todos extraídos do compêndio Data Sheet 1998-2000.

Tabela A.12. Exemplos de Relatórios Publicados Sobre Desabituação de IRSSs *(conclusão)*

Droga	Relatórios	Datas	"Advertência" da Companhia Farmacêutica
Venlafaxina (Effexor*/ Efexor)*	24/1.058	1996-2002	"Interrupção do Effexor: Nenhuma síndrome de desabituação definitiva foi notada. Durante os testes clínicos, os sintomas relatados sobre sua interrupção abrupta (era ministrado em doses diárias de 150 mg ou mais) incluíam fadiga, náusea, tontura e um episódio de hipomania. São bem conhecidos os efeitos de privação que ocorrem com os ADPs; por isso, quando o Effexor é ministrado por mais de uma semana e então suspenso, em geral se recomenda a redução gradual da dose ao longo de alguns dias, monitorando o paciente para minimizar riscos dos sintomas da interrupção. Pacientes que receberam Effexor por 6 semanas ou mais deveriam reduzir suas doses gradualmente ao longo de, pelo menos, uma semana."
Citalopram (Celexa**/ Cipramil*)	4	1998-2002	"Reações de desabituação foram relatadas em associação com os inibidores da recaptação seletiva da serotonina (IRSSs), incluindo o [Celexa] Cipramil. Os sintomas comuns incluem tontura, parestesia, dores de cabeça, ansiedade e náusea. A interrupção abrupta do tratamento com Cipramil deve ser evitada. Em sua maioria, os sintomas experimentados devido à desabituação dos IRSSs não são sérios e são autolimitantes."
Total 7 IRSSs	**131 publicados**	**1988-2002**	**Não obstante seu conhecimento da existência da síndrome de desabituação de suas drogas, a maioria das companhias farmacêuticas adiou suas advertências para os pacientes e seus médicos até o final da década de 1990. Apenas duas (para a paroxetina e a venlafaxina) se aproximaram da condição de ser apropriadas ou adequadas, embora com atraso.**

Tabela A.13. Drogas Antidepressivas, Nomes Comerciais,

Droga	Nome Comercial	Dose Diária	Sedação *	Efeitos ACH **
Tricíclicos Desipramina	Norpramin** Pertofrane**	150-300 mg.	+	+
Protriptilina	Vivactil*	15-40 mg.	+	++
Imipramina	Tofranil	150-300 mg.	++	++
Nortriptilina	Aventyl** Pamelor*	75-125 mg.	++	++
Trimipramina	Surmontil**	100-300 mg.	+++	++
Doxepin	Sinequan** Adapin**	150-300 mg.	+++	++
Amitriptilina	Elavil*	150-300 mg.	+++	+++
Clomipramina	Anafranil*	50-150 mg.	++	+++
Outros Matprotalina	Ludiomil*	150-300 mg.	++	+
Amoxapina	Asendin**	150-400 mg.	++	+
Trazodona	Desyrel**	150-400 mg.	++	0
Nefazodona	Serzone*	100-600 mg.	++	+
Bupropion	Welbutrin*	150-450 mg.	+	0
Mirtazapina	Remeron*	15-60 mg.	++	+

* Disponível no Brasil. (N. da Ed.)
** Não disponível no Brasil. (N. da Ed.)

Alguns Efeitos Adversos e Comentários (ver referências para detalhes 39)

Comentários

Muitas pessoas que recebem a prescrição de uma droga ADP são ajudadas por uma dose menor do que muitas daquelas recomendadas pelas companhias farmacêuticas.

Atualmente, as drogas ADP tricíclicas são prescritas com freqüência muito menor do que as IRSSs.

Mesmo assim, as IRSSs não são mais eficazes do que as tricíclicas ou as da "outra" categoria.

No Reino Unido é chamado de Allegron, Motival, Motripress. Muitos nomes comerciais podem causar confusão. Para o *marketing*, as companhias farmacêuticas criam tanto nomes genéricos como comerciais.

Diz-se que "efeitos colaterais" tóxicos mais intensos provocam um uso menor dos tricíclicos.

Mas a maioria dos IRSSs também tem efeitos tóxicos inaceitavelmente intensos, como outros pesquisadores e eu, e especialmente nossos pacientes, temos observado (ver texto).

Os ADPs freqüentemente variam em eficiência e toxicidade de pessoa para pessoa: eles são imprevisíveis.

A clomipramina é comercializada para o DOC, embora ela possa ser eficaz não apenas para ele.

Este e o restante da categoria "outros" não são mais eficazes do que os tricíclicos ou os IRSSs.

Em sua maioria, essas drogas ADPs podem ser vistas como "clones" químicos umas das outras.

Também usada, numa única dose baixa (por exemplo, 50-100 mg, uma hora antes de se deitar), para provocar o sono.

Droga antiansiedade e ADP, efeitos tóxicos de prazo menos longo do que a maioria das outras. A toxicidade no fígado é rara.

Comercializada como Zyban para o vício da nicotina. Pode causar convulsão em doses elevadas. Os efeitos antiansiedade são limitados.

Tomado na hora de se deitar. Como nos casos dos outros ADPs, o aumento de peso e a sedação podem ser problemas. É conhecida como Zispin no Reino Unido.

Tabela A.13. Drogas Antidepressivas, Nomes Comerciais, Alguns Efeitos Adversos e Comentários *(conclusão)*

Droga	Nome Comercial	Dose Diária	Sedação *	Efeitos ACH **
IRSSs				
Fluoxetina	Prozac*	5-40 mg.	+	0
Sertralina	Zoloft*	12-200 mg.	+	0
Paroxetina	Paxil*	5-40 mg.	+	0
Venlafaxina (um IRSN)	Effexor*	20-375 mg.	+	0
Fluvoxamina	Luvox*	12-300 mg.	+	+
Citalopram Escitalopram	Celexa* Lexapro*	10-60 mg.	+	+
Você lhe dá o nome	Novos ADPs chegando		É provável que tenham efeitos semelhantes	

DOC = distúrbio obsessivo-compulsivo
IRSN = inibidor da recaptação da serotonina/norepinefrina
SPM = síndrome pré-menstrual

* A sedação pode funcionar vantajosamente para alguns. Ocorrência e grau variáveis. Também pode causar estimulação excessiva, sendo a mais séria a acatisia, descrita na Tabela 10.2, na página 122.
** Efeitos do ACH (anticolinérgico) incluem boca seca, prisão de ventre, dificuldade de urinar e visão ofuscada.

Em parte, extraído de Hales RE: "Clinical challenges, clinical solutions: a customized approach to depression management. Continuing education teleconference" (Desafios clínicos, soluções clínicas: uma abordagem individualizada para o gerenciamento da depressão. Teleconferência para a educação contínua), 7 de novembro de 2000, patrocinado pela Bristol-Myers Squibb Company e educação contínua de SC, Inc., e Stahl SM: "Selecting an antidepressant by using mechanism of action to enhance efficacy & avoid side effects" (Selecionando um antidepressivo pelo uso de mecanismos de ação para aumentar a eficácia e evitar efeitos colaterais). *Journal of Clinical Psychiatry* 59 (suplemento 18): 23-9, 1998 e Baldessarini.[39]

Comentários

Comercializado como Serafem para SPMs sérias. Eu receito doses menores do que as doses padrão para todos os IRSSs. Essas doses mais baixas são freqüentemente eficazes em todas as idades, especialmente em idosos.

Chama-se Lustral no Reino Unido. Aprovado pela FDA para distúrbio do pânico, DOC e DEPT. Outros ADPs são aprovados para esses e outros distúrbios, mas, para a depressão, sua eficácia pode ser baixa.

Chama-se Seroxat no Reino Unido. Comumente, tem uma ou mais síndromes de desabituação dolorosas.

Pode ajudar na hipersonia e no aumento de peso. Hipertensão relacionada com a dosagem. Pode ter efeitos colaterais tóxicos menores do que outros.

Chamado Faverin no Reino Unido. Comercializado principalmente para DOC e ansiedade social, embora possa não ser específico para estes.

Chamado Cipramil no Reino Unido. A sedação pode ser um problema. O escitalopram é um clone ("parte ativa") do citalopram com alegados efeitos menos tóxicos.

Advertência: Efeitos tóxicos contínuos para a maioria dos ADPs. A maior parte deles tem sintomas de desabituação debilitantes (ver a Tabela A.12). Muitos estão sendo comercializados para outros distúrbios, mesmo que a eficácia possa ser igualmente baixa para a depressão. A maioria dos ADPs tem efeitos "espingarda", e é improvável que uma droga ADP eficiente de "bala única" venha a ser desenvolvida em qualquer ocasião no futuro próximo.

Referências

A

1. Ackerman PT, Newton JE, McPherson WB, Jones JG, Dykman RA (1998). Prevalence of post-traumatic stress disorder and other psychiatric diagnoses in three groups of abused children (sexual, physical, and both). Child Abuse & Neglect 22:759-74
2. Ackerson J, Scogin F, McKendree-Smith N, Lyman RD (1998). Cognitive bibliotherapy for mild and moderate adolescent depressive symptomatology. J Consult Clin Psychol 66(4):685-90
3. Ageton SS (1983). Sexual assault among adolescents. Lexington Books, Lexington MA
4. Alexander P, Lupfer S (1987). Family characteristics and long-term consequences associated with sexual abuse. Archives of Sexual Behavior 16:235-245
5. Alexander PC, Anderson CL, Brand B, Schaeffer CM, Grelling BZ, Kretz L (1998). Adult attachment and longterm effects in survivors of incest. Child Abuse & Neglect 22:45-61
6. American Medical Association, Council on Scientific Affairs (1993). Mental health consequences of interpersonal and family violence: implications for the practitioner. CSA Report (BCA-93), Chicago
7. American Psychiatric Association. (1980). Diagnostic and statistical manual of mental disorders (DSM-III), Washington, DC
8. American Psychiatric Association (1994). Diagnostic and Statistical Manual of Mental Disorders (DSM-IV), Washington, DC
9. Ammerman RT, Cassisi JE, Hersen M, Van Hasselt VB (1986). Consequences of physical abuse and neglect in children. Clinical Psychology Review 6:291-310
10. Anda RF, Whitfield CL, Felitti VJ, Chapman D, Edwards VJ, Dube SR, Williamson DF (2002). Adverse childhood experiences, alcoholic parents, and later risk of alcoholism and depression. Psychiatric Services 53:1001-9
11. Anderson SC, Bach CM, Griffith S (1981). Psychosocial sequelae in intrafamilial victims of sexual assault and abuse. Artigo apresentado na 3rd annual conf on child abuse & neglect, Amsterdã, Holanda. Citado *in* Elliott DJ, Tarnowski KJ (1990). Depressive characteristics of sexually abused children. Child Psychiatry Hum Dev 21(1):37-48
12. Anderson CM, Teicher MH, Polcari A, Renshaw PF (2002). Abnormal T2 relaxation time in the cerebellar vermis of adults sexually abused in childhood: potential role of the vermis in stress-enhanced risk for drug abuse. Psychoneuroendocrinology 27(1-2):231-44
13. Anderson G, Yasenik L & Ross CA (1993). Dissociative experiences and disorders among women who identify themselves as sexual abuse survivors. Child Abuse & Neglect 17 (5):677-686
14. Andrews B, Valentine R, Valentine JD (1995). Depression and eating disorders following abuse in childhood in two generations of women. British Journal of Clinical Psychology 34:37-52

15. Angell M. Relman AS (2001). Prescription for Profit. The Washington Post, 20 de junho
16. Angell M (2000). Is academic medicine for sale? New England Journal of Medicine 342:1516-8
17. Anonymous (1976). A Course in Miracles. Viking, NY
18. Anthenelli RM, Schuckit MA (1997). Capítulo 5. Genetics. In Lowinson JH *et al.* (orgs.). Substance Abuse: A comprehensive textbook, 3ª org. Williams & Wilkins, Baltimore, pp. 41-51
19. Armsworth MW, Stronck K, Carlson C (1999). Body image and self perceptions of women with histories of incest. *In* J. Goodwin, & R. Attias (orgs.). Splintered Reflections: Images of the body in trauma. Nova York: Basic Behavioral Science

B

20. Bachman G *et al.* (1998). Childhood sexual abuse and the consequences in adult women. Obstetrics and Gynecology 71:631-42
21. Bagley C (1998). Daycare, mental health, and child development: evidence from a longitudinal study. Early Child Development and Care 39:134-61
22. Bagley C, McDonald M (1984). Adult mental health sequelae of sexual abuse, physical abuse and neglect in maternally separated children. Canadian Journal of Community Mental Health 3(1):15-26
23. Bagley C (1989). Prevalence and correlates of unwanted sexual acts in childhood: evidence from a national Canadian survey. Canadian Journal of Public Health 80:295-6
24. Bagley C (1991). The prevalence and mental health sequels of child sexual abuse in a community sample of women age 18-27. Canadian Journal of Community Mental Health 10:103-16
25. Bagley C, Shewchuk-Dann D (1991). Characteristics of 60 children & adolescents who have a history of sexual assault against others: evidence from a controlled study. Journal of Child and Youth Care, edição especial: 43-52
26. Bagley C (1992). Psychological dimensions of poverty and parenthood. International Journal of Marriage and the Family 1:37-49
27. Bagley C (1992). The urban setting of juvenile pedestrian injuries: a study of behavioral ecology and social disadvantage. Accident Analysis and Prevention 24:673-8
28. Bagley C, Wood M, Young L (1994). Victim to abuser: mental health and behavioral sequels of the sexual abuse of males in childhood. Child Abuse and Neglect 18:683-97
29. Bagley C (1996). A typology of sexual abuse: the interaction of emotional, physical, and sexual abuse as predictors of adult psychiatric sequelae in women. Canadian Journal of Human Sexuality 5:101-112
30. Bagley C, Bolitho F, Bertrand L (1995). Mental health profiles, suicidal behavior, and community sexual assault in 2112 Canadian adolescents. Crisis: Journal of Crisis Intervention and Suicide Prevention 16:126-31
31. Bagley C, Mallick K (1997). Temperament, CNS problems, and maternal stressors: interactive predictors of conduct disorder in 9-year-olds. Perceptual and Motor Skills 72:287-8
32. Bagley C, Mallick K (2000). Prediction of sexual, emotional, and physical maltreatment and mental health outcomes in a longitudinal cohort of 290 adolescent women. Child Maltreatment 5 (3):218-226

33. Bagley C, Young L (1998). Long-term evaluation of group counseling for women with a history of child sexual abuse: focus on depression, self-esteem, suicidal behaviors, and social support. Social Work with Groups 21:53-74
34. Bagley C, Young L (1999). Capítulo 5. Long-term evaluation of group counseling for women with a history of child sexual abuse. *In* Bagley C, Mallick K (orgs.). Child Sexual Abuse in Adult Offenders: New Theory and Research (pp. 143-158). Brookfield, VT: Ashgate International
35. Bagley C, Young L (1989/90). Depression, self-esteem, and suicidal behavior as sequels of sexual abuse in childhood: research and therapy. *In* M. Rothery, G. Cameron (orgs.). Child Maltreatment: Expanding Our Concept of Healing (pp. 183-209). Hillsdale, NJ Earlbaum
36. Bagley C, Young L, Mallick K (1999). The interactive effects of physical, emotional, and sexual abuse on adjustment in a longitudinal study of 565 children from birth to 17. *In* Bagley C, Mallick K (orgs.). Child Sexual Abuse in Adult Offenders: New Theory and Research (pp. 143-158). Brookfield, VT: Ashgate International
37. Bagley C, Ramsay R (1986). Sexual abuse in childhood: Psycho-social outcomes and implications for social work practice. Journal of Social Work and Human Sexuality 4(1-2):33-47
38. Bailey JM, Shriver A (1999). Does childhood sexual abuse cause borderline personality disorder? J Sex Marital Ther 25:45-57
39. Baldessarini RJ (1996). Capítulos 18 e 19. Drugs and the treatment of psychiatric disorders (pp. 399-459). *In* Hardman JG & Limbird LE (orgs.). Goodman and Gilman's The Pharmacologic Basis of Therapeutics, 9ª org. McGraw Hill, NY
40. Banyard V (1999). Childhood maltreatment in the mental health of low-income women. American Journal of Orthopsychiatry 69:161-71
41. Barker LR, Whitfield CL (1991). Capítulo 21. Alcoholism. *In* Barker LR, Burton JR, Zieve PD (orgs.). Principles of Ambulatory Medicine, 3ª edição. Williams & Wilkins, Baltimore
42. Barnes GM, Reifman AS, Farrell MP, Dintcheff BA (2000). The effects of parenting on the development of adolescent alcohol misuse: A six-wave latent growth model. Journal of Marriage and the Family 62:175-86
43. Barondes S *et al.* (1999). An agenda for psychiatric genetics. Arch. Gen. Psych. 56:549-552
44. Bauer MS, Shea N, McBride L, Gavin C (1997). Predictors of service utilization in veterans with bipolar disorder: a prospective study. J Affect Disord 44(2-3):159-68
45. Bauer MS, Kirk GF, Gavin C, Williford WO (2001). Determinants of functional outcome and health care costs in bi-polar disorder: A high-intensity follow-up study. Journal of Affective Disorders 65:231-41
46. Beautrais AL, Joyce PR, Mulder RT (1994). Childhood sexual abuse and risks of suicidal behaviour. *In* Joyce PR, Mulder RT, Oakley-Browne MA, Sellman JD, Watkins WGA (orgs.). Development, Personality and Psychopathology. Department of Psychological Medicine, Christchurch School of Medicine, Christchurch, Nova Zelândia, 1944; pp. 141-148
47. Beck JC, van der Kolk B (1987). Reports of childhood incest and current behavior of chronically hospitalized women. American Journal of Psychiatry 144(11):1.474-76
47a. Bekelman JE, Lily, Gross CP (2003). Scope and impact of financial conflicts of interest in biomedical research: a systematic review. Journal of the American Medical Association 289:454-65

48. Becker-Lausen E, Sanders B, Chinsky JM (1995). Mediation of abusive childhood experiences: depression, dissociation, and negative life outcomes. Am J Orthopsychiatry 65(4):560-73
49. Beers SR, De Bellis MD (2002). Neuropsychological function in children with maltreatment-related posttraumatic stress disorder. Am J Psychiatry 159(3):483-6
49a. Beilke R (1986). Behavioral problems in sexually abused young children. J Pediatr Psychol 11:47-57
50. Beitchman JH, Zucker KJ, Hood JE, daCosta GA, Akman D, Cassivia E (1992). A review of the long-term effects of child sexual abuse. Child Abuse & Neglect 16:101-118
51. Belkin DS, Greene AE, Rodrigue JR, Boggs SR (1994). Psychopathology and history of sexual abuse. Journal of Interpersonal Violence 9:535-47
52. Bemporand JR, Romano S (1993). Childhood experience and adult depression: a review of 17 European studies. American Journal of Psychoanalysis 53(4):301-315
53. Bender L, Blau A (1937). The reaction of children to sexual relations with adults. American Journal of Orthopsychiatry 7:500-18
54. Bensley LB, Speiker SJ, van Eenwyck J, Schoder J (1999). Self-reported abuse history and adolescent problem behaviors. I. Antisocial and suicidal behaviors. Journal of Adolescent Health 24,163-172
55. Berger AM, Knutson JF, Mehm JG, Perkins KA (1988). The self-report of punitive childhood experiences of young adults and adolescents. Child Abuse Negl 12(2):251-62
56. Benward J, Densen-Gerber J (1975). Incest as a causative factor in anti-social behavior: an explorative study. Contemporary Drug Problems 4:322-340
57. Berkowitz CD (1998). Medical consequences of child sexual abuse. Child Abuse & Neglect 22:541-50
58. Bernstein DP, Cohen P, Velez CN, Schwab-Stone M, Siever LJ, Shinsato L (1993). Prevalence and stability of the DSM-III-R personality disorders in a community-based survey of adolescents. Am J Psychiatry 150(8):1237-43
59. Bernstein DP, Stein JA, Handelsman L (1998). Predicting personality pathology among adult patients with substance use disorders: effects of childhood maltreatment. Addictive Behaviors 23:855-68
60. Biederman J, Faraone SV, Hirshfield-Becker DR, Friedman D, Robin JA, Rosenbaum JF (2001). Patterns of psychopathology and dysfunction in high-risk children of parents with panic disorder and major depression. Am J Psychiatry 158(1):49-57
61. Bifulco A, Brown GW, Adler Z (1991). Early sexual abuse and clinical depression in adult life. British Journal of Psychiatry 159:115-122
62. Bifulco A, Brown GW, Lillie A, Jarvis J (1997). Memories of childhood neglect and abuse: corroboration in a series of sisters. J Child Psychol Psychiatry 38(3):365-74
63. Blount HR, Chandler TZ (1979). Relationship between childhood abuse and assaultive behavior in adolescent male psychiatric patients. Psychological Reports 44:1126
64. Bliss EL (1984). A symptom profile of patients with multiple personalities, including MMPI results. J Nerv Ment Dis 172(4):197-202
65. Blumenthal DR, Neeman J, Murphy CM (1998). Lifetime exposure to interparental physical and verbal aggression and symptom expression in college students. Violence Vict 13:175-181
66. Boney-McCoy S, Finkelhor D (1995). Prior victimization: a risk factor for child sexual abuse and for PTSD-related symptomatology among sexually abused youth. Child Abuse Negl. 19(12):1401-21

67. Boney-McCoy S, Finkelhor D (1996). Is youth victimization related to trauma symptoms and depression after controlling for prior symptoms and family relationships? A longitudinal, prospective study. J Consult Clin Psychol 64(6):1406-16
68. Bower P, Richards D, Lovell K (2001). The clinical and cost-effectiveness of self-help treatments for anxiety and depressive disorders in primary care: a systematic review. Br J Gen Pract 51(471):838-45
69. Boyer AM (2001). Treating substance abuse in women with untreated childhood sexual abuse: are we treating the symptom but not the cause? Apresentado na 32nd Annual Medical-Scientific Conference of ASAM, Los Angeles, 20 de abril, publicado no sumário da reunião
69a. Boyle M (1990). Schizophrenia: a scientific delusion? Routledge, Londres
70. Boudewyn AC, Liem JH (1995). Childhood sexual abuse as a precursor to depression and self-destructive behavior in adulthood. Journal of Traumatic Stress 8:445-59
71. Bousha DM, Twentyman CT (1984). Mother-child interactional style in abuse, neglect, and control groups: naturalistic observation in the home. Journal of Abnormal Psychology 93:106-14
72. Bradley RH, Caldwell BM, Fitzgerald JA, Morgan AG, Rock SL (1986). Experiences in day care and social competence among maltreated children. Child Abuse & Neglect 10:181-9
73. Bradley RG, Follingstad DR (2001). Utilizing disclosure in the treatment of the sequelae of childhood sexual abuse: A theoretical and empirical review. Clin Psychol Rev 21(1):1-32
74. Breggin PR, Cohen D (1999). Your Drug May Be Your Problem: How and why to stop taking psychiatric drugs. Perseus Publishing, Cambridge MA
75. Breggin PR (1998). Electroshock: scientific, ethical, and political issues. The International Journal of Risk and Safety in Medicine 11(1):5-40
76. Bremner JD, Licinio J, Darnell A, Krystal JH, Owens MJ, Southwick SM, Nemeroff CB, Charney DS (1997). Elevated CSF corticotropin-releasing factor concentrations in posttraumatic stress disorder. American Journal of Psychiatry 154:624-9
77. Bremner JD, Randall P, Scott TM, Bronen RA, Delaney RC, Seibyl JP, Southwick SM, McCarthy G, Charney DS, Innis RB (1995). MRI-based measurement of hippocampal volume in posttraumatic stress disorder. Am. J. Psychiatry 152:973-981
78. Bremner JD, Southwick SM, Darnell A, Charney DS (1996). Chronic PTSD in Vietnam combat veterans: Course of illness and substance abuse. Am. J. Psychiatry 153:369-375
79. Bremner JD, Randall P, Vermetten E, Staib L, Bronen RA, Capelli S, Mazure CM, McCarthy G, Innis RB, Charney DS (1997). MRI-based measurement of hippocampal volume in posttraumatic stress disorder related to childhood physical and sexual abuse: A preliminary report. Biol. Psychiatry 41:23-32
80. Bremner JD (1999). Does stress damage the brain? (artigo de resenha). Biological Psychiatry 45:797-805
81. Bremner JD, Narayan M, Anderson ER, Staib LH, Miller H, Charney DS (2000). Hippocampal volume reduction in major depression. Am J Psychiatry 157:115-117
82. Bremner JD (2002). Does stress damage the brain? Understanding trauma based disorders from a neurological perspective. Norton, NY
82a. Bremner JD (2002). Structural changes in the brain in depression and relationship to symptom recurrance. CNS spectrums 7(2):129-139
83. Bremner JD, Southwick SM, Johnson DR, Yehuda R, Charney DS (1993). Childhood physical abuse and combat related posttraumatic stress disorder in Vietnam Veterans. American Journal of Psychiatry 150:235-9

84. Bremner JD, Vythilingam M, Vermetten E, Nazeer A, Adil J, Khan S, Staib L, Charney D (2002). Reduced Volume of Orbitofrontal Cortex in Major Depression Biological Psychiatry 51(4):273-9
85. Brent DA, Perper JA, Goldstein CE, Kolko DJ, Allan MJ, Allman CJ, Zelenak JP (1998). Risk factors for adolescent suicide. A comparison of adolescent suicide victims with suicidal inpatients. Arch Gen Psychiatry 45(6):581-8
86. Brent DA, Kolko DJ, Wartella ME, Boylan MB, Moritz G, Baugher M, Zelenak JP (1993). Adolescent psychiatric inpatients' risk of suicide attempt at 6-month follow-up. J Am Acad Child Adolesc Psychiatry 32(1):95-105
87. Brent DA, Perper JA, Moritz G, Schweers J, Balach L, Roth C (1994). Familial risk factors for adolescent suicide: a case-control study. Acta Psychiatr Scand 89:52-58
88. Brewin CR, Andrews B, Gotlib IH (1993). Psychopathology and early experience: A reappraisal of retrospective reports. Psychological Bulletin 113, 82-89
89. Bridges KW, Goldberg DP (1985). Somatic presentation of DSM III psychiatric disorders in primary care. Journal of Psychosomatic Research 29:563-9
90. Briere J (1988). The long-term clinical correlates of childhood sexual victimization. Journal of the New York Academy of Sciences 528:327-334
91. Briere J, Runtz M (1988). Symptomatology associated with childhood sexual victimization in a non clinical adult sample. Child Abuse and Neglect 12, 51-59
92. Briere J, Evans D, Runtz M, Wall T (1988). Symptomatology in men who were molested as children: a comparison study. American Journal of Orthopsychiatry 58:457-61
93. Briere J, Runtz M (1990). Differential adult symptomatology associated with three types of child abuse histories. Child Abuse & Neglect 14:357-64
94. Briere J, Runtz M (1991). The long-term effects of sexual abuse: A review and synthesis. New Directions for Mental Health Services 51:3-13
95. Briere J, Woo R, McRae B, Foltz J, Sitzman (1997). Lifetime victimization history, demographics, and clinical status in female psychiatric emergency room patients. Journal of Nervous and Mental Disease 185:95-101
96. Briere JN (1996). Treatment of adults sexually molested as children: Beyond survival (2ª org. rev.). Nova York: Springer
97. Briere JN, Elliot DM (1994). Immediate and long-term impacts of child sexual abuse. The Future of Children 4:54-69
98. Briere J, Runtz M (1987). Post sexual abuse trauma. Journal of Interpersonal Violence 2(4):367-379
99. Briere J, Zaidi L (1989). Sexual abuse histories and sequelae in female psychiatric emergency room patients. American Journal of Psychiatry 146:1602-1606
100. Brodsky BS, Cloitre M, Dulit RA (1995). Relationship of dissociation to self-mutilation and childhood abuse in borderline personality disorder. American Journal of Psychiatry 152:1788-1792
101. Brown B (1999). Soul Without Shame: A guide to liberating yourself from the judge within. Shambhala Boston, MA
102. Brown BE, Garrison CJ (1990). Patterns of symptomatology of adult women incest survivors. Western Journal of Nursing Research 12(5):587-600
103. Brown D, Scheflin A, Whitfield CL (1999): Recovered memories: the current weight of the evidence in science and in the courts. The Journal of Psychiatry and Law 26:5-156, Primavera

104. Brown D, Scheflin AW, Hammond C (1997). Trauma, Memory, Treatment & Law. WW Norton, NY
105. Brown D (2001). (Mis)representations of the long-term effects of childhood sexual abuse in the courts. Journal of Child Sexual Abuse 9:79-107
106. Brown GR, Anderson (1991). Psychiatric morbidity in adult inpatients with childhood histories of sexual and physical abuse. American Journal of Psychiatry 148(1):55-61
107. Brown GR, Anderson B (1991): Psychiatric Morbidity in adult inpatients with childhood histories of sexual and physical abuse. American Journal of Psychiatry 148(1):55-61
108. Brown GW, Harris T (1978). Social Origins of Depression: A study of psychiatric disorder in women. The Free Press/Mac Millan, NY
109. Brown J, Cohen P, Johnson JG, Salzinger S (1998). A longitudinal analysis of risk factors for child maltreatment: Findings of a 17-year prospective study of officially recorded and self-reported child abuse and neglect. Child Abuse and Neglect 22(11):1065-1078
110. Brown J, Cohen P, Johnson JG, Smailes EM (1999). Childhood abuse and neglect specificity of effects on adolescent and young adult depression and suicidality. Journal of the American Academy of Child & Adolescent Psychiatry 38(12):1490-1496
111. Brown GW, Moran P (1994). Clinical and psychosocial origins of chronic depressive episodes. I: a community survey. British Journal of Psychiatry 165:447-56
112. Browne A, Finkelhor D (1986). Impact of child sexual abuse: a review of the research. Psychological Bulletin 99(1):66-77
113. Browne KD, Hamilton CE (1999). Police recognition of the links between spouse abuse and child abuse. Child Maltreatment 4(2):136-147
114. Browning DH, Boatman B (1977). Incest: children at risk. American Journal of Psychiatry 134:69-72
115. Brunngraber LS (1986). Father-daughter incest: immediate and long-term effects of sexual abuse. ANS Adv Nurs Sci 8(4):15-35
116. Bryer JB, Nelson BA, Miller JB, Kroll PA (1987). Childhood sexual and physical abuse as factors in adult psychiatric illness. American Journal of Psychiatry 144:1426-1430
117. Buist A, Barnett B (1995). Childhood sexual abuse: a risk factor for post-partum depression? Australian and New Zealand Journal of Psychiatry 29:604-8
118. Bulik CM, Sullivan PF, Rorty M (1989). Childhood sexual abuse in women with bulimia. J Clin Psychiatry, dezembro, 50(12):460-4
119. Burgess AW, Hartman CR, McCausland MP, Powers P (1984). Response patterns in children and adolescence exploited through sex rings and pornography. American Journal of Psychiatry 141:656-662
120. Burgess AW, Hartman CR, McCormack A (1987). Abused to abuser: Antecedents of social deviant behaviors. American Journal of Psychiatry 144:1431-6
121. Burgess A, Hartman CR, Baker T (1995). Memory presentations of childhood sexual abuse. Journal of Psychosocial Nursing 33(9), 9-16
122. Burgess RL, Conger RD (1977). Family interaction patterns related to child abuse and neglect: some preliminary findings. Child Abuse & Neglect 1:267-77
123. Burgess RL, Conger RD (1978). Family interaction in abusive, neglectful, and normal families. Child Development 49:1163-73
124. Burnam MA, Stein JA, Golding JM, Siegel JM, Sorenson SB, Forsythe AB, Telles CA (1988). Sexual assault and medical disorders in a community population. J Consult Clin Psychol 56:843-850

125. Bushnell JA, Wells JE, Oakley-Brown MA (1992). Long-term effects of intrafamilial sexual abuse in childhood. Acta Psychiatria Scandavia 85:136-142
126. Byrne CP, Velamoor VR, Sernovsky ZZ, Cortese L, Losztyn S (1990). A comparison of borderline and schizophrenic for childhood life events and parent-child relationships. Canadian Journal of Psychiatry 35:590-5

C

127. Cadoret RJ, Winokur G, Langbehn D, Troughton E, Yates WR, Stewart MA (1996). Depression spectrum disease, I: The role of gene-environment interaction. Am J Psychiatry 153(7):892-9
128. Caffaro-Rouget A, Lang RA, van Santen V (1989). The impact of child sexual abuse on victims' adjustment. Annals of Sex Research 2:29-47
129. Calam, RM, Slade, PD (1989). Sexual experience and eating problems in female undergraduates. International Journal of Eating Disorders 8:391-397
130. Calam RM, Horne L, Glasgow D, Cox A (1998). Psychological disturbance in child sexual abuse: a follow-up study. Child Abuse & Neglect 22:901-13
131. Cameron C (1994). Women survivors confronting their abusers: issues, decisions and outcomes. Journal of Child Sexual Abuse 3(1):7-35
132. Cameron C (2000). Resolving Childhood Trauma: a long-term study of abuse survivors. Sage Publications, Thousand Oaks, CA
133. Caplan PJ (1995). They Say You're Crazy: How the World's Most Powerful Psychiatrists Decide Who's Normal. Addison-Wesley, NY
134. Carlin AS, Ward NG (1992). Subtypes of psychiatric in-patient women who have been sexually abusorg. Journal of Nervous and Mental Disease 180:392-7
135. Carlin AS, Kemper K, Ward WG, Sowell H, Gustafson B, Stevens N (1994). The effect of differences in objective and subjective definitions of childhood physical abuse on estimates of its incidence and relationship to psychopathology. Child Abuse & Neglect 18:393-399
136. Carlson B (1984). Children's observations of interparental violence. In AR Roberts (org.). Battered women and their families (pp. 147-167). NY: Springer
137. Carlson M, Earls F (1997). Psychological and neuroendocrinological sequelae of early social deprivation in institutionalized children in Romania. Ann N Y Acad Sci 807:419-28
138. Carlson EB, Dalenberg C (2000). A conceptual framework for the impact of traumatic experiences. Trauma, Violence & Abuse 1:4-28
139. Carmen E, Rieker PP, Mills T (1984). Victims of violence and psychiatric illness. American Journal of Psychiatry 141:378-383
140. Carrion VG, Weems CF, Eliez S, Patwardhan A, Brown W, Ray RD, Reiss AL (2001). Attenuation of frontal asymmetry in pediatric posttraumatic stress disorder. Biol Psychiatry 15;50(12):943-51
141. Carrion VG, Weems CF, Ray RD, Glaser B, Hessl D, Reiss AL (2002). Diurnal salivary cortisol in pediatric posttraumatic stress disorder. Biol Psychiatry 51(7):575-82
142. Carrion VG, Steiner H (2000). Trauma and dissociation in delinquent adolescents. J Am Acad Child Adolesc Psychiatry 39(3):353-9
143. Cashden S (1988). Object Relations Therapy: Using the Relationship. WW Norton, NY
144. Cavaiola AA, Schiff M (1988). Behavioral sequelae of physical and/or sexual abuse in adolescence. Child Abuse & Neglect 12:181-8

145. Cecil H, Matson SC (2001). Psychological functioning and family discord among African-American adolescent females with and without a history of childhood sexual abuse. Child Abuse Negl, julho de 2001; 25(7):973-88
146. Chaffin M, Kelleher K, Hollenberg J (1996). Onset of physical abuse and neglect: psychiatric, substance abuse, and social risk factors from prospective community data. Child Abuse Negl 20(3):191-203
147. Chalmers I (1990). Underreporting research is scientific misconduct. Journal of the American Medical Association 263:1405-8
148. Cheasty M, Clare AW, Collins C (1998). Relation between sexual abuse in childhood and adult depression: case control study. British Medical Journal 316:198-201
149. Choudhry NK, Stelfox HT, Detsky AS (2002). Relationships between authors of clinical practice guidelines and the pharmaceutical industry. JAMA 287:612
150. Chu JA, Dill DL (1990). Dissociative symptoms in relation to childhood physical and sexual abuse. American Journal of Psychiatry 147:887-892
151. Chu JA (1998). Rebuilding Shattered Lives: The Responsible Treatment of Complex Post-Traumatic and Dissociative Disorders. John Wiley, NY
152. Cicchetti D, Rogosh FA (2001a). Diverse patterns of neuroendocrine activity in maltreated children. Development and Psychopathology 13:677-93
153. Cicchetti D, Rogosh FA (2001b). The impact of child maltreatment and psychopathology on neuroendocrine functioning. Development and Psychopathology 13:783-804
154. Clark DB, Lesnick L, Hegedus A (1997). Trauma and other adverse life events in adolescents with alcohol abuse and dependence. Journal of the American Academy of Child and Adolescent Psychiatry 36:1744-51
155. Clark AH, Foy DW (2000). Trauma exposure and alcohol use in battered women. Violence Against Women, janeiro, vol. 6(1):37-48(12)
156. Classen C, Field NP, Atkinson A, Spiegel D (1998) Representations of self in women sexually abused in childhood. Child Abuse & Neglect 22:997-1004
157. Clayton P, Ernst C, Angst J (1994). Pre-morbid personality traits of men who develop unipolar or bipolar disorders. Eur. Arch. Clin. Neurosci. 243:340-346
158. Cohen FS, Densen-Gerber J (1982). A study of the relationship between child abuse and drug addiction in 178 patients: preliminary studies. Child Abuse & Neglect 6:383-7
159. Cohen AJ, Adler N, Kaplan SJ, Pelcovitz D, Mandel FS (2002). Interactional effects of marital status and physical abuse on adolescent psychopathology. Child Abuse Negl 26(3):277-88
160. Cold J, Petruckevitch A, Feder G, Chung W, Richardson J, Moorey S (2001). Relation between childhood sexual and physical abuse and risk of revictimization in women: a cross-sectional survey. Lancet 258:450-454
161. Cole C (1988). Routine comprehensive inquiry for abuse: A justifiable clinical assessment procedure. Clinical Social Work Journal 16:33-42
162. Cole CE, Paterson RM, Craig JB, Thomas WE, Ristine LP, Stahly M, Pasamanick B (1959). A controlled study of efficacy of ipronazid in treatment of depression. Archives of General Psychiatry 1:513-8
163. Cole P, Putnam FW (1992). Effect of incest on self and social functioning: a developmental psychopathology perspective. Journal of Consulting and Clinical Psychology 60:174-184
164. Conaway LP, Hansen DJ (1989). Social behavior of physically abused and neglected children: a critical review. Clinical Psychology Review 9:627-52

165. Connors ME, Morse W (1993). Sexual abuse and the eating disorders: A review. International Journal of Eating Disorders 13:141
165a. Consumer Reports (2003). Free rein for drug ads? Fevereiro, pp. 33-7
166. Conte JR (1996). [Reliability Of Self Reports Of Abuse] Apresentado na National Conference on Trauma & Memory, Univ. de New Hampshire.
167. Coons PM, Millstein V (1986). Psychosexual disturbances in multiple personality: characteristics, etiology, and treatment. J Clin Psychiatry 47(3):106-10
168. Coons PM, Bowman ES, Milstein V (1988). Multiple personality disorder. Journal of Nervous and Mental Diseases 176:519-527
169. Coons PM, Bowman ES, Pellow TA, Schneider P (1989). Posttraumatic aspects of the treatment of victims of sexual abuse and incest. Psychiatric Clinics of North America 12:335-338
170. Copeland ME (1992). The Depression Workbook: A guide for living with depression and manic depression. New Harbinger, Oakland, Ca
171. Copeland ME (1994). Living without Depression and Manic Depression. New Harbinger, Oakland, Ca
172. Courtois C (1991). Theory, sequencing, and strategy in treating adult survivors. *In* J. Briere (org.). Treating Victims of Child Sexual Abuse. Jossey-Bass
173. Courtois C (1979). The incest experience and its aftermath. Victimology: An International Journal 4:337-47
174. Courtois CA (1998). Recollections of sexual abuse. Nova York: Norton
175. Coxell A, King M, Mezey G, Gordon D (1999). Lifetime prevalence, characteristics, and associated problems of non-consensual sex in men: cross sectional survey. British Medical Journal 318:846-50
176. Craine LS, Henson CE, Colliver JA, MacLean DG (1988). Prevalence of a history of sexual abuse among female psychiatric patients in a state hospital system. Hospital and Community Psychiatry 39(3):300-304
177. Culhane C (2002). Favor of the month — Did the Whitehouse give the drug industry veto power over FDA appointments? The New Republic, março
178. Curtis D. Genetics of functional psychiatric disorders. Anotações de conferência, Royal London School of Medicine, julho de 2002, disponibilizado no website: *www.mds.qmw.ac.uk/statgen/dcurtis/lectures/pgenfunc.html*
179. Curtiss AB (2001). Depression Is a Choice: Winning the Fight Without Drugs. Hyperion, NY

D

180. Dallam SJ (2001). The long-term medical consequences of childhood trauma. *In* Franey K, Geffner R, Falconer R (orgs.). The cost of child maltreatment: Who pays? We all do (pp. 1-14). San Diego, CA: Family Violence & Sexual Assault Institute
181. Darves-Bornoz JM, Lemperiere T, Degiovanni A, Gaillard P (1995). Sexual victimization in women with schizophrenia and bi-polar disorder. Social Psychiatry and Psychiatric Epidemiology 30:78-84
182. Davidoff F *et al.* (2001). Sponsorship, authorship, and accountability. Lancet 325:854-856 (publicado simultaneamente em 12 outros periódicos médicos)
183. Davidson S, Smith R (1990). Traumatic experiences in psychiatric out-patients. Journal of Traumatic Stress Studies 3:459-75

184. Davidson J, Foa EB, Blank AS, Brett EA, Fairbank J, Green BL, Herman JL, Keane TM, Kilpatrick D, March JS, McNally RJ, Pitman RK, Resnick HS, Rothbaum BO (1994). Posttraumatic stress disorder. In DSM-IV Sourcebook, vol. 2. Washington, D.C., American Psychiatric Press:577-605
185. Davidson JR, Hughes DC, George LK, Blazer DG (1996). The association of sexual assault and attempted suicide within the community. Arch Gen Psychiatry 53(6):550-5
186. Davies JM, Frawley MG (1994). Treating the Adult Survivor of Childhood Sexual Abuse: A psychoanalytic perspective. Basic Books, San Francisco
187. DeAngelis CD (2000). Conflict of interest and the public trust. Journal of the American Medical Association 284:2237-8
188. De Bellis M, Lefter L, Trickett P, Putnam F (1994a) Urinary catecholamine excretion in sexually abused girls. Journal of the American Academy of Child and Adolescent Psychiatry 33:320-27
189. De Bellis MD, Chrousos GP, Dorn LD, Burke L, Helmers MA, Kling MA, Trickett PK, Putnam FW (1994b). Hypothalamic-pituitary-adrenal axis dysregulation in sexually abused girls. Journal of Clinical Endocrinology and Metabolism 78:249-55
190. De Bellis MD (1997). PTSD and acute stress disorder. In Ammerman RT, Hersen M (orgs.). Handbook of prevention and treatment with children and adolescents (pp. 455-94). Wiley, NY
191. De Bellis MD, Keshavan MS, Shifflett H, Iyengar S, Dahl RE, Axelson DA, Birmaher B, Hall J, Moritz G, Ryan ND (2002). Superior temporal gyrus volumes in pediatric generalized anxiety disorder. Biol Psychiatry 1;51(7):553-62
192. De Bellis MD, Keshavan MS, Frustaci K, Shifflett H Iyengar S, Beers SR, Hall J (2002). Superior temporal gyrus volumes in maltreated children and adolescents with PTSD. Biol Psychiatry, 1º de abril, 51(7):544-52
193. De Bellis MD (2002). Abuse and ACTH response to corticotropin-releasing factor. Am J Psychiatry 159(1):157-8
194. De Bellis MD (2002). Developmental traumatology: a contributory mechanism for alcohol and substance use disorders. Psychoneuroendocrinology 27(1-2):155-70
195. De Bellis MD, Keshavan MS, Harenski KA (2001). Anterior cingulate N-acetylaspartate/creatine ratios during clonidine treatment in a maltreated child with posttraumatic stress disorder. J Child Adolesc Psychopharmacol 11(3):311-6
196. De Bellis MD (2002). Comunicação pessoal, Pittsburgh, PA, junho
197. De Bellis MD, Broussard ER, Herring DJ, Wexler S, Moritz G, Benitez JG (2001). Psychiatric co-morbidity in caregivers and children involved in maltreatment: a pilot research study with policy implications. Child Abuse Negl 25(7):923-44
198. De Bellis MD (2001). Developmental traumatology: the psychobiological development of maltreated children and its implications for research, treatment, and policy. Dev Psychopathol 13(3):539-64
199. De Bellis MD, Hall J, Boring AM, Frustaci K, Moritz G (2001). A pilot longitudinal study of hippocampal volumes in pediatric maltreatment-related posttraumatic stress disorder. Biol Psychiatry 50(4):305-9
200. De Bellis MD, Casey BJ, Dahl RE, Birmaher B, Williamson DE, Thomas KM, Axelson DA, Frustaci K, Boring AM, Hall J, Ryan ND (2001). A pilot study of amygdala volumes in pediatric generalized anxiety disorder. Biol Psychiatry 1;48(1):51-7
201. De Bellis MD, Keshavan MS, Spencer S, Hall J (2000). N-Acetylaspartate concentration in the anterior cingulate of maltreated children and adolescents with PTSD. Am J Psychiatry 157(7):1175-7

202. De Bellis MD, Clark DB, Beers SR, Soloff PH, Boring AM, Hall J, Kersh A, Kershavan MS (2000). Hippocampal volume in adolescent-onset alcohol use disorders. Am J Psychiatry 157(5):737-44
203. De Bellis MD, Keshavan MS, Clark DB, Casey BJ, Giedd JN, Boring AM, Frustaci K, Ryan ND (1999). A.E. Bennett Research Award. Developmental traumatology. Part II: Brain development. Biol Psychiatry 15;45(10):1271-84
204. De Bellis MD, Baum AS, Birmaher B, Keshavan MS, Eccard CH, Boring AM, Jenkins FJ, Ryan ND (1999). A.E. Bennett Research Award. Developmental traumatology. Part I: Biological stress systems. Biol Psychiatry 15;45(10):1259-70
205. De Bellis MD, Baum AS, Birmaher B, Ryan ND (1997). Urinary catecholamine excretion in childhood overanxious and posttraumatic stress disorders. Ann N Y Acad Sci, 21 de junho, 821:451-5
206. Deblinger E, Lippman J, Stauffer L, Finkel M (1994). Personal vs. professional responses to child sexual abuse allegations. Child Abuse & Neglect 18:679-82
207. Deblinger E, McLeer SV, Atkins MS, Ralphe D, Foa E (1989). Posttraumatic stress in sexually abused, physically abused and non-abused children. Child Abuse & Neglect 13:1403-8
208. Dembo R, Dertke M, Borders S, Washburn M, Schmeidler J (1988). The relation between physical and sexual abuse and tobacco, alcohol, and illicit drug use among youths in a juvenile detention center. The International Journal of the Addictions 23:351-78
209. Dembo R, Wothke W, Seeberger W, Shemwell M, Pacheco K, Rollie M, Schmeidler J, Klein L, Hartsfield A, Livingston S. (2000). Testing a model of the influence of family problem factors on high-risk youths' troubled behavior: a three-wave longitudinal study. Journal of Psychoactive Drugs 32(1):55-65
210. Dembo R, Williams L, Wothke W, Schmeidler J (1994). The relationships among family problems, friends' troubled behavior, and high risk youths' alcohol/other drug use and delinquent behavior: a longitudinal study. International Journal of the Addictions 29(11):1419-42
211. Dembo R, Williams L, Wothke W, Schmeidler J, Brown CH (1992). The role of family factors, physical abuse, and sexual victimization experiences in high-risk youths' alcohol and other drug use and delinquency: a longitudinal model. Violence and Victims 7(3):245-66
211a. *DepressionReliefNaturally.com*: desde 1988, entre os pioneiros em fotobiologia (a ciência clínica da terapia da luz para reduzir a depressão e outros problemas) (800-234-3724) Um exemplo de estudo: Nakazawa T, Okubo Y, Suwazono Y, Kobayash E, Komine S, Kato N, Nogawa K (2002). Association between duration of daily VDT (video display terminal [tela de monitor de computador]) use and subjective symptoms. American Journal of Industrial Medicine 42:421-426
212. Deykin EY, Alpert JJ, McNamarra JJ (1985). A pilot study of the effect of exposure to child abuse or neglect on adolescent suicidal behavior. Am J Psychiatry 142(11):1299-303
213. Dhaliwal GK, Gauzas L, Atonowicz DH, Ross RR (1996). Adult male survivors of childhood sexual abuse: prevalence, sexual abuse characteristics, and long-term effects. Clinical Psychology Review 16(7):619-39
214. Diaz A, Simantov E, Rickert VI (2002). Effect of abuse on health: results of a national survey. Arch Pediatr Adolesc Med 156(8):811-7
215. Dickinson LM, deGruy FV, Dickinson WP, Candib LM (1999). Health-related quality of life and symptom profiles of female survivors of sexual abuse. Archives of Family Medicine 8:35-43

216. Dierker LC, Avenevoli S, Stolar, Merikangas KR (2002). Smoking and depression: an examination of mechanisms of comorbidity. American Journal of Psychiatry 159:947-53 Add
217. Dimock PT (1988). Adult males sexually abused as children: characteristics and implications for treatment. Journal of Interpersonal Violence 3:203-21
218. Donaldson MA, Gardner R, Jr. (1985). Diagnosis and treatment of traumatic stress among women after childhood incest. *In* Figley CR (org.). Trauma and Its Wake: the study and treatment of Post-traumatic Stress Disorder. Brunner/Mazel, NY
219. Dossey L (1997). Healing Words: The power of prayer and the practice of medicine. Harper, NY
220. Downs WR, Miller BA, Gondoli DM (1987). Childhood experience of parental physical violence for alcoholic women as compared with a randomly selected household sample of women. Violence and Victims 2:225-40
221. Driessen M, Hermann J, Stahl K, Zwaan M, Meier S, Hill A, Osterheider M, Petersen D (2000). Magnetic resonance imaging volumes of the hippocampus and the amygdala in women with borderline personality disorder and early traumatization. Archives of General Psychiatry 57:1115-22
222. Drossman DA, Leserman J, Nachman G, Li Z, Gluck H, Toomey TC, Mitchell M (1990): Sexual and physical and sexual abuse in women with functional or organic gastrointestinal disorders. Annals of Internal Medicine 113:828-833
223. Dube SR, Anda RF, Felitti VJ, Chapman DP, Williamson DF, Giles WH (2001). Childhood abuse, household dysfunction, and the risk of attempted suicide throughout the life span: findings from the Adverse Childhood Experiences Study. JAMA 286(24):3089-96
224. Dubowitz H, Black M, Harrington D, Verschoore A (1993). A follow up study of behavior problems associated with child sexual abuse. Child Abuse & Neglect 17:743-54
225. Duncan RD, Saunders BE, Kilpatrick DG, Hanson RF, Resnick HS (1996). Childhood physical assault as a risk factor for PTSD, depression, and substance abuse: findings from a national survey. American Journal of Orthopsychiatry 66:437-48

E

226. Ehrle LH (2002). Partnerships between universities and industry. JAMA 287(11):1398-9; discussão 1399-400
227. Einbender AJ, Friedrich WN (1989). Psychological functioning and behavior of sexually abused girls. Journal of Consulting and Clinical Psychology 57(1):155-7
228. Ellason J, Ross C (1997). Childhood trauma and psychiatric symptoms. Psychological Reports 80:447-50
229. Ellason J, Ross C, Fuchs D (1996). Lifetime axis I and II comorbidity and childhood trauma history in dissociative identity disorder. Psychiatry 59:255-66
230. Ellason J, Ross C (1995). Positive and negative symptoms in dissociative identity disorder and schizophrenia: A comparative analysis. Journal of Nervous and Mental Disease 183:236-41
231. Ellason JW, Ross CA, Sainton K, Mayran LW (1996). Axis I and II Comorbidity and Childhood Trauma History in Chemical Dependency. Bulletin of the Menninger Clinic 60:39-51
232. Ellason JW, Ross CA (1997). Two year follow-up of inpatients with dissociative identity disorder. American Journal of Psychiatry 154:832-839

233. Ellenson G (1985). Detecting a history of incest: A predictive syndrome. Social Casework, novembro, pp. 525-32
234. Elliott DJ, Tarnowski KJ (1990). Depressive characteristics of sexually abused children. Child Psychiatry Hum Dev 21(1):37-48
235. Elliott DM, Briere J (1995). Posttraumatic stress associated with delayed recall of sexual abuse: A general population study. Journal of Traumatic Stress 8:629-647
236. Ensink B (1992). Confusing Realities: A study on child sexual abuse and psychiatric symptoms. Amsterdã: Vu University Press
237. Epstein JN, Saunders BE, Kilpatrick DG, Resnick HS.PTSD as a mediator between etiology, and treatment. Journal of Clinical Psychiatry 47:106-10
238. Erickson MF (2000). Attachment theory (apresentado na Annual Conference of the Georgia Council on Child Abuse), Atlanta, Ga, 1º de agosto
239. Everill JT, Waller G (1995). Reported sexual abuse and eating psychopathology: a review of the evidence for a causal link. Int J Eat Disord 18(1):1-11

F

240. Famularo R, Kinscherff R, Fenton T (1991). Posttraumatic stress disorder among children clinically diagnosed as borderline personality disorder. J Nerv Ment Dis 179(7):428-31
241. Famularo R, Kinscherff R, Fenton T (1992). Psychiatric diagnoses of maltreated children: Preliminary findings. Journal of the American Academy of Child and Adolescent Psychiatry 31:863-67
242. Famularo R, Kinscherff R, Fenton T (1992a). Parental substance abuse and the nature of child maltreatment. Child Abuse & Neglect 16:475-83
243. Famularo R, Kinscherff R, Fenton T (1992). Psychiatric diagnoses of abusive mothers. A preliminary report. J Nerv Ment Dis 180(10):658-61
244. Famularo R, Kinscherff R, Fenton T (1992). Psychiatric diagnoses of maltreated children: preliminary findings. J Am Acad Child Adolesc Psychiatry 31(5):863-7
245. Famularo R, Fenton T, Kinscherff R, Ayoub C, Barnum R (1994). Maternal and child posttraumatic stress disorder in cases of child maltreatment. Child Abuse Negl 18(1):27-36
246. Famularo R, Fenton T, Augustyn M, Zuckerman B (1996). Persistence of pediatric post traumatic stress disorder after 2 years. Child Abuse Negl, dezembro, 20(12):1245-8
247. Fava GA, Tomba E (1998). The use of antidepressant drugs: some reasons for concern. The International Journal of Risk and Safety in Medicine 11(4):271-274
248. Fava GA (2002). Long-term treatment with antidepressant drugs: the spectacular achievements of propaganda. Psychotherapy and Psychosomatics 71(3):127-132
249. Feifel D (2002). Advances in the treatment of depression: moving beyond the SSRIs. Palestra proferida no Peachford Hospital, Atlanta, Ga, 9 de abril
250. Felittti VJ, Williams SA (1998) Long-term follow-up and analysis of more than 100 patients who each lost more than 100 pounds. The Permanente Journal 2(3):17-21
251. Felitti VJ (1991). Long-term medical consequences of incest, rape, and molestation. Southern Medical Journal 84(3):328-331
252. Felitti VJ (1993). Childhood sexual abuse, depression, and family dysfunction in adult obese patients: a case control study. Southern Medical Journal 86(7):732-736
253. Felitti VJ (2000). Adverse childhood experiences and the leading causes of death in America. Apresentação em fita de vídeo da Kaiser Permanente, San Diego

254. Felitti VJ, Anda RF, Nordenberg D, Williamson DF, Spitz AM, Edwards V, Koss MP, Marks JS (1998). Relationship of childhood abuse and household dysfunction to many of the leading causes of death in adults. American Journal of Preventive Medicine 14:245-258
255. Femina DD, Yeager CA, Lewis DO (1990). Child abuse: adolescent records vs adult recall. Child Abuse & Neglect 14:227-231
256. Fergusson DM, Horwood LI (1998). Exposure to interparental violence in childhood and psychological adjustment in young adulthood. Child Abuse & Neglect 22:339-57
257. Fergusson DM, Horwood LI, Lynskey MT (1996). Childhood sexual abuse and psychiatric disorder in young adulthood: II. Psychiatric outcomes of childhood sexual abuse. Journal of the American Academy of Child and Adolescent Psychiatry 34(10):1365-74
258. Fergusson DM, Lynskey MT (1997). Physical punishment/maltreatment during childhood and adjustment in young adulthood. Child Abuse & Neglect 21:617-630
259. Fergusson DM, Horwood LI, Woodward LJ (2000). The stability of child abuse reports: a longitudinal study of the reporting behavior of young adults. Psychological Medicine 30:529-44
260. Fergusson KS, Dacey CN (1997). Anxiety, depression and dissociation in women health care providers reporting a history of childhood psychological abuse. Child Abuse & Neglect 21 (10)9410952
261. Figley CR (1999). Traumatology of Grieving: Conceptual, theoretical, and treatment foundations. Brunner-Routledge, Londres
261a. Fink PJ (2003). Discussion on treatment of depression (comunicação pessoal). Filadélfia, Pa, 2 de fevereiro
262. Finlay-Jones R, Brown GW (1981). Types of stressful life events and the onset of anxiety and depressive disorders. Psychological Medicine 11:803-15
263. Finkelhor D (1984). Child Sexual Abuse: New theory & research. Free Press, NY
264. Finkelhor D, Hotaling G, Lewis IA, Smith C (1990). Sexual abuse in a national survey of adult men and women: prevalence, characteristics, and risk factors. Child Abuse & Neglect 14: 19-28
265. Finn S, Hartinan M, Leon G, Lawson L (1986). Eating disorders and sexual abuse: Lack of confirmation for a clinical hypothesis. International Journal of Eating Disorders 5 (10):1060
266. Flisher AJ, Kramer RA, Hoven CW, Greenwald S, Alegria M, Bird HR, Canino G, Connell R, Moore RE (1997). Psychosocial characteristics of physically abused children in adolescence. Journal of the American Academy of Child and Adolescent Psychiatry 36:123-31
267. Fleming J, Mullen P, Sibthorpe B, Bammer G (1999). The long-term impact of childhood sexual abuse in Australian women. Child Abuse & Neglect 23:145-59
268. Folsom V, Krahn D, Nairn K, Gold L, Demitrack M, Silk K (1993). The impact of sexual and physical abuse on eating disordered and psychiatric symptoms: A comparison of eating disordered and psychiatric inpatients. International Journal of Eating Disorders 13:249-257
269. Fondacaro KM, Holt JC, Powell TA (1999). Psychological impact of childhood sexual abuse on male inmates: the importance of perception. Child Abuse & Neglect 23:361-9
270. Ford JD, Racusin R, Davis WB, Ellis CG, Thomas J, Rogers K, Reiser J, Schiffman J, Sengupta A (1999a). Trauma exposure among children with oppositional defiant disorder and attention deficit-hyperactivity disorder. J Consult Clin Psychol 67(5):786-9

271. Ford JD, Racusin R, Ellis CG, Daviss WB, Reiser J, Fleischer A, Thomas J (2000). Child maltreatment, other trauma exposure, and posttraumatic symptomatology among children with oppositional defiant and attention deficit hyperactivity disorders. Child Maltreatment 5:205-217

271a. Forward S, Buck C (1989). Toxic Parents. Bantam, NY

272. Fossum MA, Mason MJ (1986). Facing Shame: Families in recovery. WW Norton, NY

273. Frank E, Turner SM, Stewart BD, Jacob M, West D (1981). Past psychiatric symptoms and the response to sexual assault. Comprehensive Psychiatry 22:479-87

274. Frank E, Kupfer DJ, Perel JN, Comes C, Jarrett DB, Mallinger AG, Thase ME, McEachran AB, Grochocinski VJ (1990). 3-year outcomes for maintenance therapies in recurrent depression. Archives of General Psychiatry 47:1093-9

275. Frazier PA, Cohen BB (1992). Research on the sexual victimization of women: implications for counselor training. The Counseling Psychologist 20(1):141-58

275a. Frias-Armenta M (2002). Long-term effects of child punishment on Mexican women: a structural model. Child Abuse & Neglect 26:371-86

276. Friedrich WN (1998). Behavioral manifestations of child sexual abuse. Child Abuse & Neglect 22 (6):523-31

277. Friedrich WN, Luecke WJ, Beilke RL, Place V (1992). Psychotherapy outcome of sexually abused boys: an agency study. Journal of Interpersonal Violence 7(3):396-409

278. Friedrich WN, Schafer LC (1995). Somatic symptoms in sexually abused children. J Pediatric Psychol 20(5):661-70

279. Fromuth ME (1986). The relationship of childhood sexual abuse with later psychological and sexual adjustment in a sample of college women. Child Abuse & Neglect 10:5-15

280. Fromuth ME, Burkhart BR (1989). Long-term psychological correlates of childhood sexual abuse in two samples of college men. Child Abuse & Neglect 13:533-42

281. Frothingham TE, Hobbs CJ, Wynne JM, Yee L, Goya A, Wadsworth DJ (2000). Follow up study eight years after diagnosis of sexual abuse. Archives of Diseases of Childhood 83:132-134

282. Fukuyama F (2002). Our Post Human Future. Farrar Straus & Giroux, NY

283. Fullilove MT, Fullilove RE, Smith M, Winkler K, Michael C, Panzer PG, Wallace R (1993). Violence, trauma, and posttraumatic stress disorder among women drug users. Journal of Traumatic Stress 6:533-43

284. Fullilove MT (2002). Social and economic causes of depression. J Gend Specif Med 5(2):38-41

G

285. Galenberg AJ (2002). Out of the box. Archives of General Psychiatry 59:281

286. Gara MA, Allen LA, Herzog EP, Woolfolk RL (2000). The abused child as parent: the structure and content of physically abused mothers' perceptions of their babies. Child Abuse & Neglect 24(5):627-39

287. Garland A, Scott J (2002). Using homework in therapy for depression. J Clin Psychol 58(5):489-98

288. Gelijns AC, Their SO (2002). Medical innovation and institutional interdependence: Rethinking university-industry connections. Journal of the American Medical Association 287:72-7

288a. Gelinas DJ (1983). The persisting negative effects of incest. Psychiatry 46:312-32

289. George C, Main M (1979). Social interaction of young abused children: approach, avoidance, and aggression. Child Development 50:306-18

289a. Gershuny BS, Thayer JF (1999). Relations among psychological trauma, dissociative phenomena, and trauma-related distress: a review and integration. Clinical Psychology Review 19:631-57

290. Gladstone G, Parker G, Wilhelm K, Mitchell P, Austin MP (1999). Characteristics of depressed patients who report childhood sexual abuse. American Journal of Psychiatry 156(3):431-7

291. Glod CA, Teicher MH (1996). Relationship between early abuse, posttraumatic stress disorder, and activity levels in prepubertal children. Journal of the American Academy of Child and Adolescent Psychiatry 35:1.384-1393

292. Glod CA, Teicher MH, Hartman CR, Harakal T, McGreenery CE (1997). Enduring effects of early abuse on locomotor activity, sleep and circadian rhythms. Annals New York Academy of Science 821:465-467

293. Gold ER (1986). Long-term effects of sexual victimization in childhood: An attributional approach. Journal of Consulting and Clinical Psychology 54:471-475

294. Gold SN, Lucenko BA, Elhai JD, Swingle JM, Sellers AH (1999). A comparison of psychological/psychiatric symptomatology of women and men sexually abused as children. Child Abuse Negl 23(7):683-92

295. Gold SN, Hill EL, Swingle JM, Elfant AS (1999). Relationship between childhood sexual abuse characteristics and dissociation among women in therapy. Journal of Family Violence 14: 157-171

296. Gold SN (2000). Not Trauma Alone: Therapy for Child Abuse Survivors in Family and Social Context. Brunner-Routledge Philadelphia

297. Goldberg D (2001). Vulnerability factors for common mental illnesses. British Journal of Psychiatry 178:69-71

298. Goldberg T, Gold J, Greenberg R, Griffin S, Schulz C, Pickar D, Kleinman J, Weinberger D (1993). Contrasts between patients with affective disorders and patients with schizophrenia on a neuropsychological test battery. American Journal of Psychiatry 150:1355-62

299. Goldberg RT (1994). Childhood abuse, depression, and chronic pain. Clinical Journal of Pain 10:277-281

299a. Goldstein DJ, Mallinckrodt C, Lu Y, Demitrack MA (2002). Duloxetine in the treatment of major depressive disorder: a double-blind clinical trial. Journal G of Clinical Psychiatry 63(3):225-31

300. Gomes-Schwartz B, Horowitz J, Sauzier M (1984). The aftermath of sexual abuse: 18-month follow-up. In: Tufts New England Medical Center, Child Psychiatry Division. Sexually Exploited Children: Service and Research Project. Final Report of the Office of Juvenile Justice and Delinquency Prevention. Washington, DC, US Department of Justice

301. Gomes-Schwartz B, Horowitz J, Sauzier M (1985). Severity of emotional distress among sexually abused preschool, school-age, and adolescent children. Hosp Community Psychiatry 36(5):503-8

301a. Goodkin K, Visser AP (2000). Psychoneuroimmunology: stress, mental disorders, and health. American Psychiatric Press, Washington, DC

302. Goodman L, Rosenberg S, Mueser T, Drake R (1997) Physical and sexual assault history in women with serious mental illness: Prevalence, correlates, treatment and future research directions. Schizophrenia Bulletin 23:685-96

303. Goodman LA, Thompson KM, Weinfurt K, Corl S, Acker P, Mueser KT, Rosenberg SD (1999). Reliability of reports of violent victimization and posttraumatic stress disorder among men and women with serious mental illness. J Trauma Stress 12(4):587-99
304. Goodsitt A (1997). Capítulo 11. Eating disorders: a self-psychological perspective. *In* Garner D, Garfinkle P (orgs.). Handbook of Eating Disorders, Guilford Press
305. Goodwin J, McCarthy T, Divasto P (1981). Prior incest in mothers of abused children. Child Abuse & Neglect 5:87-96
306. Goodwin J, Attias R, McCarthy T, Chandler S, Romanik R (1988). Reporting by adult psychiatric patients of childhood sexual abuse. Am J Psychiatry 145(9):1183-4
307. Gorcey M, Santiago JM, McCall PF (1986). Psychological consequences for women sexually abused in childhood. Social Psychiatry 21(3):129-33
308. Gorner P (2002). Top medical journal [NEJM] eases ethics policy. Chicago Tribune, 13 de junho
309. Gottman JM, Katz LF (1989). Effects of marital discord on young children's peer interaction and health. Developmental Psychology 3:373-81
310. Gould DA, Stevens NG, Ward NG, Carlin AS, Sowell HE, Gufstavson B (1994). Self-reported childhood abuse in an adult population in a primary care setting: prevalence, correlates and associated suicide attempts. Archives of Family Medicine 3:252-6
311. Grayston AD, De Luca RV, Boyes DA (1992). Self-esteem, anxiety, and loneliness in preadolescent girls who have experienced sexual abuse. Child Psychiatry Hum Dev 22(4):277-86
312. Grayston AD, De Luca RV (1999). Female perpetrators of child sexual abuse: a review of the clinical and empirical literature 4:93-106
313. Greden JF (2001). Statement in (BW HealthWire) Eli Lilly and Company: in two trials duloxetine significantly reduced symptoms of depression. Business, Editors, Health/ Medical Writers, Anne Griffin, 7 de maio
314. Greden JF (2002). Unmet need: What justifies the search for a new antidepressant? Journal of Clinical Psychiatry 63 (suplemento 2):3-7
315. Green B: Problem-based psychiatry. Churchill Livingston, NY 1996
316. Greenwald E, Leitenberg OH, Cado S, Tarran MJ (1990). Childhood sexual abuse: long-term effects on psychological and sexual functioning in a non-clinical and non-student sample of adult women. Child Abuse & Neglect 14(4):503-514
317. Greyson CB (1999). Comunicação pessoal. Atlanta, Ga, 15 de junho
317a. Greyson CB (1986). Incidence of near-death experiences following attempted suicide. Suicide and Life-threatening Behavior 16:40-5
318. Grice DE, Brady KT, Dustan LR, Malcolm R (1995). Sexual and physical assault history and posttraumatic stress disorder in substance-dependent individuals. American Journal of Addictions 4:297-305
319. Grilo CM, Sanislow C, Fehon DC, Martino S, McGlashan TH (1999). Psychological and behavioral functioning in adolescent psychiatric inpatients who report histories of childhood abuse. American Journal of Psychiatry 156(4):538-543
320. Guntrip H (1973). Psychoanalytical Theory, Therapy and the Self. Basic Books/Harper Torch Books, NY
321. Gurvits TV, Shenton ME, Hokama H, Ohta H, Laskow NB, Gilbertson MW, Orr SP, Kikinis R, Jolez FA, McCarley RW, Pittman RK (1996). Magnetic resonance imaging study of hippocampal volume in chronic, combat related posttraumatic stress disorder. Biological Psychiatry 40:1091-9

322. Hallstrom, T (1987). Major depression, parental mental disorder and early family relationships. Acta Psychiatr. Scand. 75:259-263
323. Hanson RF, Spratt EG (2000). Reactive attachment disorder: what we know about the disorder and implications for treatment. Child Maltreatment 5:137-145
324. Handwerker WP (1999). Childhood origins of depression: evidence from native and non-native women in Alaska and the Russian far-east. Journal of Women's Health 8(1):87-94
325. Hardman JG, Limbird LE (orgs.) (1996). Goodman and Gilman's The Pharmacologic Basis of Therapeutics, 9ª org., McGraw Hill, NY
326. Harkness KL, Wildes JE (2002). Childhood adversity and anxiety versus dysthymia co-morbidity in major depression. Psychol Med 32(7):1239-49
327. Hart LE, Mader L, Griffith K, deMendonça M (1989). Effects of sexual and physical abuse: a comparison of adolescent in-patients. Child Psychiatry and Human Development 20:49-57
328. Hart J, Gunnar M, Cicchetti D (1995). Salivary cortisol in maltreated children: Evidence of relations between neuroendocrine activity and social competence. Development and Psychopathology 7:11-26
329. Hart J, Gunnar M, Cicchetti D (1996). Altered neuroendocrine activity in maltreated children related to symptoms of depression. Development and Psychopathology 8:201-14
330. Harter S, Alexander PC, Neimeyer Ra (1988). Long-term effects of incestuous child abuse in college women: social adjustment, social cognition and family characteristics. Journal of Consulting and Clinical Psychology 56:5-8
331. Harter SL, Taylor TL (2000). Parental alcoholism, child abuse, and adult adjustment. Journal of Substance Abuse 11(1):31-44
332. Hasin D, Liu X, Nunes E, McCloud S, Samet S, Endicott J (2002). Effects of major depression on remission and relapse of substance dependence. Arch Gen Psychiatry 59(4):375-80
333. Hasin DS, Grant BF (2002a). Major depression in 6,050 former drinkers: association with past alcohol dependence. Arch Gen Psychiatry 59(9):794-800 Alcs 4x depressed even long sober
334. Hazell P, O'Connell D, Heathcote D, Henry D (2000). Tricyclic drugs for depression in children and adolescents (Cochrane Review). In The Cochrane Library, Número 3
335. Healy D (1987). The structure of psychopharmacological revolutions. Psychiatr. Dev. 5:349-376.
336. Healy D (1991). The Marketing of 5-Hydroxytryptamine: Depression or Anxiety? Br J Psychiatry 158:737-742
337. Healy D (1996). The Psychopharmacologists, Londres: Chapman & Hall (Altman)
338. Healy D (1998). The Psychopharmacologists II, Londres: Chapman & Hall (Altman)
339. Healy D (1998). The Antidepressant Era, Cambridge, Mass., Harvard University Press
340. Healy D (2000). Good science or good business?, Hastings Center Report 30, nº 2:19-22
341. Healy D, Tranter R (1991). Pharmacological stress diathesis syndromes, J Psychopharmacol 13(3):287-290. E também: In the shadow of the benzodiazepines (Respostas a comentários sobre o artigo acima), *Ibid*, p. 299
342. Healy D (1998). Commentary on J. Moncrieff et al.. Meta-analysis of trials comparing antidepressants with active placebos, Brit J Psychiatry 172:232-234
343. Healy D (1993). Images of trauma: from hysteria to PTSD. Faber & Faber, Londres (Capítulo 10)

344. Healy D (1999). The three faces of antidepressants. Journal of Mental and Nervous Disease 187:174-180
345. Healy D (2002). The [antidepressant] drugs don't work (também intitulado "Drug Story"). Documentário para o Channel 4, Londres, RU, 19 de maio
346. Heim C, Newport DJ, Bonsall R, Miller AH, Nemeroff CB (2001). Altered pituitary-adrenal axis responses to provocative challenge tests in adult survivors of childhood abuse. Am J Psychiatry 158(4):575-81
347. Heim C, Nemeroff CB (2001). The role of childhood trauma in the neurobiology of mood and anxiety disorders: preclinical and clinical studies. Biol Psychiatry 49(12):1023-39
348. Heim C, Nemeroff CB (2002). Neurobiology of early life stress: Clinical studies. Seminars in Clinical Neuropsychiatry 7(2):147-59
349. Heim C, Newport DJ, Heit S, Graham YP, Wilcox M, Bonsall R, Miller AH, Nemeroff CB (2000). Pituitary-adrenal and autonomic responses to stress in women after sexual and physical abuse in childhood. Journal of the American Medical Association 284:592-7
350. Heins T, Gray A, Tennant M (1990). Persisting hallucinations following childhood sexual abuse. Australian and New Zealand Journal of Psychiatry 24:561-5
351. Henton J, Cate R, Koval J, Lloyd S, Christopher S (1993). Romance and violence in dating relationships. Journal of Family Issues 4:467-82
352. Herman JL, Schatzow E (1984). Time-limited group therapy for women with a history of incest. International Journal of Group Psychotherapy 34:605-16
353. Herman JL, Russel DEH, Trocki K (1986). Long-term effects of incestuous abuse in childhood. American Journal of Psychiatry 143:1293-6
354. Herman JL (1986). Histories of violence in an outpatient population. Am J Orthopsychiatry 56:137-141
355. Herman JL, Russel DEH, Trocki K (1986). Long-term effects of incestuous abuse in childhood. Am J Psychiatry 143:1293-1296
356. Herman JL, Schatzow E (1987). Recovery and verification of memories of childhood sexual trauma. Psychoanalytic Psychology 4:1-14
357. Herman JL, van der Kolk BA (1987). Traumatic antecedents of borderline personality disorder. *In* van der Kolk BA (org.). Psychological trauma. Washington, DC, American Psychiatric Press, pp. 111-26
358. Herman JL (1998). Histories of violence in an outpatient population. *In* Burgess AW (org.). Rape and sexual assault, Vol. 2. Nova York: Garland, pp. 41-49
359. Herman JL, Perry JC, van der Kolk BA (1989). Childhood trauma in borderline personality disorder. American Journal of Psychiatry 146:490-5
360. Herman JL (1992). Trauma and Recovery. Basic Books, NY, 2ª edição, 1997
361. Herman JL (1992). Sequelae of prolonged and repeated trauma: Evidence for a complex posttraumatic syndrome. In Davidson JR, Foa EB (orgs.). Posttraumatic stress disorder: DSM-IV and beyond. Washington, DC: American Psychiatric Press, pp. 213-228
362. Herman JL (1992). Complex PTSD: A syndrome in survivors of prolonged and repeated trauma. J. Traumatic Stress 5:377-391
363. Herman JL (1998). Recovery from psychological trauma. Psychiatry and Clinical Neurosciences 52
364. Herrenkohl RC, Russo MJ (2000). Abusive early child rearing and early childhood agression. Child Maltreatment, fevereiro de 2001, vol. 6, nº 1, pp. 3-16(14)
365. Higgins DJ, McCabe MP (1994). The relationship of child sexual abuse and family violence to adult adjustment: Toward an integrated risk-sequelae model. Journal of Sex Research 31(4):255-66

366. Hill SY, De Bellis MD, Keshavan MS, Lowers L, Shen S, Hall J, Pitts T (2001). Right amygdala volume in adolescent and young adult offspring from families at high risk for developing alcoholism. Biol Psychiatry 1;49(11):894-905
367. Hjorth CW, Ostrov E (1982). The self image of physically abused adolescents. Journal of Youth and Adolescence 11:71-6
368. Hoffman-Plotkin D, Twentyman CT (1984). A multimodal assessment of behavioral and cognitive deficits in abused and neglected preschoolers. Child Dev, junho; 55(3):794-802
369. Hooper PD (1990). Psychological sequelae of sexual abuse in childhood. British Journal of General Practice 40:29-31
370. Horney K (1950). The Neurotic Personality of Our Time. Norton, NY
371. Houston TK, Cooper LA, Ford DE (2002). Internet support groups for depression: a 1-year prospective cohort study. Am J Psychiatry, dezembro, 159(12):2062-8
372. Hull AM (2002). Neuroimaging findings in posttraumatic stress disorder: Systematic review. Br J Psychiatry 181(2):102-110
373. Hulme PA (2000). Symptomatology and health care utilization of women primary care patients who experienced childhood sexual abuse. Child Abuse & Neglect 24:1471-84
374. Hunter JA (1991). A comparison of the psychosocial maladjustment of adult males and females sexually molested as children. Journal of Interpersonal Violence 6(2):205-17
375. Huntoon JL (1994). The relationship of serotonin uptake in blood platelets to a self-reported history of childhood trauma. Dissertação de doutoramento não-publicada, Lawrence, Kansas: Universidade de Kansas
376. Hurt H, Malmud E, Brodsky NL, Giannetta J (2001). Exposure to violence psychological and academic correlates in child witnesses. Archives of Pediatric and Adolescent Medicine 155:1351-1356
377. Hussey DL, Singer M (1993). Psychological distress, problem behaviors, and family functioning of sexually abused adolescent inpatients. Journal of the American Academy of Child and Adolescent Psychiatry 32(5):954-960

I

378. Irwin H, Green M, Marlsh P (1999). Dysfunction in smooth pursuit eye movements and history of childhood trauma. Perceptual and Motor Skills 89:1230-1236
379. Ito Y, Teicher M, Glod C, Ackerman E (1998). Preliminary evidence for aberrant cortical development in abused children: A quantitative EEG study. Journal of Neuropsychiatry and Clinical Neurosciences 10:298-307
380. Ito Y, Teicher MH, Glod CA, Harper D, Magnus E, Gelbard HA (1993). Incresead prevalence of electrophysiological abnormalities in children with psychological, physical, and sexual abuse. Journal of Neuropsychiatry and Clinical Neurosciences 5:401-408

J

381. Jackson SW (1986). Melancholia and Depression: From Hippocratic times to modern times. Yale University Press, New Haven
382. Jacobson A, Richardson B (1987). Assault experiences of 100 psychiatric inpatients: evidence of the need for routine inquiry. American Journal of Psychiatry 144:908-913
383. Jacobson A, Kohler JE, Jones-Brown C (1987). The failure of routine assessment to detect histories of assault experienced by psychiatric patients. Hospital and Community Psychiatry 38:386-89

384. Jacobson A (1989). Physical and sexual assault histories among psychiatric outpatients. American Journal of Psychiatry 146(6):755-8
385. Jacobson A, Herald C (1990). The relevance of childhood sexual abuse to adult psychiatric inpatient care. Hospital and Community Psychiatry 41:15
386. Jacobs D, Cohen D (1999). What is really known about psychological alterations produced by psychiatric drugs? The International Journal of Risk and Safety in Medicine, Volume 12, nº 1:37-47
387. Jacobson A (1989). Physical and sexual assault histories among psychiatric outpatients. American Journal of Psychiatry 146:751-758
388. Jacobson A, Richardson B (1987). Assault experiences of 100 psychiatric inpatients: evidence of the need for routine inquiry. American Journal of Psychiatry 144:908-913
389. Jacobson A, Herald C (1990). The relevance of childhood sexual abuse to adult psychiatric inpatient care. Hospital and Community Psychiatry 41:154-8, 40% ASI
390. Jacobson NS, Dobson KS, Truax PA, Addis ME, Koerner K, Gollan JK, Gortner E, Prince SE (1996). A component analysis of cognitive behavioral treatment for depression. Journal of Consulting & Clinical Psychology 64:295-304
391. Jaffe P, Wolfe D, Wilson S, Zak L (1986). Similarities in behavioral and social maladjustment among child victims and witnesses to family violence. American Journal of Orthopsychiatry 56:142-6
392. Joffe R, Sokolov S, Streiner D (1996). Antidepressant treatment of depression: A meta-analysis. Canadian Journal of Psychiatry 41:613-616
393. James K (1997). Incest: the teenager's perspective. Psychotherapy: Theory, Research & Practice 14(2):144-6
394. James J, Meyerding J (1977). Early sexual experiences and prostitution. American Journal of Psychiatry 134:1381-5
395. Jellen LK, McCarroll JE, Thayer LE (2001). Child emotional maltreatment: a 2-year study of US Army cases. Child Abuse Negl 25(5):623-39
396. Jicks SS, Dean AD, Jicks H (1995). Antidepressants and suicide. British Medical Journal 311:215-8
397. Johnson RL, Shrier DK (1985). Sexual victimization of boys. Journal of Adolescent Health Care 6:372-6
398. Johnson JG, Cohen P, Brown J, Smailes EM, Bernstein DP (1999). Childhood maltreatment increases risk for personality disorders during early adulthood. Archives of General Psychiatry 56:600-606
399. Johnson JG, Smailes EM, Cohen P, Brown J, Bernstein DP (2000). Associations between four types of childhood neglect and personality disorder symptoms during adolescence and early adulthood: findings of a community-based longitudinal study. J Personal Disord 14(2):171-87
400. Johnson DM, Pike JL, Chard KM (2001). Factors predicting PTSD, depression, and dissociative severity in female treatment-seeking childhood sexual abuse survivors. Child Abuse Negl, janeiro, 25(1):179-98
401. Johnson J, Weissman MM, Klerman GL (1992). Service utilization and social morbidity associated with depressive symptoms in the community. Journal of the American Medical Association 267(11):1478-1483
402. Jones P, Rodgers B, Murray R, Marmont M (1994). Child developmental risk factors for adult schizophrenia in the British 1946 birth cohort. Lancet 344:1398-1402
403. Jones L, Hughes M, Unterstaller U (2001). Posttraumatic stress disorder (PTSD) in victims of domestic violence. Trauma, Violence & Abuse 2:99-119

404. Joseph J (1998). The equal environment assumption of the classical twin method: A critical analysis. Journal of Mind and Behavior 19:325-358
405. Joseph J (1999). A critique of the Finnish Adoptive Family Study of Schizophrenia. Journal of Mind and Behavior 20:133-154
406. Joseph J (1999a). The genetic theory of schizophrenia: A critical overview. Ethical Human Sciences and Services 1:119-145
407. Joseph J (2001). Don Jackson's "A critique of the literature on the genetics of schizophrenia": A reappraisal after 40 years. Genetic, Social, & General Psychology Monographs 127:27-57
408. Jumper S (1995). A meta-analysis of the relationship of child sexual abuse to adult psychological adjustment. Child Abuse & Neglect 19:715-728

K

409. Kaiser D (1996). Against biologic psychiatry (comentário). Psychiatric Times, dezembro (web site *www.mhsource.com* em 2001)
410. Kalb PE, Koehler KG (2002). Legal issues in scientific research. Journal of The American Medical Association 287:85-91
411. Kaplan SJ, Pelcovitz D, Salzinger S, Weiner M, Mandel FS, Lesser ML, Labruna VE (1998). Adolescent physical abuse: risk for adolescent psychiatric disorders. Am J Psychiatry 155(7):954-9; mais em Pediatrics, julho de 1999, 104(1 Pt 1):43-9; e em J Trauma Stress, janeiro de 2000; 13(1):77-88
412. Kashani JH, Carlson GA (1987). Seriously depressed preschoolers. American Journal of Psychiatry 144:348-50
413. Katz LF, Gottman JM (1997). Buffering children from marital conflict and dissolution. J Clin Child Psychol 26(2):157-71
413a. Kaufman G (1989). The Psychology of Shame, Springer, NY
414. Kaufman G (1980). Shame: The Power of Caring. Schenkman Publishing Company, Cambridge, MA
414a. Kaufman J (1991). Depressive disorders in maltreated children. Journal of the American Academy of Child and Adolescent Psychiatry 30(2):257-265.
415. Kaufman J, Birmaher B, Perel J, Dahl RE, Stull S, Brent D, Trubnick L, Al-Shabbout M, Ryan ND (1998). Serotonergic functioning in depressed abused children: clinical and familial correlates. Biological Psychiatry 44:973-8
416. Kaufman J, Charney DS (1999). Neurobiological correlates of child abuse. Biological Psychiatry 45:1235-6
417. Kaufman J (1991). Depressive disorders in maltreated children. J Am Acad Child Adolesc Psychiatry 30:257-265
418. Kaufman J, Plotsky PM, Nemeroff CB, Charney DS (2000). Effects of early adverse experiences on brain structure and function. Biological Psychiatry 48:778-90
419. Kazdin AE, Mosher J, Colbus D, Bell R (1985). Depressive symptoms among physically abused and psychiatrically disturbed children. Journal of Abnormal Psychology 94(3):298-307
420. Keeler MH (1982). Capítulo 47. Alcoholism and affective disorder (p. 618) In Pattison EM, Kaufman R (orgs.). Encyclopedic Handbook of Alcoholism, Gardner Press, NY
421. Kendall-Tackett C, Williams LM, Finkelhor D (1993). Impact of sexual abuse on children: A review and synthesis of recent empirical studies. Psychological Bulletin 113:164-180

422. Kendall-Tackett KA, Simon AF (1988). Molestation and the onset of puberty: Data from 365 adults molested as children. Child Abuse & Neglect 12:73-81
423. Kendall-Tackett KA (2000). Physiological correlates of childhood abuse: chronic hyperarousal in PTSD, depression, and irritable bowel syndrome. Child Abuse & Neglect 24(6):799-810
424. Kendler K, Karkowski LM, Prescott CA (1999). Causal relationship between stressful life events and the onset on major depression. American Journal of Psychiatry 156:837-841
425. Kendler K, Bulik C, Silberg J, Hettema J, Myers J, Prescott C (2000). Childhood sexual abuse and adult psychiatric and substance use disorders in women: An epidemiological and co-twin control analysis. Arch Gen Psychiatry 57:953-959
426. Kendler KS, Gardner CO, Prescott CA (2002). Toward a comprehensive developmental model for major depression in women. Am J Psychiatry 159(7):1133-45
427. Kennedy BL, Dhaliwal N, Pedley L, Sahner C, Greenberg R, Manshadi MS (2002). Posttraumatic Stress Disorder in subjects with schizophrenia and bipolar disorder. J Ky Med Assoc 100(9):395-9
428. Kent JT (1976). A follow-up study of abused children. Journal of Pediatric Psychology 1:25-31
429. Kent P (2001). Comunicação pessoal, Atlanta, GA, março
430. Kent A, Waller G, Dagnan D (1999). A greater role of emotional than physical or sexual abuse in predicting disordered eating attitudes: the role of mediating variables. International Journal of Eating Disorders 25:159-67
431. Kent A, Waller G (1998). The impact of childhood emotional abuse and extension of the child abuse and trauma scale. Child Abuse & Neglect 22:393-9
432. Kerig PK, Fedorowicz AE (1999). Assessing maltreatment of children of battered women: methodological and ethical considerations. Child Maltreatment 4(2):103-115
433. Kessler R, Magee W (1993). Childhood adversities and adult depression: Basic patterns of association in a US National Survey. Psychol Med 23:679-690
434. Kessler R, Davis C, Kendler R (1997). Childhood adversity and adult psychiatric disorder in the US National Comorbidity Survey. Psychol Med 27:1101-1119
435. Kiesler CA (1982b). Public and professional myths about mental hospitalization: An empirical reassessment of policy-related beliefs. American Psychologist 37:1323-1339
435a. Khan A, Khan S, Brown WA (2002). Are placebo controls necessary to test new antidepressants and anxiolytics? International Journal of Neuropsychopharmacology 5(3):193-7
436. Kilpatrick KL, Williams LM (1998). Potential mediators of posttraumatic stress disorder in child witnesses to domestic violence. Child Abuse & Neglect 22:319-30
437. Kilpatrick AC (1986). Some correlates of women's childhood sexual experiences: a retrospective study. Journal of Sex Research 22(2):221-42
438. Kilpatrick DG, Best CL, Veronen LJ, Amick AE, Villeponteaux LA, Ruff GA (1985). Mental health correlates of criminal victimization: a random community survey. J Consult Clin Psychol, dezembro, 53(6):866-73
439. Kinard EM (1994). Methodological issues and practical problems in conducting research on maltreated children. Child Abuse Negl 18(8):645-5 Add
440. Kinard EM (1995). Mother and teacher assessments of behavior problems in abused children. Journal of the American Academy of Child and Adolescent Psychiatry 34(8):1043-53

441. Kinard EM (1998). Depressive symptoms in maltreated children from mother, teacher, and child perspectives. Violence and Victims 13:131-47
442. Kinderman, Cooke, Bentall R (2000). Recent Advances in Understanding Mental Illness and Psychotic Experiences. Leicester, RU: British Psychological Society
443. King CH (1975). The ego and the integration of violence in homicidal youth. American Journal of Orthopsychiatry 45(1):134-45
444. King M, Coxell A, Mezey G (2002). Sexual molestation of males: associations with psychological disturbance. Br J Psychiatry 181(2):153-157
445. Kirkengen AL (2001). Inscribed Bodies: Health Impact of Childhood Sexual Abuse. Kluwer Academic Publishers, Boston
446. Kirsch I, Sapirstein G (1998). Listening to Prozac but hearing placebo — A meta-analysis of antidepressant medication. Prevention and Treatment, junho, vol. 1, *http://www.journals.apa.org/prevention*
447. Kirsch I (1998). Reducing noise and hearing placebo more clearly: Rejoinder to comments on Listening to Prozac but hearing placebo. Prevention and Treatment, vol. 1, Article 0007r, disponibilizado em 26 de junho
448. Kirsch I, Moore TJ, Scoboria A, Nicholls SS (2002). The Emperor's new drugs: An analysis of antidepressant medication data submitted to the FDA. Prevention and Treatment, American Psychological Association, *www.journals.apa.org/prevention*
449. Kiser LJ, Heston J, Millsap PA, Pruitt DB (1991). Physical and sexual abuse in childhood: relationship with posttraumatic stress disorder. J Am Acad Child Adolesc Psychiatry 30(5):776-83
450. Kitchens JA (1990). Beyond the Shame: Understanding and treating the child molester ADS-CO, Dallas, TX
451. Kitzinger J (1996). Media representations of sexual abuse risks. Child Abuse Review 5:319-333
452. Kluft RP (org.)(1990). Incest-Related Syndromes of Adult Psychopathology. American Psychiatric Press, NY
453. Kluft ES (1993). Expressive and Functional Therapies in the Treatment of Multiple Personality Disorder. Charles C Thomas, Springfield, Il
454. Klump KL, Wonderlich S, Lehoux P, Lilenfeld LR, Bulik CM (2002). Does environment matter? A review of nonshared environment and eating disorders. Int J Eat Disord 31(2):118-35
455. Kolko DJ (1996). Child physical abuse. In Briere J, Berliner L, Bulkley JA, Jenny C, Reid T (orgs.). The APSAC handbook on child maltreatment (pp. 21-50). Chicago: APSAC
456. Knowles EE, Schroeder DA (1990). Personality characteristics of sons of alcohol abusers. Journal of Studies of Alcohol 142-147
457. Krantz G, Ostergren PO (2000). The association between violence victimization and common symptoms in Swedish women. Journal of Epidemiology and Community Health 54:815-821
458. Kripke DF (1998). Light treatment for nonseasonal depression: speed, efficacy, and combined treatment. Journal of Affective Disorders 49:109-17
459. Kroll PD, Stock DF, James ME (1985). The behavior of adult alcoholic men abused as children. Journal of Nervous and Mental Disease 173:689-93
460. Krug RS (1989). Adult male report of childhood sexual abuse by mothers: case descriptions, motivations and long-term consequences. Child Abuse Negl 13(1):111-9

461. Kuhn TS (1970). The Structure of Scientific Revolutions. University of Chicago Press
462. Kumar G, Steer RA, Deblinger E (1996). Problems in differentiating sexually from non-sexually abused adolescent psychiatric inpatients by self-reported anxiety, depression, internalization, and externalization. Child Abuse & Neglect 20(11):1079-1086
463. Kunitz SJ, Levy JE, McCloskey J, Gabriel KR (1998). Alcohol dependence and domestic violence as sequelae of abuse and conduct disorder in childhood. Child Abuse Negl 22(11):1079-91
464. Kutchins H, Kirk SA (1997). Making Us Crazy — DSM: The Psychiatric Bible and the creation of mental disorders. The Free Press, NY
465. Kuyken W, Brewin CR (1994). Intrusive memories of childhood abuse during depressive episodes. Behav Res Ther 32(5):525-8

L

466. Ladwig GB, Anderson MD (1989). Substance abuse in women: relationship between chemical dependency in women and past reports of physical and sexual abuse. International Journal of the Addictions 24:739-744
467. Lake-White J, Kline CM (1985). Treating the dissociative process in adult victims of childhood incest. Social Case Work 66:394-402
468. Lam RW (org.) (1998). Seasonal Affective Disorder and Beyond: Light treatment for SAD and non-SAD conditions. American Psychiatric Press, pp. 167-9
469. Lancet (2001). Editorial 358:854-6
470. Lancet (2002). Just how tainted has medicine become? Editorial 359:1167 e 9313
471. Langeland W, Hartgers C (1998). Child sexual and physical abuse and alcoholism: a review. Journal of Studies on Alcoholism 59:336-48
472. Langevin R, Wright P, Handy L (1989). Characteristics of sex offenders who were sexually victimized as children. Annals of Sex Research (agora Journal of Sexual Abuse) 3:187-204
473. Langevin R, Paitich D, Orchard B, Handy L, Russon A (1983). Childhood and family background of killers seen for psychiatric assessment: a controlled study. Bull Am Acad Psychiatry Law 11(4):331-41
474. Lansford JE, Dodge KA, Pettit GS, Bates JE, Crozier J, Kaplow J (2002). A 12-year prospective study of the long-term effects of early child physical maltreatment on psychological, behavioral, and academic problems in adolescence. Archives of Pediatric and Adolescent Medicine 156:824-830
475. Lanz JB (1995). Psychological, behavioral, and social characteristics associated with early forced sexual intercourse among pregnant adolescents. Journal of Interpersonal Violence 10 (2):188-200
476. Laplanche J, Pontalis JB (1973). The Language of Psycho-analysis. WW Norton, NY
477. Lawlor DA, Hopker SW (2001). The effectiveness of exercise as an intervention in the management of depression: systematic review and meta-regression analysis of randomised controlled trials BMJ 322:763
478. The Leadership Council for Mental Health, Justice & the Media (2002). *www.leadershipcouncil.org/*
479. Lebowitz L, Harvey M, Herman JL (1993). A stage-by-dimension model of recovery from psychological trauma. J. Interpersonal Violence 8:378-391
480. Lechner ME, Vogel ME, Garcia-Shelton LM, Leichter JL, Steibel KR (1993). Self-reported medical problems of adult female survivors of childhood sexual abuse. J Fam Pract 36(6):633-8

481. Lecklitner GL, Malik NM, Aaron SM, Lederman CS (1999). Promoting safety for abused children and battered mothers: Miami-Dade County's modeled dependency court intervention program. Child Maltreatment 4(2):175-182
482. Lecrubier Y, Clerc G, Didi R *et al.* (2002). Efficacy of St. John's wort extract WS 5570 in major depression: a double-blind, placebo-controlled trial. American Journal of Psychiatry 159:1361-1366
483. Lee JKP, Jackson HJ, Pattison P, Ward T (2002). Developmental risk factors for sexual offending. Child Abuse & Neglect 26:73-92
484. Lehrman NS (2002). Dead Wrong: The drug treatment of depression is one of the great fallacies in the history of medicine. Redflagsweekly.com, 15 de agosto
485. Leifer M, Shapiro JP, Kassem L (1993). The impact of maternal history and behavior upon foster placement and adjustment in sexually abused girls. Child Abuse & Neglect 17:755-766
486. Leifer M, Shapiro JP (1995). Longitudinal study of the psychological effects of sexual abuse in African-American girls in foster care and those who remain at home. Journal of Child Sexual Abuse 4:27-44
487. Leuchter AF, Cook IA, Witte EA, Morgan M, Abrams M (2002). Changes in brain function of depressed subjects during treatment with placebo. Am J Psychiatry 159:122-129
488. Levitan RD, Parikh SV, Lesage AD, Hegadoren KM, Adams M, Kennedy SH, Goering PN (1998). Major depression in individuals with a history of childhood physical or sexual abuse: relationship to neurovegetative features, mania and gender. American Journal of Psychiatry 155(12):1746-52
489. Leverich GS, McElroy SL, Suppes T, Keck PE Jr., Denicoff KD, Nolen WA, Altshuler LL, Rush AJ, Kupka R, Frye MA, Autio KA, Post RM (2002). Early physical and sexual abuse associated with an adverse course of bipolar illness. Biol Psychiatry, 15 de fevereiro, 51(4):288-97
490. Lewontin R, Rose S, Kamin L (1984). Not in our genes: biology, ideology, and human nature. NY: Pantheon
491. Lewis DO, Moy E, Jackson LD (1985). Biopsychosocial characteristics of children who later murder: a prospective study. American Journal of Psychiatry 142:1161-7
492. Liem JH, Boudewyn AC (1999). Contextualizing the effects of childhood sexual abuse on adult self-and social-functioning: an attachment theory perspective. Child Abuse Negl, novembro, 23(11):1141-57
493. Lindberg FH, Distad LJ (1985). Posttraumatic Stress Disorders in Women who Experienced Childhood Incest. Child Abuse & Neglect 9:329
494. Lipman EL, McMillan HL, Boyle MH (2001). Childhood abuse and psychiatric disorders among single and married mothers. Am J Psychiatry 158:73-77
495. Lipschitz D, Kaplan M, Sorkenn J, Faedda G, Chorney P, Asnis G (1996). Prevalence and characteristics of physical and sexual abuse among psychiatric outpatients. Psychiatric Services 47:189-91
496. Lipschitz D, Winegar R, Nicolaou A, Hartnick E, Wolfson M, Southwick S (1999). Perceived abuse and neglect as risk factors for suicidal behavior in adolescent inpatients. Journal of Nervous and Mental Disease 187:32-39
497. Livingston R (1987). Sexually and physically abused children. Journal of the American Academy of Child and Adolescent Psychiatry 26(3):413-5
498. Lo B, Wolf LE, Berkeley A (2000). Conflict-of-interest policies for investigators in clinical trials. New England Journal of Medicine 343:1616-20

499. Ludolph PS, Westen D, Misle B, Jackson A, Wixom J, Wiss FC (1990). The borderline diagnosis in adolescents: symptoms and developmental history. Am J Psychiatry 147(4):470-6
500. Lukianowicz N (1972). Incest. British Journal of Psychiatry 120:301-13
501. Lundberg O (1993). The impact of childhood living conditions on illness and mortality in adulthood. Soc Sci Med 36(8):1047-52
502. Lundberg-Love PK, Marmion S, Ford K, Geffner R, Peacock L (1992). The long-term consequences of childhood incestuous victimization upon adult women's psychological symptomatology. Journal of Child Sexual Abuse 1:81-102
503. Luntz BK, Widom CS (1994). Antisocial personality disorder in abused and neglected children grown up. American Journal of Psychiatry 151:670-674
504. Lynskey MT, Fergusson DM (1997). Factors protecting against the development of adjustment difficulties in young adults exposed to childhood sexual abuse. Child Abuse & Neglect 21(12):1177-90
505. Lyons-Ruth K, Jacobvitz D. (1999). Attachment disorganization: Unresolved loss, relational violence, and lapses in behavioral and attentional strategies. In Cassidy J, Shaver PR (orgs.). Handbook of attachment: theory, research, and clinical applications (pp. 520-554). Nova York: Guilford
506. Lysaker PH, Meyer PS, Evans JD, Clements CA, Marks KA (2001). Childhood sexual trauma and psychosocial functioning in adults with schizophrenia. Psychiatric Services 52:1.485-8

M

507. MacEwen KE (1994). Refining the intergenerational transmission hypothesis. Journal of Interpersonal Violence 9:350-365
508. MacMillan HL, Fleming JE, Trocme N, Boyle MH, Wong M, Racine YA, Beardslee WR, Offord DR (1997). Prevalence of child physical and sexual abuse in the community: Results from the Ontario Health Supplement. Journal of the American Medical Association 278:131-135
509. Malarcher A, Sharp D (2002). Sexual abuse as a risk factor for smoking, substance abuse, and attempted suicides for boys and girls. (submetido à apreciação)
510. Malinosky-Rummel R, Hansen D (1993). Long-term consequences of childhood physical abuse. Psychological Bulletin 114:68-79
511. Mancini C, Van Ameringen M, MacMillan H (1995). Relationship of childhood sexual and physical abuse to anxiety disorders. Journal of Nervous and Mental Disease 183: 309-314
512. Manly J, Cichetti D, Barnett D (1994). The impact of subtype, frequency, chronicity, and severity of child maltreatment on social competency and behavior problems. Development and Psychopathology 6:121-4
513. Mann SJ (1999). Healing Hypertension: A Revolutionary New Approach. John Wiley & Sons
514. Marks IM (1989). The gap between research and policy in mental health care. Journal of the Royal Society of Medicine 82:514-7
515. Masterson JF (1988). The Search for the Real Self: Unmasking the Personality Disorder of Our Age. Free Press/MacMillan NY
516. Mazure C, Bruce M, Maciejewski P, Jacobs S (2000). Adverse life events in major depression. American Journal of Psychiatry 157:896-903

517. McCann IL, Pearlman LA (1990). Psychological Trauma and the Adult Survivor: Theory, Therapy, and Transformation. Brunner/Mazel, NY
518. McCauley J, Kern DE, Kolodner K, Dill L, Schroeder AF, DeChant HK, Ryden J, Derogatis L, Bass EB (1997). Clinical characteristics of women with a history of childhood abuse: unhealed wounds. Journal of the American Medical Association 277(17):1362-1368
519. McEwen, BS (2000). Allostasis and allostatic load: implications for neuropsychopharmacology. Neuropsychopharmacology 22(2):108-124
520. McGee D, Wolfe D, Wilson S (1997). Multiple maltreatment experience and adolescent behavior problems: adolescent's perspectives. Development and Psychopathology 9:131-49
521. McLeer SV, Deblinger E, Atkins MS, Foa EB, Ralphe DL (1988). Posttraumatic stress disorder in sexually abused children. Journal of the American Academy of Child and Adolescent Psychiatry 27:650-4
522. Mechanic D, Hansell S (1989). Divorce, family conflict, and adolescents' well-being. J Health Soc Behav 30(1):105-16
523. Medawar C (2002). The antidepressant web — Marketing depression and making medicines work. A versão atual pode ser consultada e baixada do site *www.socialaudit.org.uk*. A versão original impressa, publicada no International Journal of Risk & Safety in Medicine (1997), pode ser encomendada aos editores no Social Audit.
524. Medawar C (1996). Drug education materials for children — are they good enough? In Proc. USP Open Conference, Reston, Va., 29 de setembro a 1º de outubro, Children & Medicines: as informações não se destinam apenas a adultos, e estão disponíveis junto à US Pharmacopeia, 12601 Twinbrook Parkway, Rockville, Md 20852, USA
525. Medawar C (1996a). Secrecy and medicines. Int J Risk & Safety in Medicine 9:133-141
526. Medawar C (1994). Defining risk and patients' perceptions of risk. In Proc. USP Open Conference, Communicating risks to patients, Washington DC, disponível junto à US Pharmacopeia, 12601 Twinbrook Parkway, Rockville, Md 20852, USA
527. Medawar C (1994a). Through the doors of deception? Nature, 24 de março, pp. 368-370
528. Medawar C (1993). Drugs, secrecy and society (editorial), BMJ, 9 de janeiro, 306:6870, 81-82
529. Mennen FE, Meadow D (1995). The relationship of abuse characteristics to symptoms in sexually abused girls. Journal of Interpersonal Violence 10(3):259-74
530. Merrill LL, Thomsen CJ, Gold SR, Milner JS (2001). Childhood abuse and premilitary sexual assault in male Navy recruits. Journal of Consulting and Clinical Psychology 69:252-261
531. Merrill LL, Thomsen CJ, Sinclair BB, Gold SR, Milner JS (2001). Predicting the impact of child sexual abuse on women: the role of abuse severity, parental support, and coping strategies. J Consult Clin Psychol 69(6):992-1006
532. Merikangas KR, Stolar M, Stevens DE, Goulet J, Presig MA, Fenton B, Zhang H, O'Malley SS, Rounsaville BJ (1998). Familial transmission of substance abuse disorders. Archives of General Psychiatry 55:973-979
533. Metcalfe M, Oppenheimer R, Dignon A, Palmer RL (1990). Child sexual experiences reported by male psychiatric patients. Psychological Medicine 20:925-9
534. Miller BA, Downs WR, Gondoli DM, Keil A (1987). The role of childhood sexual abuse in the development of alcoholism in women. Violence and Victims 2:157-172
535. Miller BA, Downs WR, Testa M (1993). Interrelationships between victimization experiences and women's alcohol use. Journal of Studies on Alcohol, Suplemento nº 11, pp. 109-117

536. Miller J, Moeller D, Kaufman A, Divasto P, Fitzsimmons P, Prather D, Christi J (1978). Recidivism among sexual assault victims. American Journal of Psychiatry 135:1003-4
537. Moeller TP, Bachman GL, Moeller JR (1993). The combined effects of physical, sexual, and emotional abuse during childhood: Long term health consequences for women. Child Abuse & Neglect 17:623-640
538. Moisan PA, Sanders-Phillips K, Moisan PM (1997). Ethnic differences in circumstances of abuse and symptoms of depression and anger among sexually abused black and Latino boys. Child Abuse and Neglect 21(5):473-488
539. Molnar BE, Shade SB, Kral AH, Booth RE, Watters JK (1998). Suicidal behavior and sexual/physical abuse among street youth. Child Abuse & Neglect 22:213-22
540. Molnar BE, Berkman LF, Buka SL (2001). Psychopathology, childhood sexual abuse and other childhood adversities: relative links to subsequent suicidal behaviour in the US. Psychol Med 31(6):965-77
541. Moncrieff J, Drummond D, Candy B, Checinski K, Farmer R (1996). Sexual abuse in people with alcohol problems. A study of the prevalence of sexual abuse and its relationship to drinking behavior. British Journal of Psychiatry 169:355-360
542. Moncrieff J, Wessely S, Hardy R (1998). Meta-analysis of trials comparing antidepressants with active placebos. British Journal of Psychiatry 172:227-231
543. Morin K, Rakatansky H, Riddick FA, Morse LJ, O'Bannon JM, Goldrich MS, Ray P, Weiss M, Sade RM, Spillman MA (2002). Managing conflicts of interest in the conduct of clinical trials. Journal of The American Medical Association 287:78-84
544. Morrison J (1989). Childhood sexual histories of women with somatization disorder. American Journal of Psychiatry 146:239-41
545. Morrow KB, Sorell GT (1989). Factors effecting self-esteem, depression, and negative behaviors in sexually abused female adolescents. Journal of Marriage and the Family 51:677-86
546. Morton N, Browne KD (1998). Theory and observation of attachment and its relation to child maltreatment: a review. Child Abuse Negl, novembro, 22 (11):1093-104
547. Moyer D (1997). Childhood sexual abuse and precursors of binge eating in an adolescent female population. International Journal of Eating Disorders 21:23-30
548. Muenzenmaier K, Meyer I, Struening E, Ferber J (1993). Childhood abuse and neglect among women outpatients with chronic mental illness. Hospital and Community Psychiatry 44:666-70
549. Mueser KT, Goodman LB, Trumbetta SL, Rosenberg SD, Osher C, Vidaver R, Auciello P, Foy DW (1998). Trauma and posttraumatic stress disorder in severe mental illness. J Consult Clin Psychol 66(3):493-9
550. Mullen PE, Linsell CR, Parker D (1986). Influence of sleep disruption and calorie restriction on biological markers for depression. Lancet, 8 de novembro, 2(8515):1051-5
551. Mullen PE, Martin JL, Anderson JC, Romans SE, Herbison GP (1993). Childhood sexual abuse and mental health in adult life. British Journal of Psychiatry 163:721-32
552. Mullen PE, Romans-Clarkson SE, Walton VA, Herbinson GP (1998). Impact of sexual and physical abuse on women's mental health. Lancet 1:841-845
553. Mullen PE, Martin JL, Anderson JC, Romans SE, Herbison GP (1993). Childhood sexual abuse and mental health in adult life. British Journal of Psychiatry 163:721-732
554. Mullen PE, Martin JL, Anderson JC et al. (1996). The long-term impact of the physical, emotional, and sexual abuse of children: a community study. Child Abuse & Neglect 20:7-21

555. Muller RT, Lemieux KE (2000). Social support, attachment, and psychopathology in high risk formerly maltreated adults. Child Abuse Negl 24(7):883-900
556. Murphy WD, Coleman E, Hoon E, Scott C (1980). Sexual dysfunction and treatment in alcoholic women. Sexuality and Disability 3:240-55
557. Murphy SM, Kilpatrick DG, Amick-McMullan A, Veronen LJ, Paduhovich J, Best CL, Villeponteaux LA, Saunders BE (1988). Current psychological functioning of child sexual assault survivors. Journal of Interpersonal Violence 3:55-79

N

558. Nash M, Hulsey T, Sexton M, Harralson T, Lambert W (1993). Long-term sequelae of childhood sexual abuse: perceived family environment, psychopathology, and dissociation. Journal of Consulting and Clinical Psychology 61:276-283
559. Nelson EC, Heath AC, Madden PA, Cooper ML, Dinwiddie SH, Bucholz KK, Glowinski A, McLaughlin T, Dunne MP, Statham DJ, Martin NG (2002). Association between self-reported childhood sexual abuse and adverse psychosocial outcomes: results from a twin study. Arch Gen Psychiatry 59(2):139-45
560. Neumann DA, Houseamp BM, Poilace VE, Briere J (1996). The long term sequelae of childhood sexual abuse in women: a meta-analysis review. Child Maltreatment 1:6-16
560a. Newcomer JW, Selke, Melson AK, Hershey T, Craft S, Richards K, Anderson AL (1999). Decreased memory performance in healthy humans induced by stress-level cortisol treatment. Archives of General Psychiatry 56:527-33.
561. NIAAA (1974). National Institute on Alcohol and Alcohol Abuse: An Assessment of the Needs of and Resources for Children of Alcoholic Parents. (Um extenso estudo-entrevista de 50 filhos de pais alcoólicos). Estudo encomendado por Booz, Allen and Hamilton, Rockville, Md
562. Nierenberg NA (2001). Treatment resistant depression. Grand Rounds on the Internet, Harvard University, Boston, MA
563. Noblitt R (2000). Cult and Ritual Abuse: Its history, anthropology, and recent discovery in contemporary America, edição revisada. Com Pamela Sue Perskin (pp. 7-14). Westport, CT:Praeger Publishing
564. Norden MJ (1995). Beyond Prozac: Brain-toxic life styles, natural antidotes & new generation antidepressants. Regan Books/HarperCollins NY

O

565. Oakley-Browne MA, Joyce PR, Wells JE, Bushnell JA, Hornblow AR (1995). Adverse parenting and other childhood experience as risk factors for depression in women aged 18-44 years. Journal of Affective Disorders 34:13-23
566. Oakley-Browne MA, Joyce PR, Wells JE, Bushnell JA, Hornblow AR (1995a). Disruption in childhood parental care as risk factors for major depression in adult women. Australian e New Zealand Journal of Psychiatry 29:437-48
567. Ogata SN, Silk KR, Goodrich S, Lohr NE, Western D, Hill EM (1990). Childhood sexual and physical abuse in adult psychiatric patients with borderline personality disorder. American Journal of Psychiatry 147:100-1013
568. Oreilly W (2002). Television and violence effect on children. Documentário do canal Fox, levado ao ar em abril

569. Palmer RL, Oppenheimer R, Dignon A, Chaloner DA, Howells K (1990). Childhood sexual experiences with adults reported by women with eating disorders: an extended series. Br J Psychiatry 156:699-703
570. Palmer RL, Chaloner DA, Oppenheimer R (1992). Childhood sexual experiences with adults reported by female psychiatric patients. British Journal of Psychiatry 160:261-5
571. Palmer RL, Bramble D, Metcalfe M, Oppenheimer R, Smith J (1994). Childhood sexual experiences with adults: adult male psychiatric patients and general practice attenders. British Journal of Psychiatry 165:675-9
572. Pam A (1995). Capítulo 1. Biological psychiatry: science or pseudoscience? In Ross CA, Pam A. Pseudoscience in Biological Psychiatry. John Wiley, NY
573. Pam A (1990). A critique of the scientific status of biological psychiatry. Acta Psychiatrica Scandinavica 82:1-35 (Suplemento 1362)
574. Paolucci EO, Genuis ML, Violato C (2001). A meta-analysis of the published research on the effects of child sexual abuse. J Psychol 135(1):17-36
575. Parker G (1983). Parental affectionless control as an antecedent to adult depression. Archives of General Psychiatry 40:956-60
576. Paykel ES, Myers JK, Dienelt MN, Klerman GL, Lindenthal JJ, Pepper MP (1969). Life events and depression. A controlled study. Arch Gen Psychiatry 21(6):753-60
577. Pearlman LA (2001). Capítulo 9. Treatment of persons with complex PTSD and other trauma-related disruptions of the self. *In* Wilson JP, Friedman MJ, Lindey JD (orgs.). Treating Psychological Trauma and PTSD. Guilford, Nova York
578. Pears KC, Capaldi DM (2001). Intergenerational transmission of abuse: a two-generational prospective study of an at-risk sample. Child Abuse Negl 25(11):1439-61
579. Pelcovitz D, Kaplan S, Goldenberg B, Mandel F, Lehane J, Guarrera J (1994). Post-traumatic stress disorder in physically abused adolescents. J Am Acad Child Adolesc Psychiatry 33(3):305-12
580. Pelcovitz D, Kaplan S, DeRosa RR, Mandel FS, Salzinger S (2000). Psychiatric disorders in adolescents exposed to domestic violence and physical abuse. Am J Orthopsychiatry 70(3):360-9
581. Pelletier G, Handy L (1999). Capítulo 3. Is family dysfunction more harmful than child sexual abuse? A controlled study. In Bagley C, Mallick K (orgs.). Child Sexual Abuse in Adult Offenders: New Theory and Research (pp. 143-158). Brookfield, VT: Ashgate International
582. Pennebaker JW (1999). The effects of traumatic disclosure on physical and mental health: the values of writing and talking about upsetting events. Int J Emerg Ment Health 1(1):9-18
583. Pennebaker JW (2000). Telling stories: the health benefits of narrative. Literature and Medicine 19(1):3-18
584. Perry BD (2000). The neurodevelopmental impact of violence in childhood. In Schetky D, Benedek E (orgs.). Textbook of Child and Adolescent Forensic Psychiatry. Washington, D.C.: American Psychiatric Press, Inc. (disponível na Internet)
585. Perry BD (1994). Neurobiological sequelae of childhood trauma: post-traumatic stress disorders in children. *In* Murberg M (org.). Catecholamines in Posttraumatic Stress Disorder: Emerging Concepts (pp. 253-276). Washington, D. C.: American Psychiatric Press
586. Perry BD (1999). The memories of states: how the brain stores and retrieves traumatic experience. In Goodwin JM, Attias R (orgs.). Splintered Reflections: Images of the Body In Trauma (pp. 9-38). Nova York: Basic Books

587. Perry BD (2000). The neurodevelopmental impact of violence in childhood. *In* Schetky D, Benedek E (orgs.). Textbook of Child and Adolescent Forensic Psychiatry. Washington, D.C.: American Psychiatric Press, Inc.
588. Perry BD, Pollard R (1998). Homeostasis, stress, trauma, and adaptation: A neurodevelopmental view of childhood trauma. Child and Adolescent Psychiatric Clinics of North America 7:33-51
589. Perry BD, Pollard RA, Blakley TL, Baker WL, Vigilante D (1995). Childhood trauma, the neurobiology of adaptation and use-dependent development of the brain: How states become traits. Infant Mental Health Journal 16:271-291
590. Perry BD, Azad I (1999). Posttraumatic stress disorders in children and adolescents. Current Opinion in Pediatrics 11:310-16
591. Perry JC, Herman JL (1992). Trauma and defense in the etiology of borderline personality disorder. *In* Paris J (org.). Etiology of borderline personality disorder. Washington, D.C.: American Psychiatric Press, 123-140
592. Peters SD (1988). Child sexual abuse and later psychological problems. *In* Wyatt G, Powell G (orgs.). The Lasting Effects of Child Sexual Abuse (pp. 119-123). Sage, 1000 Oaks, CA
593. Pharris MD, Resnick MD, Blum RW (1997). Protecting against hopelessness and suicidality in sexually abused American Indian adolescents. Journal of Adolescent Health, vol. 21, nº 6, pp. 400-406
594. Pillay AL, van der Venn MBW (1997). Depression, developmental level and disclosure in sexually abused children. South African Medical Journal 87 (12):1688-91
595. Pollock VE, Briere J, Schneider L, Knop J, Mednick SA, Goodwin DW (1990). Childhood antecedents of antisocial behavior: parental alcoholism and physical abusiveness. Am J Psychiatry 147(10):1290-3
596. Pollak SD, Cicchetti D, Klorman R, Brumaghim JT (1997). Cognitive brain event-related potentials and emotion processing in maltreated children. Child Development 68(3):773-87
597. Pollak SD, Klorman R, Thatcher JE, Cicchetti D (2001). P3b reflects maltreated children's reactions to facial displays of emotion. Psychophysiology 38:267-74
598. Portegijs PJM, Jueken FMH, van der Horst FG, Kraan HF, Knotterus JA (1996). A troubled youth: Relations with somatization, depression and anxiety in adulthood. Family Practice 13:1-11
599. Post RM, Leverich GS, Xing G, Weiss RB (2001). Developmental vulnerabilities to the onset and course of bipolar disorder. Dev Psychopathol 13(3):581-98
600. Potter-Efron R, Potter-Efron P (1989). Letting Go of Shame: Understanding how shame affects your life. Hazelden, Center City Mn
601. Potter-Efron R, Potter-Efron P (1999). The Secret Message of Shame: Pathways to hope and healing. New Harbinger Publications, Oakland CA
602. Prevent Child Abuse America (2001). Dados disponíveis em *http://www.preventchildabuse.org/learn_more/research_docs/cost_analysis.pdf*
603. Pribor EF, Dinwiddie SH (1992). Psychiatric correlates of incest in childhood. American Journal of Psychiatry 149(1):52-56
604. Putman FW, Trickett PK, Helmers K, Dorn L, Everett B (1991). Cortisol abnormalities in sexually abused girls. Artigo apresentado no 144th Annual Meeting, Washington DC (citado em De Bellis 2001)

605. Putnam FW (1998) Developmental pathways in sexually abused girls. Apresentado em Psychological Trauma: Maturational Process and Psychotherapeutic Interventions. Harvard Medical School, Boston MA, 20 de março

Q

606. Queiroz EA, Lombardi AB, Furtado S, Peixoto CRH, Soares CCD, Fabre TA, Basquies ZL, Fernandes JC, Lippi JRS (1991). Biochemical correlate of depression in children. Arquivos de Neuropsiquiatria 49:4125
607. Quick J (2001). Maintaining the integrity of the clinical evidence base. Bulletin of The World Health Organization 79(12):1093
608. Quitkin FM (1999). Placebos, Drug Effects, and Study Design: A Clinician's Guide. Am. J. Psychiatry 156:829-836
608a. Ramsay R, Bagley C (1985). The prevalence of suicidal behaviors and associated experiences in an urban population. Suicide and life threatening behavior 15(2):151-60

R

609. Rasmussen A (1934). Die bedeutung sexualler attentate auf kinder unter 14. Acta Psychiat et Neurlog 9:351; resumido in Bender & Blau 1937
610. Read JP, Stern AL, Wolfe J, Ouimette PC (1997a). Use of a screening instrument in women's health care: detecting relationships among victimization history, psychological distress, and medical complaints. Women Health 25(3):1-17
611. Read J, Fraser A (1998a). Abuse histories of psychiatric inpatients: To ask or not to ask. Psychiatric Services 49:355-59
612. Read J, Fraser A (1998b). Staff response to abuse histories of psychiatric inpatients. Australian and New Zealand Journal of Psychiatry 32:206-13
613. Read J (1998c). Child abuse and severity of disturbance among adult psychiatric inpatients. Child Abuse & Neglect 22:359-68
613a. Read J, Perry BD, Moskowitz A, Connolly J (2001). The contribution of early traumatic events to schizophrenia in some patients: a traumagenic neurodevelopmental model. Psychiatry 64:319-45
614. Reece RM (1998). Behavioral manifestations of child sexual abuse: response. Child Abuse & Neglect 22(6):533-5
615. Regier DA, Farmer ME, Rae DS, Locke BZ, Keith SJ, Judd LL, Goodwin FK (1990). Comorbidity of mental disorders with alcohol and other drug abuse: Results from the epidemiologic catchment area (ECA) study. JAMA 264(19):2511-2518
616. Regush N (2002). Prescribing untested drugs to children. NY Times, 3 de abril
617. Relman A (2001). Trust me, I'm a scientist. New Scientist, 22 de setembro, pp. 46-7
618. Rew L (1989): Childhood sexual exploitation: long-term effects among a group of nursing students. Issues in Mental Health Nursing 10: 181-191
619. Reynolds MW, Wallace, Hill, Weist MD, Nabors LA (2001). The relationship between gender, depression, and self-esteem in children who have witnessed domestic violence. Child Abuse & Neglect 25:1201-6
620. Roberts GL, Lawrence JM, Williams GM, Raphael B (1998). The impact of domestic violence on women's mental health. Australian and New Zealand Journal of Public Health 22:796-801

621. Robins LN, Schoenberg SP, Holmes SJ, Ratcliff KS, Benham A, Works J (1985). Early home environment and retrospective recall: A test for concordance between siblings with and without psychiatric disorders. American Journal of Orthopsychiatry 55:27-41.
622. Robin RW, Chester B, Rasmussen JK, Jaranson JM, Goldman D (1997). Prevalence, characteristics and impact of childhood sexual abuse in a southwestern American Indian tribe. Child Abuse & Neglect 21(8):769-87
623. Robins L (1966). Deviant Children Grown Up. Williams and Wilkins, NY
624. Rodgers B (1994). Pathways between parental divorce and adult depression. Journal of Child Psychology and Psychiatry and Allied Disciplines 35:1.289-1308
625. Rodriguez N, Ryan SW, Rowan AB, Foy DW (1996). Posttraumatic stress disorder in a clinical sample of adult survivors of childhood sexual abuse. Child Abuse Negl, outubro, 20(10):943-52
626. Roesler TA, McKenzie N (1994). Effects of childhood trauma on psychological functioning in adults sexually abused as children. Journal of Nervous and Mental Disease 182:145-150
627. Roesler T (1994). Reactions to disclosure of childhood sexual abuse: The effect on adult symptoms. Journal of Nervous and Mental Diseases 182:618-624
628. Rohsenow DJ, Corbett R, Devine D (1988). Molested as children: a hidden contribution to substance abuse? Journal of Substance Abuse Treatment 5:13-18
629. Romans SE, Martin JL, Anderson JC, Herbison GP, Mullen PE (1995). Sexual abuse in childhood and deliberate self-harm. Am J Psychiatry, setembro, 152(9):1336-42
630. Romans SE, Martin JL, Anderson JC, O'Shea ML, Mullen PE (1995a). Factors that mediate between child sexual abuse and adult psychological outcome. Psychol Med 25(1):127-42
631. Romans SE, Martin J, Mullen P (1996). Women's self-esteem: a community study of women who report and do not report childhood sexual abuse. British Journal of Psychiatry 169:696-704
632. Rorty M, Yager J, Rossotto E (1994a). Childhood sexual, physical, and psychological abuse and their relationship to comorbid psychopathology in bulimia nervosa. Int J Eat Disord 16(4):317-34
633. Rose S (2001). Moving on from old dichotomies: Beyond nature-nurture towards a lifetime perspective. British Journal of Psychiatry s3-s7.
634. Rose S, Peabody C, Stratigeas B (1991). Undetected abuse among intensive case management clients. Hospital and Community Psychiatry 42:499-50
635. Rosen DH (1976). Suicide survivors: Psychotherapeutic implications of egocide. Suicide and Life-threatening Behavior 6:209-215
635a. Rosen DH (1976). Suicide survivors: a follow-up study of persons who survived jumping from the Golden Gate & San Francisco-Oakland Bay bridges. Western Journal of Medicine 122:289
636. Rosenfeld AA (1979). Incidence of a history of incest among 18 female psychiatric patients. American Journal of Psychiatry 136(6):791-5
637. Rosenthal PA, Rosenthal S (1984). Suicidal behavior by preschool children. American Journal of Psychiatry 141:520-5
638. Ross C, Pam A (orgs.) (1995). Pseudoscience in Biological Psychiatry: Blaming the Body. John Wiley, NY
639. Ross CA, Norton GR, Wozney K (1989). Multiple Personality Disorder: An Analysis of 236 Cases. Canadian Journal of Psychiatry 34(5):413-418

640. Ross CA, Miller SD, Reagor P, Bjornson L, Fraser GA, Anderson G (1990). Structured Interview Data on 102 Cases of Multiple Personality Disorder from Four Centers. American Journal of Psychiatry 147(5):596-601

640a. Ross CA (1986). Biological tests for mental illness: their use and misuse. Biological Psychiatry 21:431-5

641. Ross CA, Kronson J, Koensgen S, Barkman K, Clark P, Rockman G (1992). Dissociative Comorbity in 100 Chemically Dependent Patients. Hospital and Community Psychiatry 43:840-842

642. Ross CA, Anderson G, Clark P (1994). Childhood Abuse and the Positive Symptoms of Schizophrenia. Child and Adolescent Psychiatric Clinics of North America 45 (5): maio

643. Ross CA (2000). The Trauma Model: A solution to the problem of comorbidity in psychiatry. Manitou Publications, Richardson, TX

644. Ross CA (1995). Capítulo 2. Errors of logic in biological psychiatry. In Ross CA, Pam A. Pseudoscience in Biological Psychiatry. John Wiley, NY

645. Ross CA (1995). Capítulo 3. Pseudoscience in The American Journal of Psychiatry. *In* Ross CA, Pam A. Pseudoscience in Biological Psychiatry. John Wiley, NY

646. Rowan AB, Foy DW (1993). PTSD in child sexual abuse. Journal of Traumatic Stress 6:3-20

647. Rowan AB, Foy DW, Rodriguez N, Ryan S (1994). Posttraumatic stress disorder in a clinical sample of adults sexually abused as children. Child Abuse Neglect 18:51-61

648. Roy A (1985). Early parental separation and adult depression. Archives of General Psychiatry 42:987-91

649. Roy A (1990). Personality variables in depressed patients and normal controls. Neuropsychobiology 23:119-123

650. Roy A (1996). An etiology of secondary depression in male alcoholics. Br. J. Psychiatry 169:753-757

651. Roy A, DeJong J, Lamparski D, Linnoila M (1991). Mental disorders among alcoholics. Arch. Gen. Psychiatry 48:423-427

652. Roy A (1999). Childhood trauma and depression in alcoholics: Relationship to hostility. Journal of Affective Disorders 56(2-3):215-8

653. Ruggiero KJ, Mc Leer SV, Dickson JF (2000). Sexual abuse characteristics associated with survivor psychopathology. Child Abuse & Neglect 24(7):951-64

S

654. Sacco ML, Farber BA (1999). Reality testing in adult women who report childhood sexual and physical abuse. Child Abuse Negl 23(11):1193-203

655. Saigh PA, Yasik AE, Oberfield RA, Halamandaris PV, McHugh M (2002). An analysis of the internalizing and externalizing behaviors of traumatized urban youth with and without PTSD. J Abnorm Psychol 111(3):462-70

655a. Saigh PA, Bremner JD (1999). Posttraumatic Stress Disorder: a comprehensive text. Allyn & Bacon, NY

656. Salter A (1995). Transforming Trauma: A guide to understanding and treating adult survivors of child sexual abuse. Sage, Thousand Oaks, CA

657. Salzinger S, Kaplan S, Pelcovitz D, Samit C, Krieger R (1984). Parent and teacher assessment of children's behavior in child maltreating families. J Am Acad Child Psychiatry 23(4):458-64

658. Sanders B, Giolas MH (1991). Dissociation and childhood trauma in psychologically disturbed adolescents. American Journal of Psychiatry 148:50-4
659. Sanford M, Offord D, Boyle M, Pearce A (1992). Ontario child health study: social and school impairment in children age 6-16. Journal of the American Academy of Child and Adolescent Psychiatry 199:60-7
660. Sarno J (1982). Mind Over Back Pain: A Radically New Approach to Diagnosis and Treatment of Back Pain. Berkley Books, Nova York
661. Sarno JE (1991). Healing Back Pain. Warner Books, NY
662. Sansone RA, Gaither GA, Songer DA (2002). The relationships among childhood abuse, borderline personality, and self-harm behavior in psychiatric in-patients. Violence and Victims 17(1):49-55
663. Sansonnet-Hayden H, Haley G, Marriage K, Fine S (1987). Sexual abuse and psychopathology in hospitalized adolescents. J Am Acad Child Adolesc Psychiatry 26(5):753-7
664. Santa Mina EE, Gallop RM (1998). Childhood sexual and physical abuse and adult self-harm and suicidal behaviour: a literature review. Can J Psychiatry 43(8):793-800
665. Sapolsky RM (2000). Glucocorticoids and hippocampal atrophy in neuropsychiatric disorders. Arch Gen Psychiatry 57(10):925-35
666. Saunders BE, Villeponteaux LA, Lipovsky JA, Kilpatrick DG, Veronen IJ (1992). Child sexual assault as a risk factor for mental disorders among women: a community survey. Journal of Interpersonal Violence 7:189-204
667. Saunders BE, Hanson RF, Kilpatrick DG, Resnick H, Best CL (1991). Prevalence, case characteristics, & long-term psychological correlates of child rape among women: a national survey. Artigo apresentado na American Orthopsychiatric Association, Toronto, Canadá
668. Saunders BE, Kilpatrick DG, Hanson RF, Resnick HS, Walker, ME (1999). Prevalence, case characteristics, and long-term psychological correlates of child rape among women: A national survey. Child Maltreatment 4(3):187-200
669. Schaaf KK, McCanne TR (1998). Relationship of childhood sexual, physical and combined sexual and physical abuse to adult victimization and PTSD. Child Abuse & Neglect 22:1119-33
670. Schaefer MR, Sobieraj K, Hollyfield RL (1998). Prevalence of childhood physical abuse in adult male veteran alcoholics. Child Abuse and Neglect 12:141-9
671. Schetky DH (1988). A review of the literature of the long-term effects of child sexual abuse. In Kluft RP (org.). Incest Related Syndromes of Adult Psychopathology (pp. 35-54). American Psychiatric Press, Washington, D.C.
672. Schiffer F, Teicher MH, Papanicolaou AC (1995). Evoked potential evidence for right brain activity during recall of traumatic memories. Journal of Neuropsychiatry and Clinical Neurosciences 7:169-175
673. Schiraldi GR (2000). The PTSD Sourcebook. Lowell House, Los Angeles
674. Schmidt U, Tiller J, Treasure J (1993). Setting the scene for eating disorders: Childhood care, classification and course of illness. Psychological Medicine 23:663-672
675. Schuck AM, Widom CS (2001). Childhood victimization and alcohol symptoms in females: causal inferences and hypothesized mediators. Child Abuse & Neglect 25:1069-92
676. Schuckit M (1983). Alcohclic patients with secondary depression. American Journal of Psychiatry 140(6):711-714

677. Schuckit M, Tipp J, Bergman M, Reich W, Hesselbrock V, Smith T (1997). Comparison of induced and independent major depressive disorders in 2,945 alcoholics. Am. J. Psychiatry 154:948-957
678. Schuckit MA (1999). New findings in the genetics of alcoholism. JAMA 281:1875-76
678a. Scott KD (1992). Childhood sexual abuse impact on a community's mental health status. Child Abuse & Neglect 16:285-95
679. Sedney MA, Brooks B (1984). Factors associated with a history of childhood sexual experience in a non-clinical female population. Journal of The American Academy of Child Psychiatry 23:215-8
680. Seligman MEP (1995). The effectiveness of psychotherapy: The Consumer Reports study. American Psychologist 50:965-974. Disponível em *www.apa.org/journals/seligman.html*
681. Sendi IB, Blomgren PG (1975). A comparative study of predictive criteria in the predisposition of homicidal adolescents. American Journal of Psychiatry 132:423-7
682. Seng MJ (1989). Child sexual abuse and adolescent prostitution: A comparative analysis. Adolescence xxiv (95) 24:665-75
683. Shaunesey K, Cohen JL, Plummer B, Berman A (1993). Suicidality in hospitalized adolescents: relationship to prior abuse. Am J Orthopsychiatry 63(1):113-9
684. Shapiro JP, Leifer M, Martone MW, Kassen L (1990). Multi-method assessment of depression in sexually abused girls. Journal of Personality Assessment 55:234-48
685. Shapiro F, Forrest MS (1997). E.M.D.R. Basic Books, NY
686. Sharav VH (2002). Conflicts of interest: 14th tri-service clinical investigation symposium, US army medical department and the Henry Jackson foundation for the advancement of military medicine, 5-7 de maio
687. Shea MT, Zlotnick C, Weisberg RB (1999). Commonality and specificity of personality disorder profiles in subjects with trauma histories. J Personal Disord 13(3):199-210
688. Shea MT, Zlotnick C, Dolan R, Warshaw MG, Phillips KA, Brown P, Keller MB (2000). Personality disorders, history of trauma, and posttraumatic stress disorder in subjects with anxiety disorders. Compr Psychiatry 41(5):315-25
689. Shearer SL, Peters CP, Quaytman MS, Ogden RL (1990). Frequency and correlates of childhood sexual and physical abuse histories in adult female borderline in-patients. American Journal of Psychiatry 147:214-16
690. Sheldrick C (1991). Adult sequelae of child sexual abuse. British Journal of Psychiatry 158(10):55-62
691. Shepard M, Raschick M (1999). How child welfare workers assess and intervene around issues of domestic violence. Child Maltreatment 4(2):148-156
692. Shepherd M (1993). The placebo: from specificity to the non-specific and back. Psychological Medicine 23:569-78
693. Sher KJ, Gershuny BS, Peterson L, Raskin G (1997). The role of childhood stressors in intergenerational transmission of alcohol use disorders. Journal of Studies on Alcohol 58:414-27
694. Shetky DH (1990). Capítulo 3. A review of the long-term effects of childhood sexual abuse. In Kluft RP (org.). Incest-Related Syndromes of Adult Psychopathology. American Psychiatric Press, NY
695. Shields A, Cicchetti D (1998). Reactive aggression among maltreated children: the contributions of attention and emotion dysregulation. Journal of Clinical Child Psychology 27:381-95

696. Shields A, Cicchetti D (2001). Parental maltreatment and emotion dysregulation as risk factors for bullying and victimization in middle childhood. Clinical Child Psychology 30(3):349-63
697. Shorter E (1997). A History of Psychiatry — From the Era of the Asylum to the Age of Prozac. Toronto, John Wiley & Son
698. Shrier LA, Pierce JD, Emans SJ, DuRant RH (1998). Gender differences in risk behaviors associated with forced or pressured sex. Arch Pediatr Adolesc Med 152(1):57-63
699. Schultz RK, Braun BG, Kluft RP (1989). Multiple personality disorder: Phenomenology of selected variables in comparison to major depression. Dissociation 2:45-51
700. Sidebotham P, Golding J (2001). Child maltreatment in the "children of the nineties": a longitudinal study of parental risk factors. Child Abuse & Neglect 25(9):1177-200
701. Siebert A (1999). Brain disease hypothesis disconfirmed by all evidence. J. of Ethical Human Sciences and Services 1(2):179-199
702. Siegel JM, Burham MA, Stein JA, Golding JM, Sorenson SB (1986). Sexual assault and psychiatric disorder: a preliminary investigation. Relatório para o National Institute of Mental Health [nenhum outro dado fornecido]
703. Silberg JL (2000). Fifteen years of dissociation in maltreated children: Where do we go from here? Child Maltreatment 5(18):119-136
704. Silverman AB, Reinherz HZ, Giaconia RM (1996). The long-term sequelae of child and adolescent abuse: A longitudinal community study. Child Abuse and Neglect 20:709-723
705. Simos BG (1979). A Time To Grieve: Loss as a universal human experience. Family Services Association of America, NY (Um dos melhores livros sobre aflição que eu já li)
706. Simpson TL, Westerberg VS, Little LM, Trujillo M (1994). Screening for childhood physical and sexual abuse among outpatient substance abusers. J. Subst. Abuse Treat. 11:347-58
707. Sloane P, Karpenski E (1942). Effects of incest on the participants. American Journal of Orthopsychiatry 12:666-73
708. Stahl SM (1998). Selecting an anti-depressant by using mechanism of action to enhance efficacy & avoid side effects. Journal of Clinical Psychiatry 59 (suplemento 18):23-9
709. Smith D, Pearce L, Pringle M, Caplan R (1995). Adults with a history of child sexual abuse: Evaluation of a pilot therapy service. British Medical Journal 310:1175-78
709a. Smith A, Traganza E, Harrison G (1969). Studies on the effectiveness of antidepressant drugs. Psychopharmacology Bulletin (número especial), março, pp. 1-53
710. Steiger H, Zanko M (1990). Sexual traumata among eating disordered, psychiatric, and normal female groups: Comparison of prevalences and defense styles. Journal of Interpersonal Violence 5:74-86
711. Stein D, Baldwin S (2000). Toward an operational definition of disease in psychiatry and psychology: Implications for diagnosis and treatment. The International Journal of Risk and Safety in Medicine. Volume 13(1):29-46
712. Stein JA, Golding JM, Siegel JM, Burnam MA, Sorenson SB (1988). Long-term psychological sequelae of child sexual abuse: The Los Angeles Epidemiologic Catchment Area Study. In Wyatt GE, Powell GJ (orgs.). Lasting Effects of Child Sexual Abuse (pp. 135-154). Sage, 1000 Oaks, CA
713. Stein MB, Yehuda R, Koverola C, Hanna C (1997). Enhanced dexamethasone suppression of plasma cortisol in adult women traumatized by childhood sexual abuse. Biol Psychiatry. 15 de outubro, 42(8):680-6

714. Stein MB, Koverola C, Hanna C, Torchia MG, McClarty B (1997a). Hippocampal volume in women victimized by childhood sexual abuse. Psychological Medicine 27:1-9
715. Stein P, Kendall J (2002). Stress, Trauma and the Developing Brain: How the new neurobiology is leading to more effective interventions for troubled children. Binghamton, NY: Haworth Press
716. Stein MB, Walker JR, Anderson G, Hazen A, Ross CA, Eldridge G, Forde D (1996). Childhood physical and sexual abuse in patients with anxiety disorders and in a community sample. American Journal of Psychiatry 153(2):275-277
717. Steinhausen H (1995). Children of alcoholic parents. A review. European Child and Adolescent Psychiatry 4:1430-152
718. Stermac L, Reist D, Addison M, Miller GM (2002). Childhood risk factors for women's sexual victimization. Journal of Interpersonal Violence 2002 17(6):647-670
719. Stern AE, Lynch DL, Oates RK, O'Toole BI, Cooney G (1995). Self-esteem, depression, behavior and family functioning in sexually abused girls. Journal of Child Psychology and Psychiatry 36:1.077-1089
720. Stevenson J (1999). The treatment of the long-term sequelae of child abuse. J Child Psychol Psychiatry, janeiro, 40(1):89-111
721. Storosum JG, Elferink AJA, van Zwieten BJ, van der Vrink W, Gersons BPR, van Strik R, Broekmans AW (2001). Short-term efficacy of tricyclic antidepressants revisited: a meta-analytic study. European Neuropsychopharmacology. 11:173-80
722. Styron T, Janoff-Bulman R (1997). Childhood attachment and abuse: long-term effects on adult attachment, depression and conflict resolution. Child Abuse & Neglect 21(10):1.015-23
723. Sullivan EV, Fama R, Rosenbloom MJ, Pfefferbaum A (2002). A profile of neuropsychological deficits in alcoholic women. Neuropsychology 16(1):74-83
724. Surtees PG, Ingham JG (1980). Life stress and depressive outcome: Application of a dissipation model to life events. Social Psychiatry 15:21-31
725. Sussman N (2002). Depression and anxiety: remission as a goal. Ga Psychiatric CME symposium. Peachford Hospital, Atlanta, Ga, 16 de março
726. Swanston HY, Tebbutt JS, O'Toole BI, Oates RK (1997). Sexually abused children 5 years after presentation: a case-control study. Pediatrics 100(4):600-8
727. Swanston HY, Parkinson PN, Oates RK, O'Toole BI, Plunkett AM, Shrimpton S (2002). Further abuse of sexually abused children. Child Abuse & Neglect 26:115-27
728. Swett C, Cohen C, Surrey J, Compaine A, Chavez R (1991). High rates of alcohol use and history of physical and sexual abuse among women outpatients. American Journal of Drug and Alcohol Abuse 17:49-60
729. Swett C, Halpert M (1993). Reported history of physical and sexual abuse in relation to dissociation and other symptomatology in women psychiatric inpatients. Journal of Interpersonal Violence 8(4):345-55
730. Swett C, Surrey J, Cohen C (1990). Sexual and physical abuse histories and psychiatric symptoms among male psychiatric out-patients. American Journal of Psychiatry 147(5):632-6

T

731. Talbot N, Houghtalen R, Duberstein P, Cox C, Giles D, Wynne L (1999). Effects of group treatment for women with a history of childhood sexual abuse. Psychiatric Services 50:686-692, group Tx Add

732. Taylor RR, Jason LA (2001). Sexual abuse, physical abuse, chronic fatigue, and chronic fatigue syndrome: a community-based study. Journal of Nervous and Mental Disease 189:709-715
733. Tebbutt J, Swanston H, Oates RK, O'Toole BI (1997). Five years after child sexual abuse: persisting dysfunction and problems of prediction. J Am Acad Child Adolesc Psychiatry 36(3):330-9
734. Teicher MH (2000). Wounds that time wouldn't heal: the neurobiology of childhood abuse. Cerebrum 2:50-67
735. Teicher MH, Glod CA, Surrey J, Swett C Jr. (1993). Early childhood abuse and limbic system ratings in adult psychiatric outpatients. Journal of Neuropsychiatry and Clinical Neurosciences 5:301-306
736. Teicher MH, Ito YN, Glod CA, Schiffer F, Gelbard HA (1994). Early abuse, limbic system dysfunction, and borderline personality disorder. *In* K. Silk (org.). Biological and Neurobehavioral Studies of Borderline Personality Disorder. American Psychiatric Association Press, 177-207
737. Teicher MH, Ito YN, Glod CA, Andersen SL, Dumont N, Ackerman E (1997). Preliminary evidence for abnormal cortical development in physically and sexually abused children using EEG coherence and MRI. Annals New York Academy of Science 821:160-175
738. Teicher MH, Ito Y, Glod CA, Schiffer F, Ackerman E (1994). Possible effects of early abuse on human brain development, as assessed by EEG coherence. Am. J. Neuropsychopharmacol. 33,52
739. Terr LC (1991). Childhood traumas: an outline and overview. American Journal of Psychiatry 148:10-20
740. The Kept University (2000). Atlantic Monthly, março, 285 (partes 1-4):3954
741. Thompson A, Kaplan C (1999). Emotionally abused children presenting to child psychiatry clinics. Child Abuse & Neglect 23:191-196
742. Thompson KM, Braaten-Antrim R (1998). Youth maltreatment and gang involvement. Journal of Interpersonal Violence 13:328-45
743. Thompson KM, Wonderlich SA, Crosby RD, Mitchell JE (2001a). Sexual victimization and adolescent weight regulation practices: a test across three community based samples. Child Abuse Negl, fevereiro, 25(2):291-305
744. Thompson KM, Wonderlich SA, Crosby RD, Mitchell JE (2001b). Sexual violence and weight control techniques among adolescent girls. Int J Eat Disord, março, 29(2):166-76
745. Thompson KM, Crosby RD, Wonderlich SA, Mitchell JE, Redland J, Demuth G, Smith J, Haseltine B (no prelo durante 2002/3). Psychopathology and sexual trauma in childhood and adulthood. Journal of Traumatic Stress
746. Tienari P (1991). Interaction between genetic vulnerability and family environment. Acta Psychiatrica Scandinavica 84:460-65
746a. Tong L, Oates K, McDowell M (1987). Personality development following sexual abuse. Child Abuse & Neglect 11:371-83
747. Toth SL, Manly JT, Cicchetti D (1996). Child maltreatment and vulnerability to depression. Development and Psychopathology 4:97-112
748. Toth SL, Cicchetti D (1996). Patterns of relatedness, depressive symptomatology and perceived competence in maltreated children. Journal of Consultant and Clinical Psychology 64(1):32-41
749. Toth SL, Cicchetti D, Macfie J, Rogosch FA, Maughan A (2000). Narrative representations of moral-affiliative and conflictual themes and behavioral problems in maltreated preschoolers. J Clin Child Psychol 29(3):307-18

750. Trickett PK, Susman EJ (1988). Parental perceptions of child-rearing practices in physically abusive and nonabusive families. Developmental Psychology 24:270-276
751. Trickett PK, McBride-Chang C, Putnam FW (1994). The class room performance and behavior of sexually abused females. Development and Psychopathology 6:183-194
752. Triffelman EG, Marmar CR, Delucci KI, Ronfeldt H (1995). Childhood trauma and posttraumatic stress disorder in substance abuse in patients. Journal of Nervous and Mental Disease 183:172-6
753. Trowell J, Kolvin I, Weeramanthri T, Sadowski H, Berelowitz M, Glasser D, Leitch I (2002). Psychotherapy for sexually abused girls: psychopathological outcome findings and patterns of change. British Journal of Psychiatry, 180:234-47
754. Tsai M, Feldman-Summers S, Edgar M (1979). Childhood molestation: variables related to differential impacts on psychosexual functioning in adult women. Journal of Abnormal Psychology 88(4):407-417
755. Tufts New England Medical Center, Child Psychiatry Division (1984). Sexually Exploited Children: Service and Research Project. Relatório final do Office of Juvenile Justice and Delinquency Prevention. Washington, D.C., US Department of Justice
756. Turkheimer E (1998). Heritability and biological explanation. Psychological Review 105:782-91

U

757. Ullman SE, Siegel JM (1995). Sexual assault, social reactions, and physical health. Women's Health: Research on Gender, Behavior, and Policy 1(4):289-308
758. U.S. Dept. of Health and Human Services (1999). A Report of the Surgeon General — executive summary. Rockville, MD

V

759. Valenstein ES (1998). Blaming the Brain: the truth about drugs and mental health. Basic Books, NY
760. Van Buskirk SS, Cole CF (1983). Characteristics of 8 women seeking therapy for effects of incest. Psychotherapy: Theory, Research, and Practice 20:503-514
761. van der Kolk BA (1994). The body keeps the score: memory and the evolving psychobiology of posttraumatic stress. Harv Review of Psychiatry, janeiro-fevereiro, 1(5):253-65
762. van der Kolk BA, Fisler RE (1994). Childhood abuse and neglect and loss of self-regulation. Bulletin of the Menninger Clinic 58:145-68
763. van der Kolk B, Fisler R (1995). Dissociation and the fragmentary nature of traumatic memories: Overview and exploratory study. Journal of Traumatic Stress 8:505-52
764. van Egmond M, Garnefski N, Jonker D, Kerkhof A (1993). The relationship between sexual abuse and female suicidal behavior. Crisis 14(3):129-39
765. Van Etten ME, Taylor S (1998). Comparative efficacy of treatments for posttraumatic stress disorder: A meta-analysis. Clinical Psychology & Psychotherapy 5:126-144
766. Van Praag H (1993). "Make-believes" in psychiatry, or the perils of progress. Clinical and Experimental Psychiatry Monograph nº 7. Nova York: Brunner/Mazel
766a. Vedantam S (2000). Against depression, a sugar pill is hard to beat. Washington Post, 7 de maio

767. Vize CM, Cooper PJ (1995). Sexual abuse in patients with eating disorders, patients with depression and normal controls: a comparative study. British Journal of Psychiatry 167:80-85

768. Vythilingam M, Heim C, Newport J, Miller AH, Anderson E, Bronen R, Brummer M, Staib L, Vermetten E, Charney DS, Nemeroff CB, Bremner JD (2002). Childhood trauma associated with smaller hippocampal volume in women with major depression. Am J Psychiatry 159(12):2072-80

W

769. Wade N (2002). A dim view of "post human future". New York Times, 2 de abril

770. Wagner BM (1997). Family risk factors for child and adolescent suicidal behavior. Psychol Bull 121 (2):246-98

771. Waldinger RJ, Swett C Jr., Frank A, Miller K. Levels of dissociation and histories of reported abuse among women outpatients

772. Walker E, Cudeck R, Mednick S, Schulsinger F (1981). Effects of parental absence and institutionalization on the development of clinical symptoms in high-risk children. Acta Psychiatrica Scandinavica 63:95-109

773. Walker EA, Katon WJ, Hansom J, Harrop-Griffiths J, Holm L, Jones ML, Hickok L, Jemelka RP (1992). Medical and psychiatric symptoms in women with childhood sexual abuse. Psychosom Med 54(6):658-64

774. Walker E, Diforio D, Baum K (1998). Developmental neuropathology and the precursors of schizophrenia. Acta Psychiatrica Scandinavica 97:1-9

775. Walker EA, Katon WJ, Nerass K, Jemelka RP, Massoth D (1992). Dissociation in women with chronic pelvic pain. American Journal of Psychiatry 149:534-7

776. Walker EA, Gelfand NA, Gellfand MD, Koss MP, Katon WJ (1995). Medical and psychiatric symptoms in female gastroenterology clinic — patients with histories of sexual victimization. General Hospital Psychiatry 17:85-92

777. Walker EA, Unutzer J, Rutter C, Gelfand A, Saunders K, Von Korff M, Koss MP, Katon W (1999). Costs of healthcare use by women HMO members with a history of childhood abuse and neglect. Archives of General Psychiatry 56:609-13

778. Walker EA, Gelfand A, Katon WJ, Koss MP, Von Korff M, Bernstein D, Russo J (1999). Adult health status of women with histories of childhood abuse and neglect. Am J Med 107(4):332-9

779. Walker E, DiFornio D (1997). Schizophrenia: A neural diathesis-stress model. Psychological Review 104:667-85

780. Wallen J, Berman K (1992). Possible indicators of childhood sexual abuse for individuals in substance abuse treatment. Journal of Child Sexual Abuse 1(3):63-74

781. Weaver TL, Clum GA (1993). Early family environments and traumatic experiences with borderline personality disorder. Journal of Consulting and Clinical Psychology 61:1068-75

782. Weiss MJ, Wagner SH (1998). What explains the negative consequences of adverse childhood experiences on adult health? Insights from cognitive and neuroscience research. Am J Prev Med 14(4):356-60

783. Westen D, Ludolph P, Misle B, Ruffins S, Block J (1990). Physical and sexual abuse in adolescent girls with borderline personality disorder. Am J Orthopsychiatry 60(1):55-66

784. Wexler B, Lyons L, Lyons H, Mazure C (1997). Physical and sexual abuse during childhood and development of psychiatric illness during adulthood. J. Nerv. Ment. Dis. 185:522-4
785. Whealin JM, Jackson JL (2002). Childhood unwanted sexual attention and young women's present self-concept. Journal of Interpersonal Violence 17(8):854-871
786. Whitfield BH (1995). Spiritual Awakenings: Insights of the near-death experience and other doorways to our soul. Deerfield Beach, FL: Health Communications
787. Whitfield BH (1998). Final Passage: Sharing the journey as this life ends. Deerfield Beach, FL: Health Communications
788. Whitfield CL (1988). Advances in alcoholism & chemical dependence. American Journal of Medicine 85(4):465
789. Whitfield CL, Anda RF, Dube S, Felitti VJ (2003). Violent childhood experiences and the risk of intimate partner violence in adults: assessment in a large health maintenance organization. Journal of Interpersonal Violence 18(2):166-185
790. Whitfield CL, Silberg J, Fink P (orgs.)(2001). Exposing misinformation concerning child sexual abuse and adult survivors. Journal of Child Sexual Abuse 9(3-4):1-8, volume especial também publicado separadamente pela Haworth Press, Binghamton, NY, 2002
791. Whitfield CL, Stock WE (1996). Traumatic amnesia in 100 survivors of childhood sexual abuse. Apresentado na National Conference on Trauma & Memory (revisado por colegas pesquisadores), Universidade de New Hampshire, julho
792. Whitfield CL (1998). Adverse childhood experience and trauma (editorial). American Journal of Preventive Medicine 14(4):361-364, maio
793. Whitfield CL (1991). A Gift to Myself: A personal workbook and guide to healing. Health Communications, Deerfield Beach, FL
794. Whitfield CL (1995). Memory and Abuse: Remembering and healing the wounds of trauma (pp. 238-242). Health Communications, Deerfield Beach FL
795. Whitfield CL (1998). Internal evidence and corroboration of traumatic memories of child sexual abuse with addictive disorders. Sexual Addiction & Compulsivity 5:269-292
796. Whitfield CL (1997). Internal verification and corroboration of traumatic memories. Journal of Child Sexual Abuse 6(3):99-122
796a. Whitfield CL (2001). The false memory defense: using disinformation in and out of court. Journal of Child Sexual Abuse 9(3-4):53-78
797. Whitfield CL (1993). Boundaries and Relationships: Knowing, protecting and enjoying the self. Health Communications, Deerfield Beach, FL
798. Whitfield CL (1995). Memory and Abuse: Remembering and Healing the Effects of Trauma. Health Communications, Deerfield Beach, FL
798a. Whitfield CL (2003). My Recovery Plan Healing from Illness in 3 Stages. Health Communications, Deerfield Beach, FL
799. Widom CS, Shepard RL (1996). Accuracy of adult recollections of childhood victimization: Part 1. Childhood physical abuse. Psychological Assessment 8:412-421
800. Widom CS, Morris S (1997). Accuracy of adult recollections of childhood victimization: Part 2. Childhood sexual abuse. Psychological Assessment 9:34-46
801. Widom CS (1999). Posttraumatic stress disorder in abused and neglected children grown up. American Journal of Psychiatry 156:1223-1229
802. Widom CS, Ireland TO, Glynn PG (1995). Alcohol abuse in abused and neglected children followed-up: are they at increased risk? Journal of the Study of Alcohol 56:207-217

803. Wiesegger G, Schloegelhofer M, Eder H, Itzlinger U, Leisch F, Bailer U, Hornik K, Jorgl G, Willinger U, Aschauer HN (2002). Bibliotherapy — cognitive-behavioral self help strategies in patients with major depression. Eur Psychiatry, maio suplemento 17, 1:174-5
804. Wilsnack RW, Wilsnack SC, Krisjainson P, Harris TR (1998). Ten year prediction of women's drinking behavior in a national representative sample. Women's Health: Research on Gender, Behavior and Policy 4(3):199-230
805. Wilsnack SC, Vogeltanz ND, Klassen AD, Harris TR (1997). Childhood sexual abuse and women's substance abuse: national survey findings. Journal of Studies on Alcohol 58:264-71
806. Wilsnack SC, Wonderlich SA, Kristjanson AF, Vogeltanz-Holm ND, Wilsnack RW (2002). Self-reports of forgetting and remembering childhood sexual abuse in a nationally representative sample of US women. Child Abuse Negl 26(2):139-47
807. Wilson JP, Friedman MJ, Lindey JD (2001) Treating Psychological Trauma and PTSD. Guilford, Nova York
808. Wind TW, Silvern L (1992). Type and extent of child abuse as predictors of adult functioning. Journal of Family Violence 7: 261-281
809. Winfield I, George LK, Swartz M, Blazer DG (1990). Sexual assault and psychiatric disorders among a community sample of women. Am J Psychiatry 147(3):335-41
810. Windle M, Windle RC, Scheidt DM, Miller GB (1995). Physical and sexual abuse and associated mental disorders among alcoholic in-patients. American Journal of Psychiatry 152:1.322-8 802
811. Windle M, Windle RC (2001). Depressive symptoms and cigarette smoking among middle adolescents: prospective associations and intrapersonal and interpersonal influences. J Consult Clin Psychol 69(2):215-26
812. Winokur G (1997). All roads lead to depression: clinically homogeneous, etiologically heterogeneous. J Affect Disord 45(1-2):97-108
813. Wolfsdorf BA, Zlotnick C (2001). Affect management in group therapy for women with posttraumatic stress disorder and histories of childhood sexual abuse. J Clin Psychol, fevereiro de 2001, 57(2):169-81
814. Wonderlich S, Wusnack R, Wisnack S, Harris TR (1996). Childhood sexual abuse and bulimic behavior in a nationally representative sample. American Journal of Public Health 86:1082-1.086
815. Wonderlich S, Crosby R, Mitchell J, Thompson K, Redlin J, Demuth G, Smyth J (2001). Pathways mediating sexual abuse and eating disturbance in children. Int J Eat Disord 29(3):270-9
816. Wood BL (1987). Children of Alcoholism: The Struggle for Self and Intimacy in Adult Life. New York University Press, NY
817. Wozencraft T, Vagner W, Pellegrin A (1991). Depression and suicidal ideation in sexually abused children. Child Abuse & Neglect 15:505-511
818. Wozniak J, Crawford MH, Biederman J, Faraone SV, Spencer TJ, Taylor A, Blier HK (1999). Antecedents and complications of trauma in boys with ADHD: findings from a longitudinal study. J Am Acad Child Adolesc Psychiatry 38(1):48-55
819. Wurr JC, Partridge IM (1996). The prevalence of a history of childhood sexual abuse in an acute adult in patient population. Child Abuse & Neglect 20:867-72
820. Wurtele SK, Kaplan GM, Keairnes M (1990). Childhood sexual abuse among chronic pain patients. Clin J Pain 6(2):110-3

821. Wyatt GE (1985). The sexual abuse of Afro-American and White American women in childhood. Child Abuse & Neglect 9:507-519

Y

822. Yama MF, Tovey SL, Forgas BS, Teegarden LA (1992). Joint consequences of parental alcoholism and childhood sexual abuse, and their partial mediation by family environment. Violence & Victimology 7(4):313-25
823. Yama MF, Tovey SL, Forgas BS (1993). Childhood family environment and sexual abuse as predictors of anxiety and depression in adult women. American Journal of Orthopsychiatry 63:136-141
824. Young EA, Abelson JL, Curtis GC, Nesse RM (1997). Childhood adversity and vulnerability to mood and anxiety disorders. Depress Anxiety 5(2):66-72
825. Young EB (1990). The role of incest in relapse. Journal of Psychoactive Drugs 22:249-258

Z

826. Zanarini MC, Gunderson JG, Marino MF, Schwartz EO, Frankenburg FR (1989). Childhood experiences of borderline patients. Comprehensive Psychiatry 30:18-25
827. Zlotnick C, Ryan CE, Miller IW, Keitner GI (1995). Childhood abuse and recovery from major depression. Child Abuse Negl 19:1513-1516
828. Zlotnick C (1999). Antisocial personality disorder, affect dysregulation and childhood abuse among incarcerated women. J Personal Disord 13(1):90-5
829. Zlotnick C, Mattia JI, Zimmerman M (2001). The relationship between posttraumatic stress disorder, childhood trauma and alexithymia in an out-patient sample. Journal of Traumatic Stress, janeiro, vol. 14, nº 1, pp. 177-188(12)
830. Zlotnick C, Mattia J, Zimmerman M (2001). Clinical features of survivors of sexual abuse with major depression. Child Abuse Negl, março de 2001, 25(3):357-67
831. Zuravin SJ, Fontanella C (1999). The Relationship Between Child Sexual Abuse and Major Depression Among Low-Income Women: A Function of Growing Up Experiences? Child Maltreatment 4:3-12

Nota: Alguns títulos de periódicos estão abreviados